BLUE BOX
5

presented by KOUJI MIURA

Du musst los

Blue Box

Charaktere

Chinatsu Kano

Ass des Mädchen-Basketballteams. Da ihr Vater ins Ausland versetzt wurde, wohnt sie zurzeit bei den Inomatas.

Taiki Inomata

Mitglied des Batminton-Clubs. Verliebt in Chinatsu.

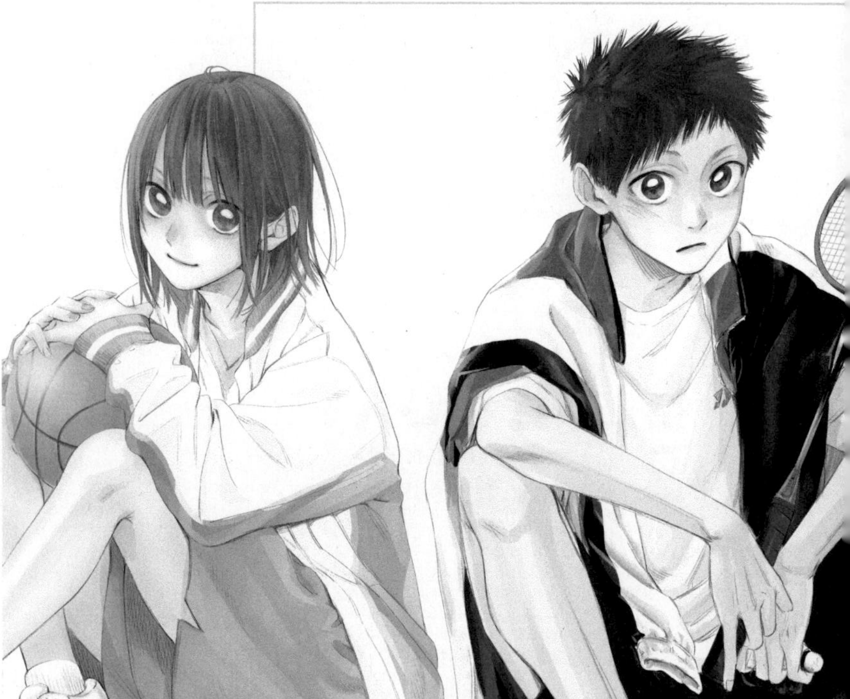

Characters

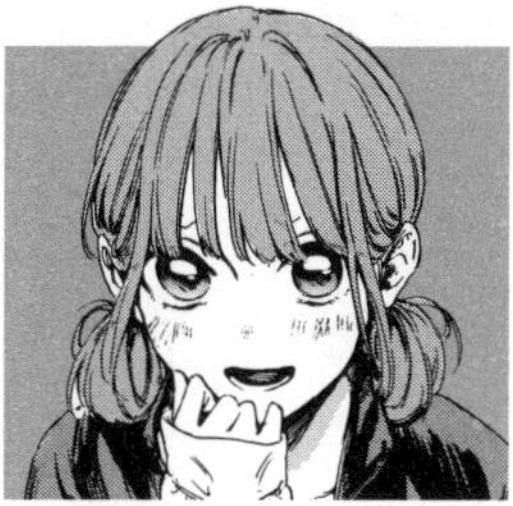

Hina Chono

Hoffnungsvoller Neuling im Rhythmische-Sportgymnastik-Club. Zieht Taiki oft auf.

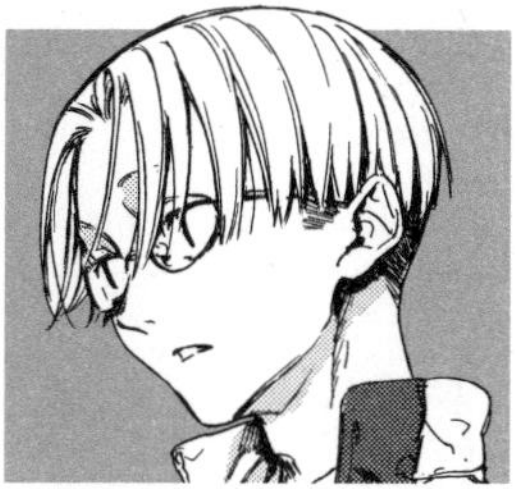

Kyo Kasahara

Taikis Freund aus dem Badminton-Club. Ruhiger und gelassener Typ, der Taiki oft mit Ratschlägen zur Seite steht.

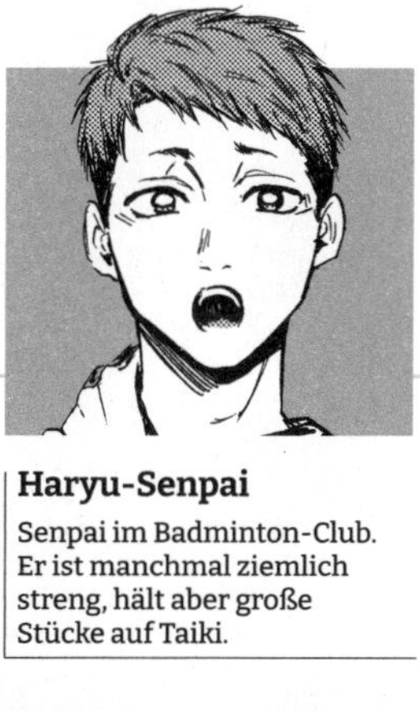

Haryu-Senpai

Senpai im Badminton-Club. Er ist manchmal ziemlich streng, hält aber große Stücke auf Taiki.

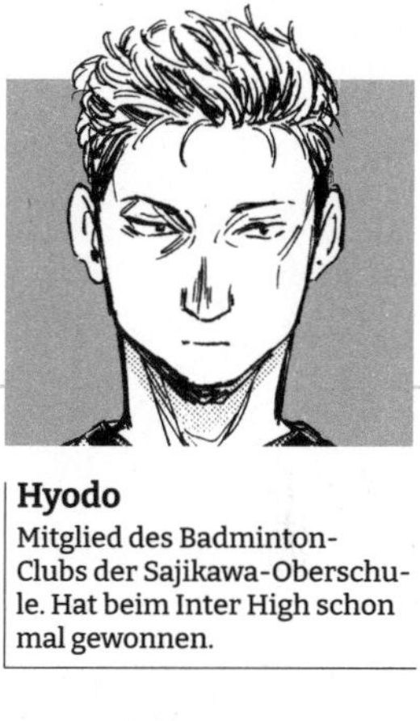

Hyodo

Mitglied des Badminton-Clubs der Sajikawa-Oberschule. Hat beim Inter High schon mal gewonnen.

Was bisher geschah

Taiki Inomata ist Mitglied im Badminton-Club. Als er beim Morgentraining zufällig seine Senpai Chinatsu Kano aus dem Mädchen-Basketballteam trifft, verliebt er sich in sie. Eines Tages erfährt Taiki, dass Chinatsus Eltern ins Ausland ziehen werden. Er rennt Hals über Kopf zu ihr, doch zu seiner Erleichterung erzählt sie ihm, dass sie in Japan bleiben wird, um am Inter High-Turnier teilnehmen zu können. Allerdings wartet noch ein Schock auf Taiki: Chinatsu soll für diese Zeit bei der Familie Inomata wohnen!! Und so beginnt das Leben unter einem Dach...

Endlich haben die Sommerferien begonnen, und die Sport-Clubs trainieren jetzt noch intensiver. Es kommt dazu, dass Hina und Taiki zusammen das jährliche große Feuerwerk besuchen. Obwohl sie mit der ungewohnten Zweisamkeit überfordert ist, liegt auf Hinas Gesicht ein ganz neuer Ausdruck...

In der Pause will Taiki auf die Toilette gehen, und begegnet auf dem Rückweg zu Hina überraschend Chinatsu...

Story

Inhalt

5

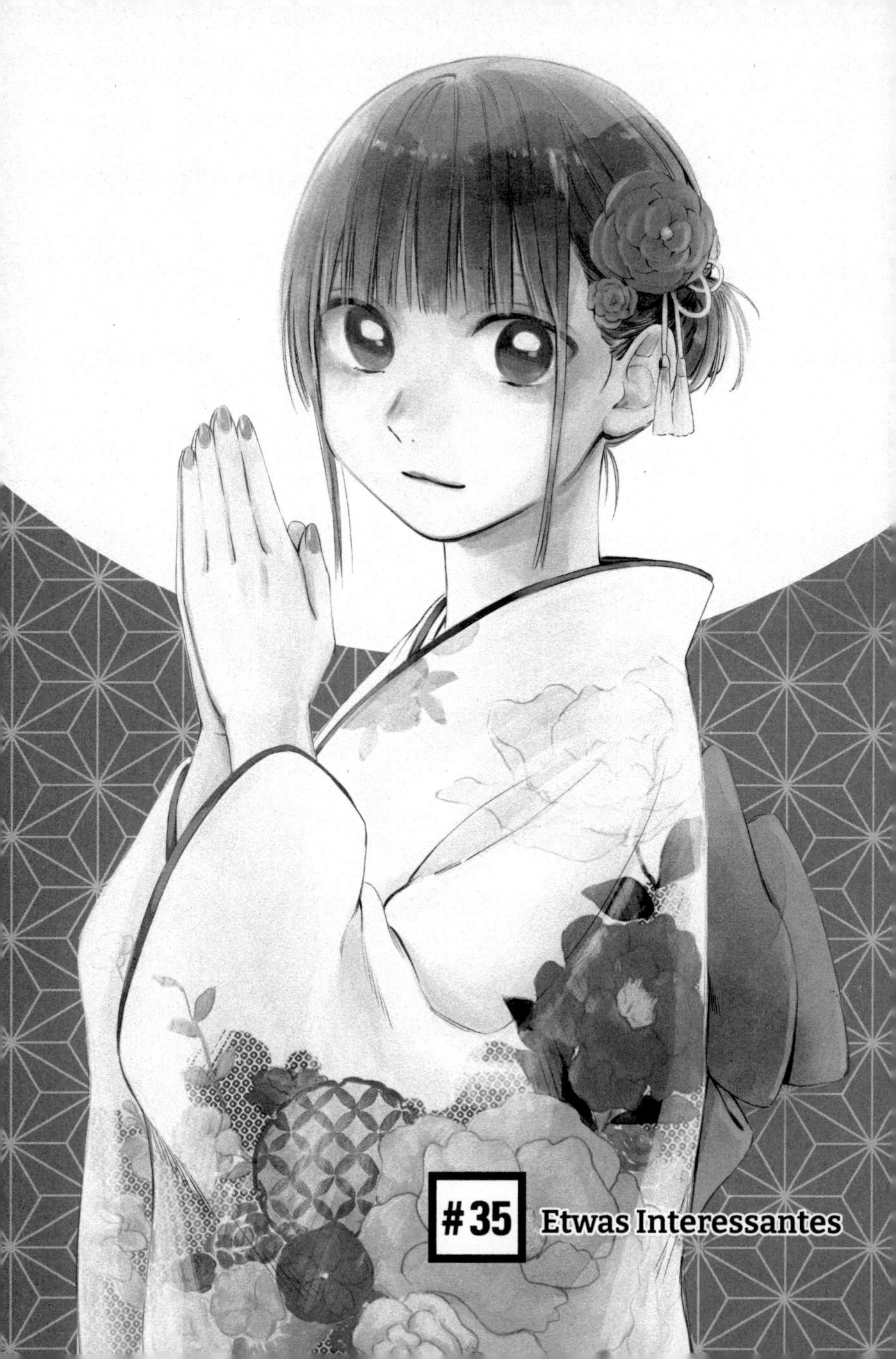

#35 Etwas Interessantes

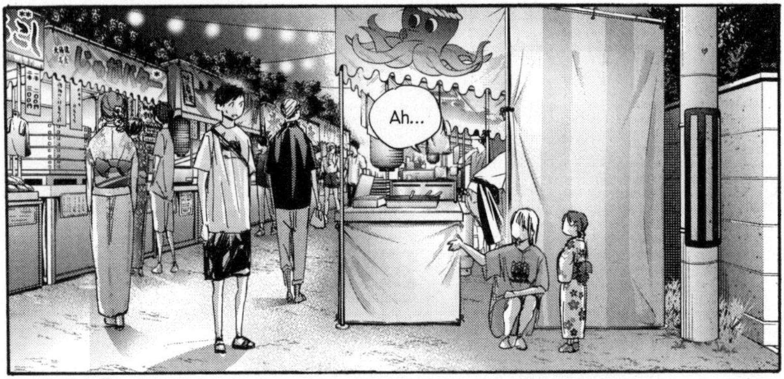

* Butterkartoffeln ** Maiskolben

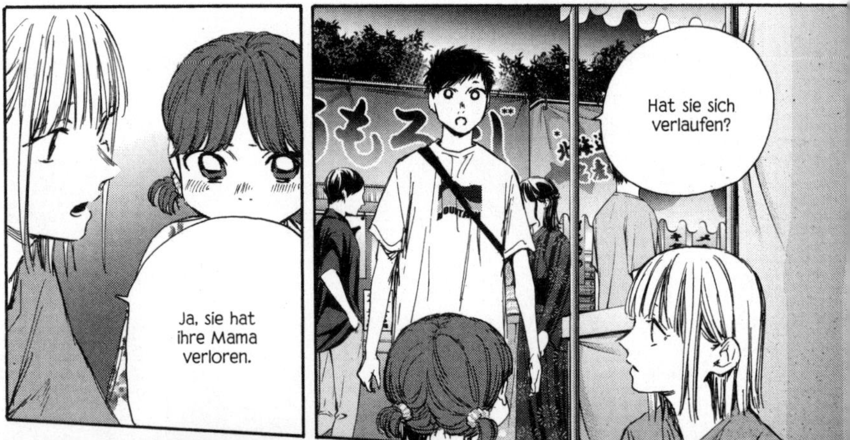

** Maiskolben * aus Hokkaido

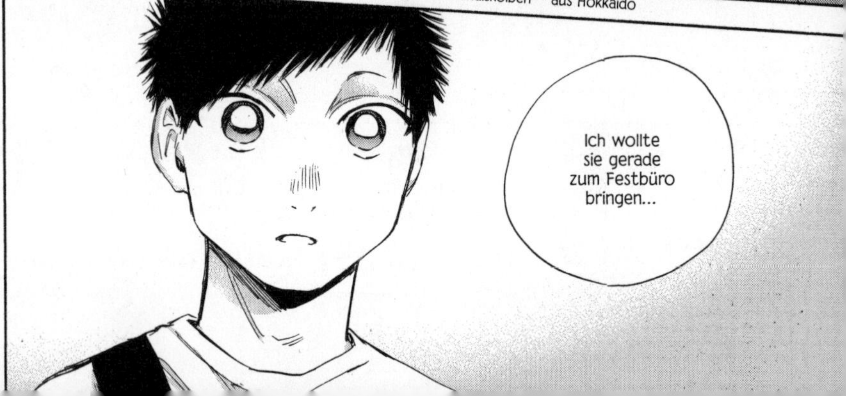

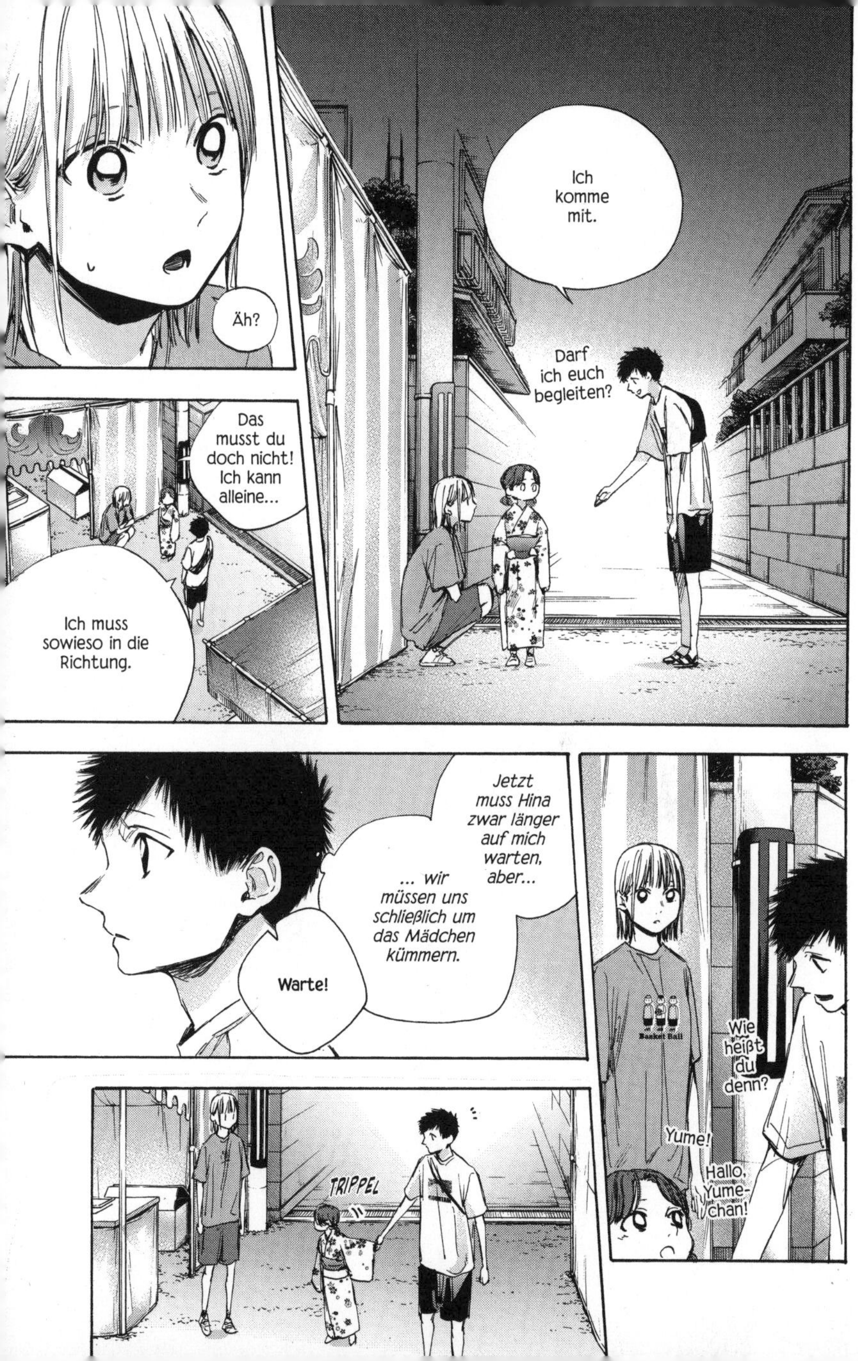
Ich komme mit.
Darf ich euch begleiten?
Äh?
Das musst du doch nicht! Ich kann alleine...
Ich muss sowieso in die Richtung.
Wie heißt du denn?
Yume!
Hallo, Yume-chan!
Jetzt muss Hina zwar länger auf mich warten, aber...
... wir müssen uns schließlich um das Mädchen kümmern.
Warte!
TRIPPEL

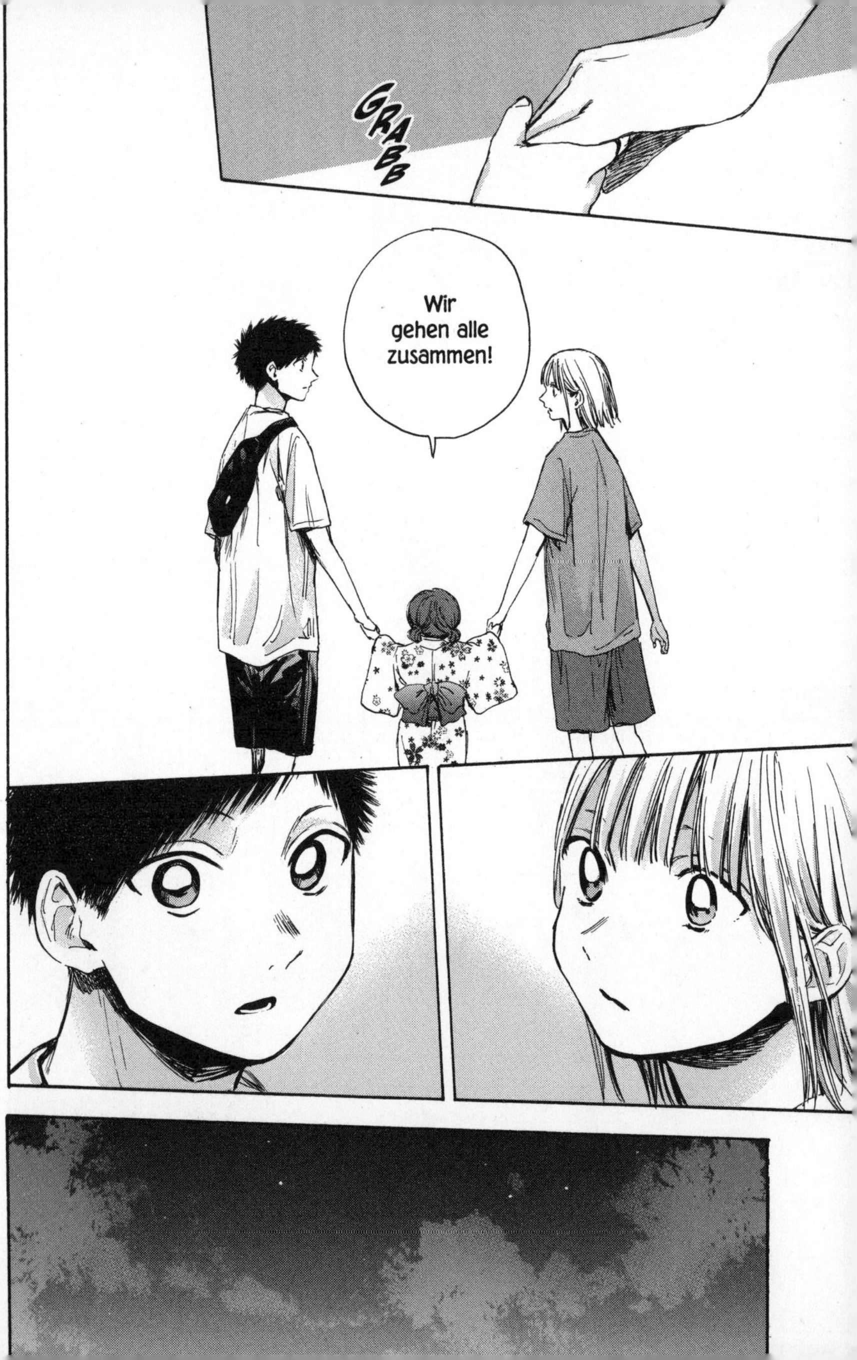
GRABB
Wir gehen alle zusammen!

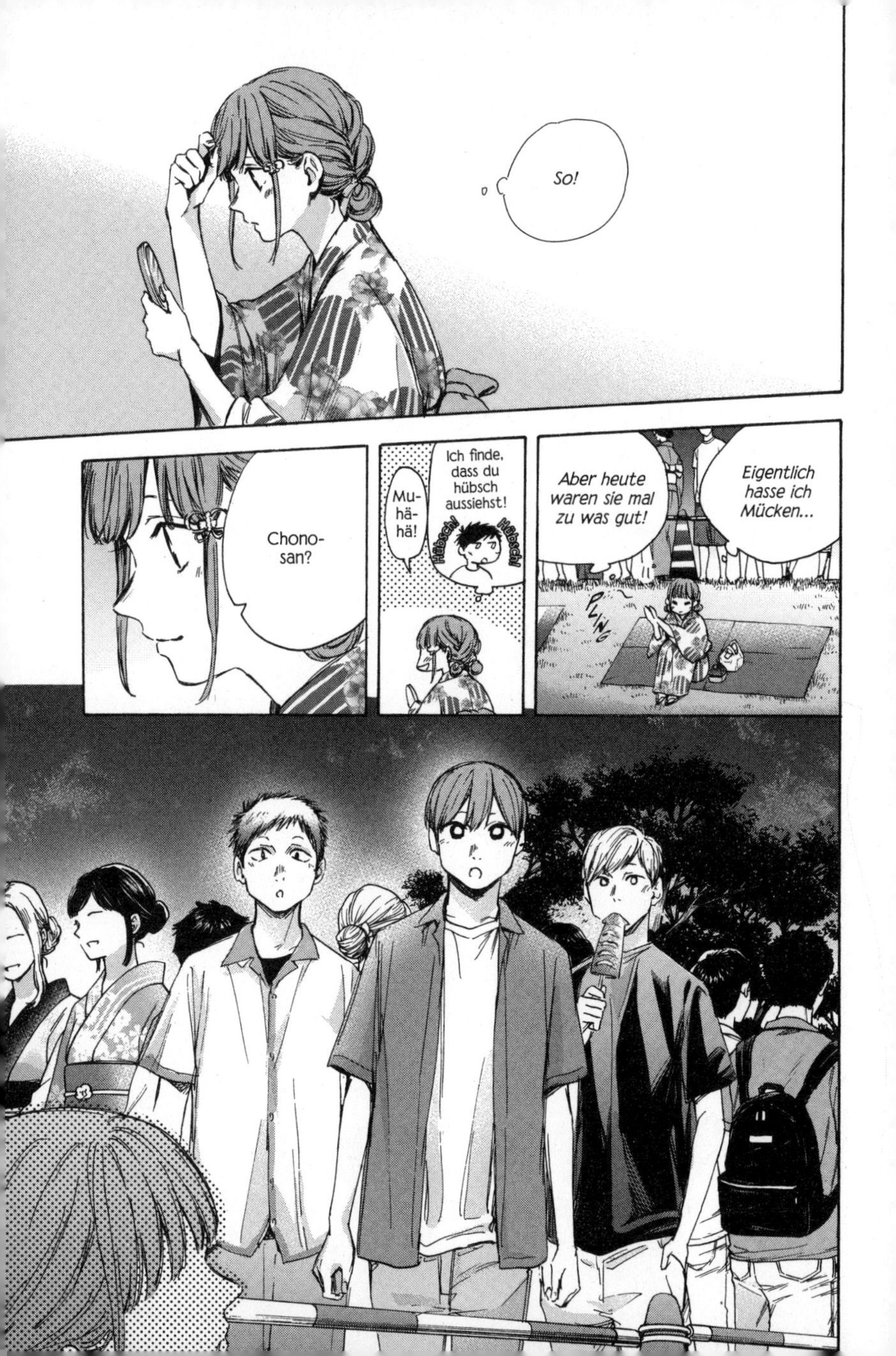
So!
Eigentlich hasse ich Mücken...
Aber heute waren sie mal zu was gut!
Ich finde, dass du hübsch aussiehst!
Mu-hä-hä!
Hübsch!
Hübsch!
Chono-san?

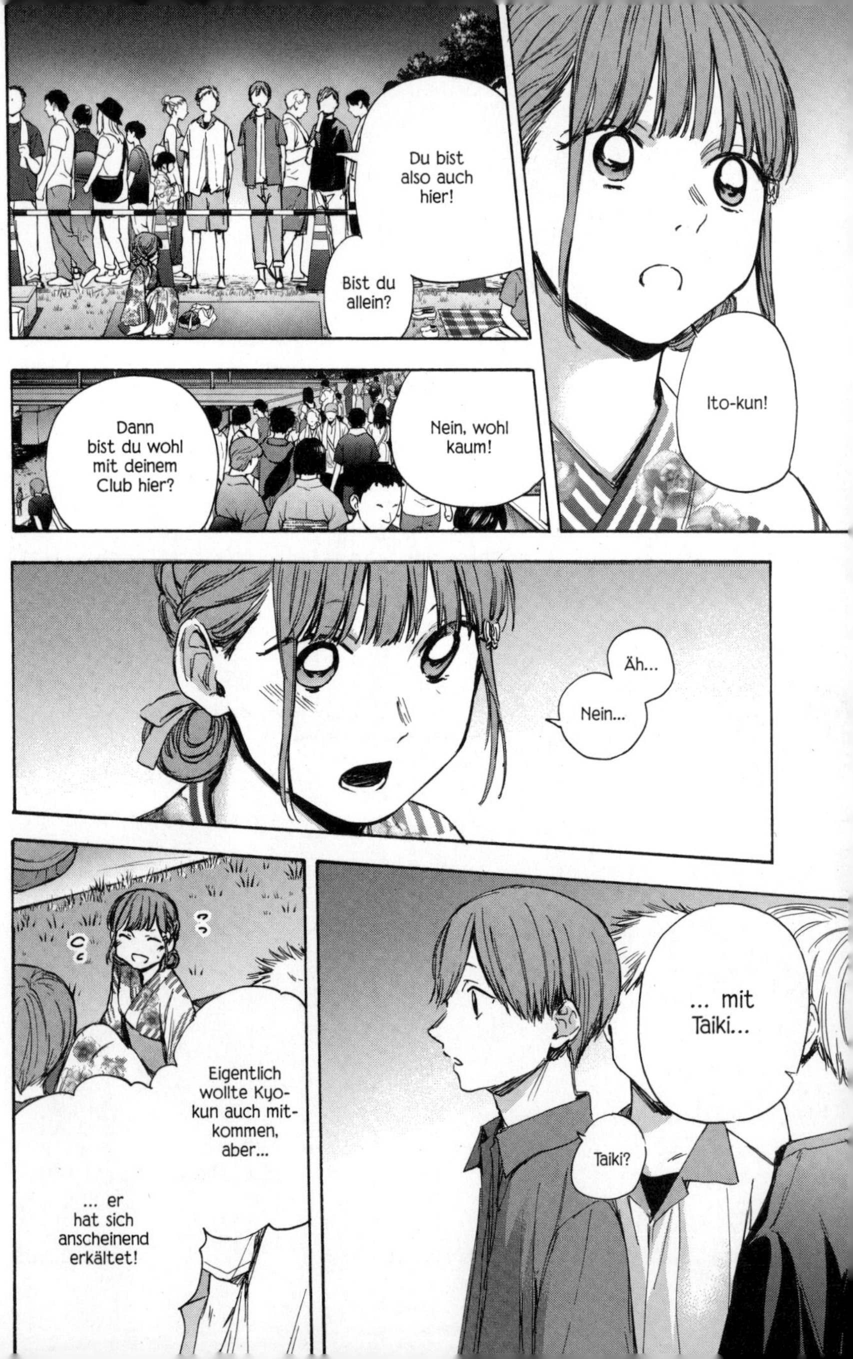

Ito-kun!
Du bist also auch hier!
Bist du allein?
Nein, wohl kaum!
Dann bist du wohl mit deinem Club hier?
Äh...
Nein...
... mit Taiki...
Taiki?
Eigentlich wollte Kyo-kun auch mitkommen, aber...
... er hat sich anscheinend erkältet!

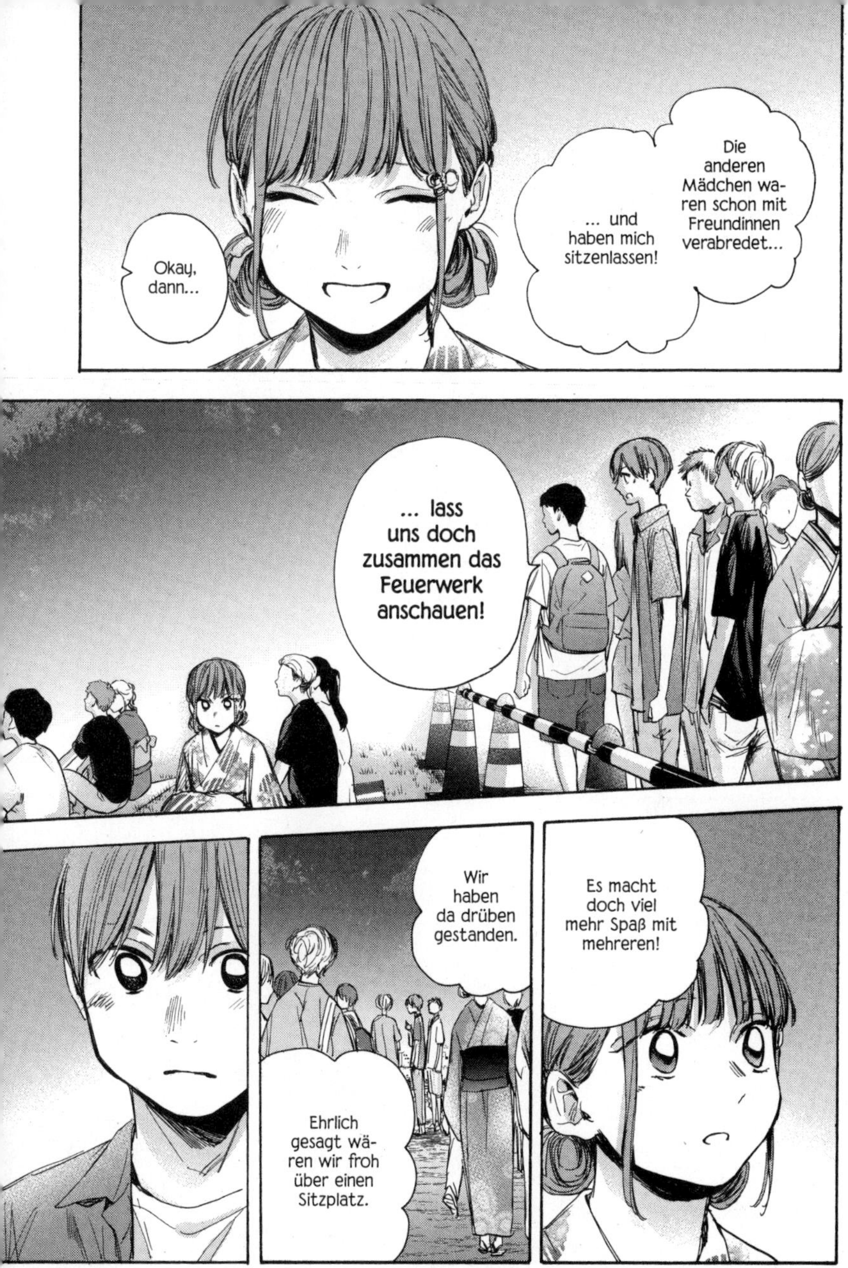
Die anderen Mädchen waren schon mit Freundinnen verabredet…
… und haben mich sitzenlassen!
Okay, dann…
… lass uns doch zusammen das Feuerwerk anschauen!
Es macht doch viel mehr Spaß mit mehreren!
Wir haben da drüben gestanden.
Ehrlich gesagt wären wir froh über einen Sitzplatz.

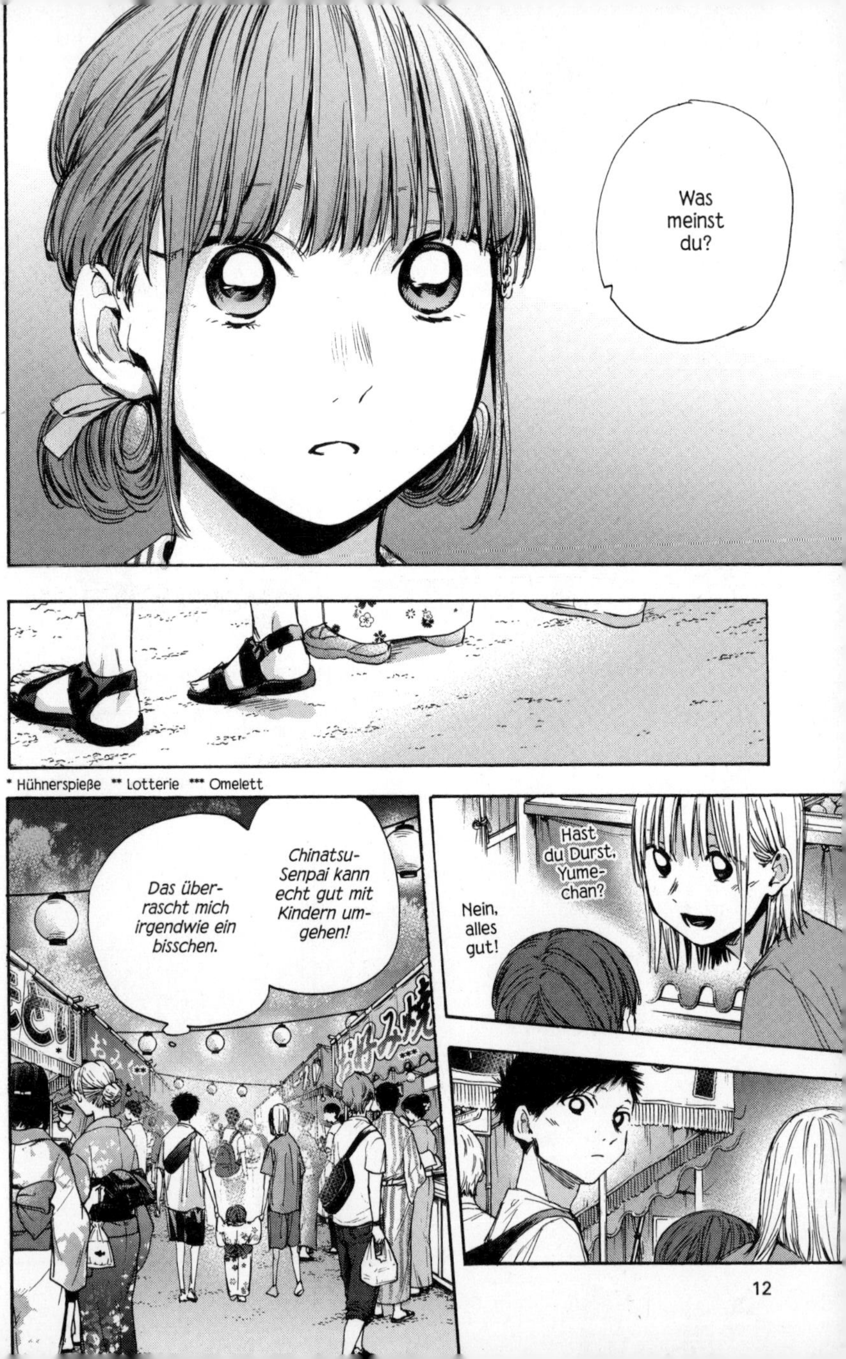

* Hühnerspieße ** Lotterie *** Omelett

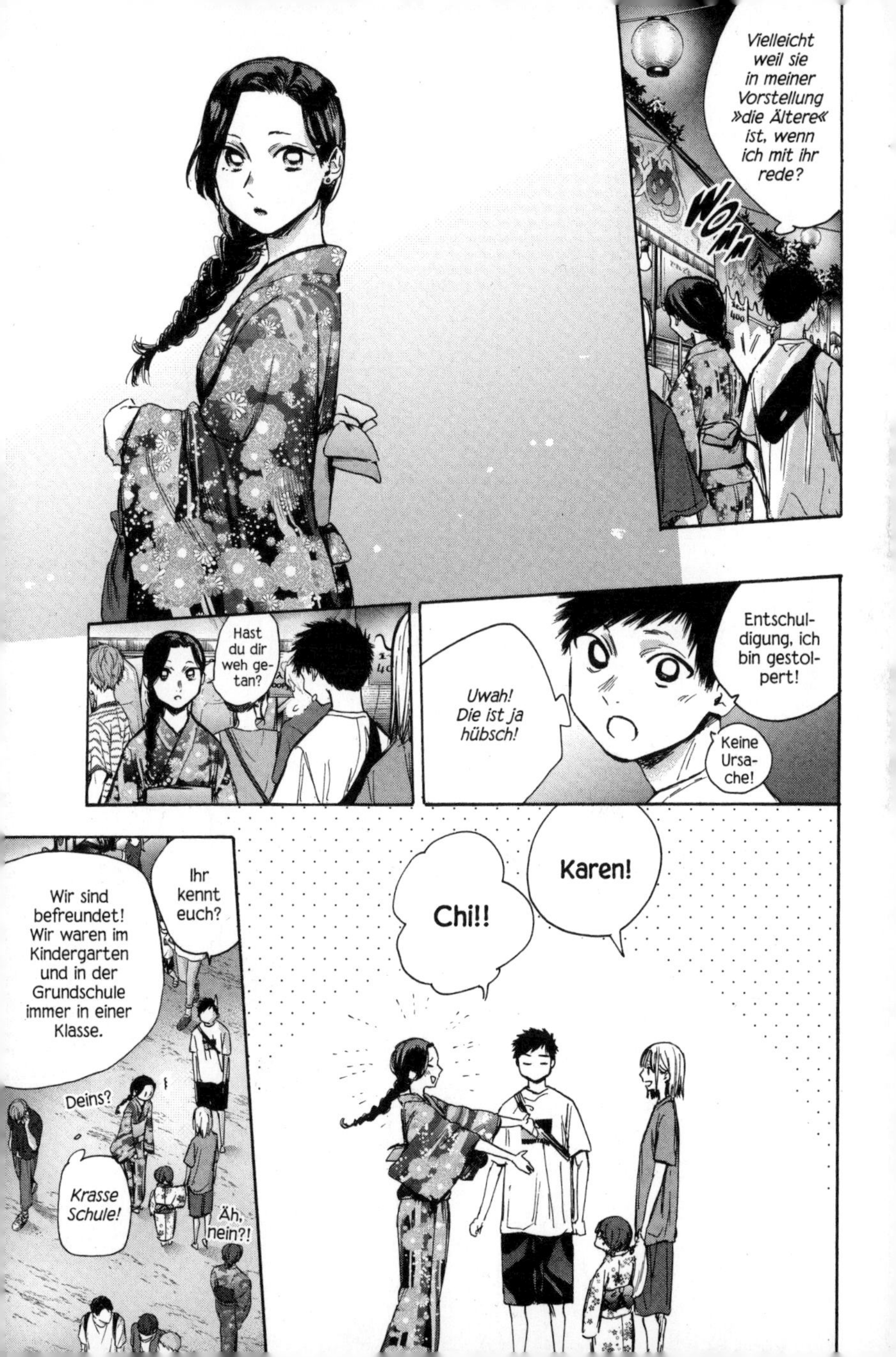
Vielleicht weil sie in meiner Vorstellung »die Ältere« ist, wenn ich mit ihr rede?
WOMM
Entschuldigung, ich bin gestolpert!
Uwah! Die ist ja hübsch!
Keine Ursache!
Hast du dir weh getan?
Karen!
Chi!!
Ihr kennt euch?
Wir sind befreundet! Wir waren im Kindergarten und in der Grundschule immer in einer Klasse.
Deins?
Krasse Schule!
Äh, nein?!

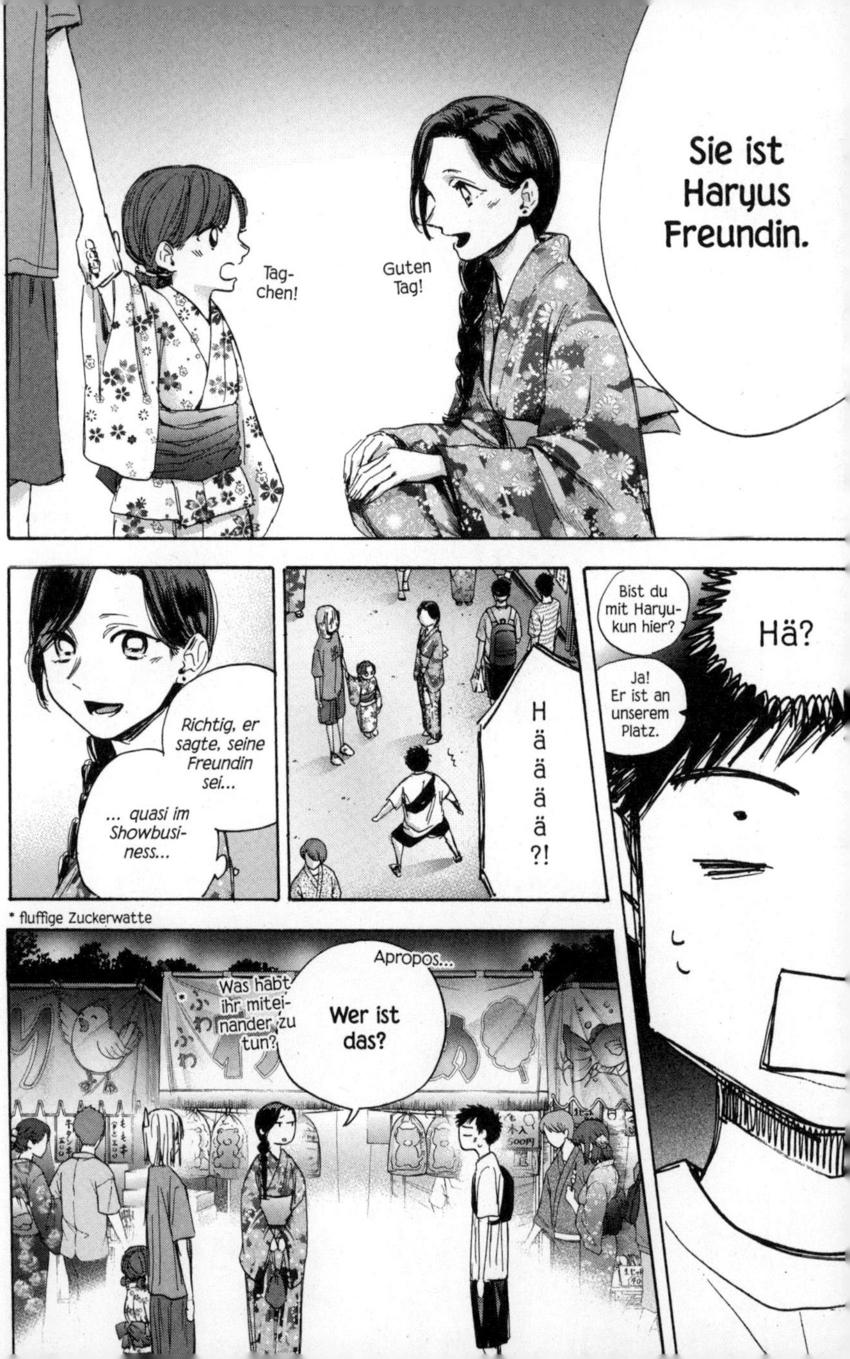

* fluffige Zuckerwatte

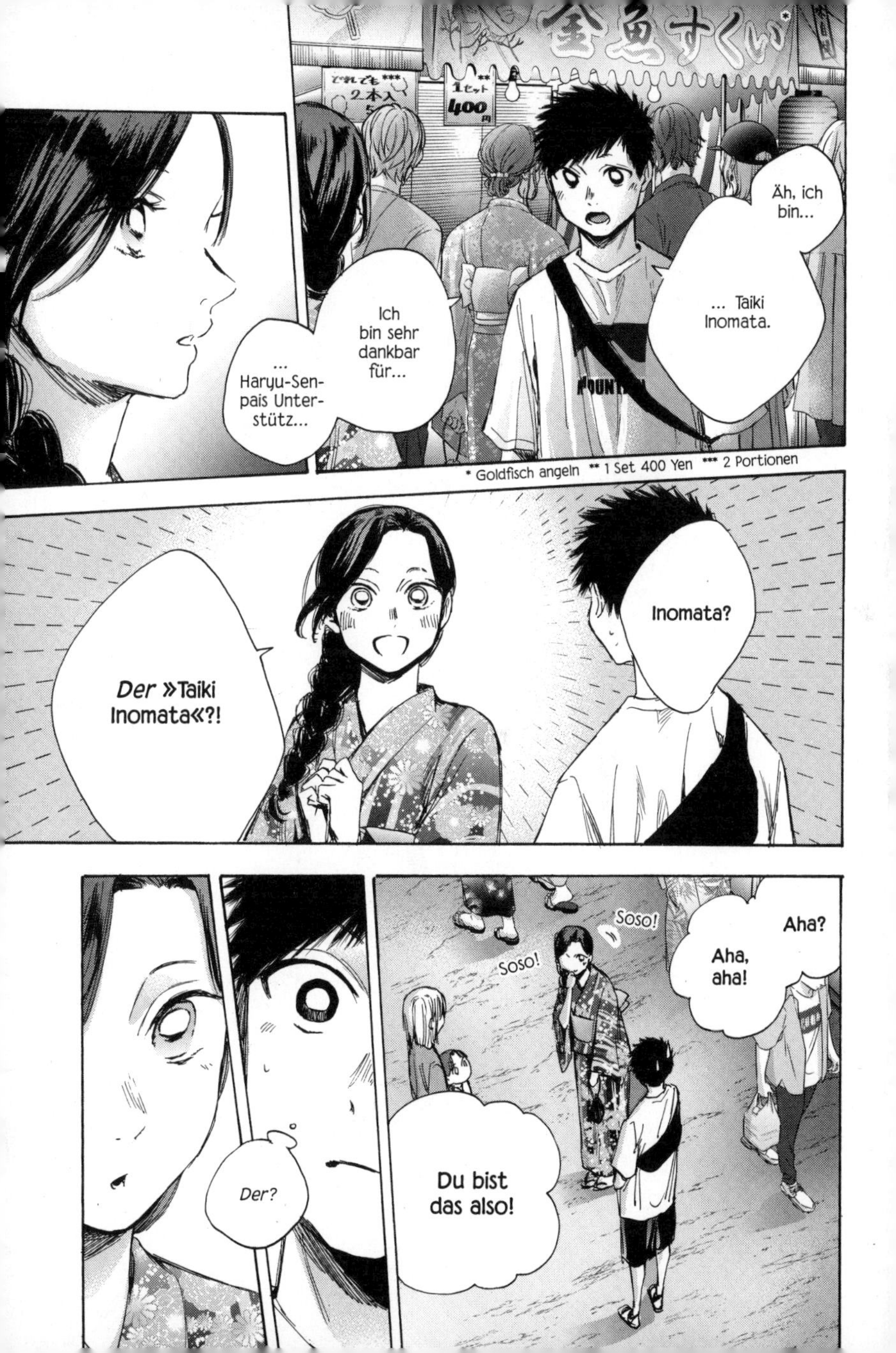

* Goldfisch angeln ** 1 Set 400 Yen *** 2 Portionen

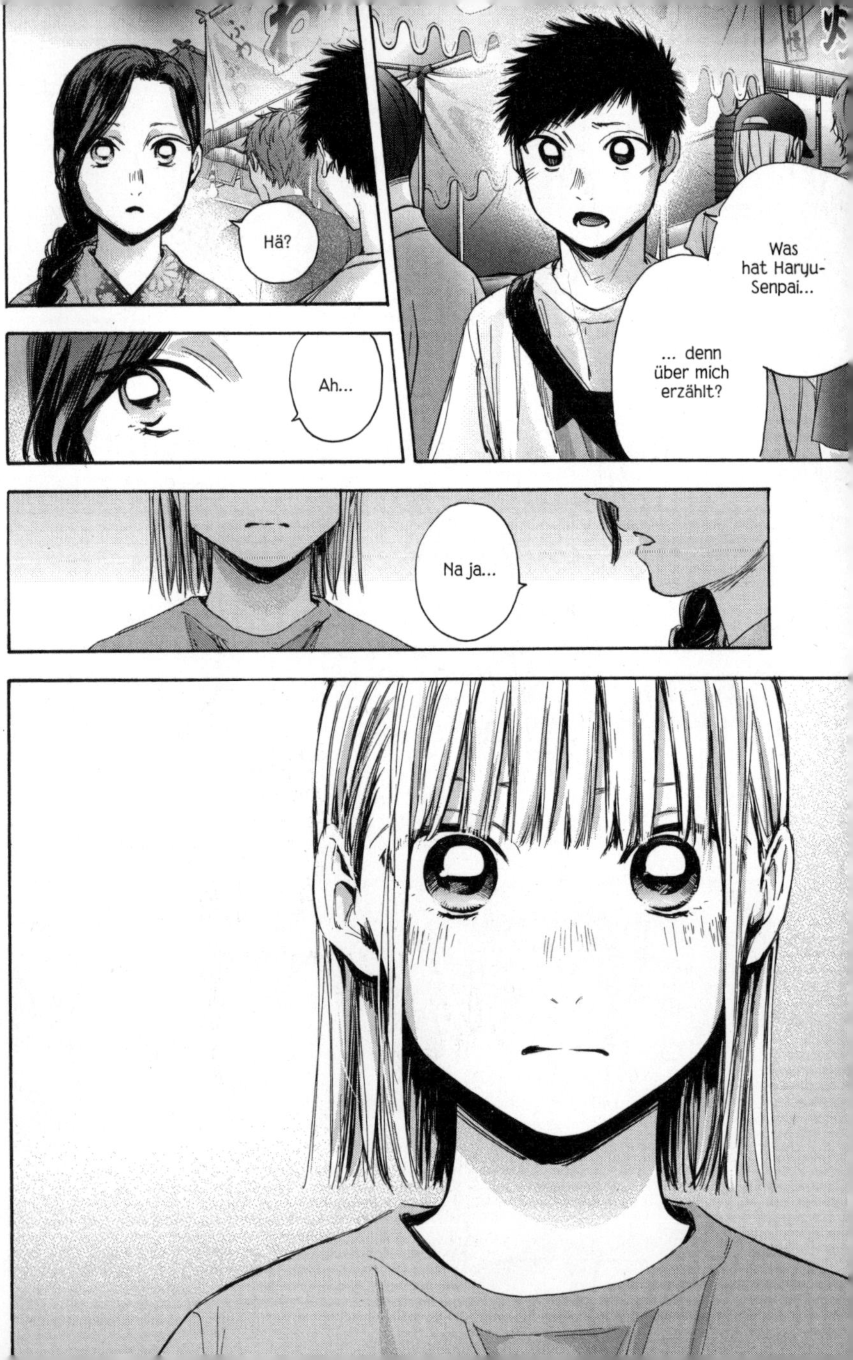
Was hat Haryu-Senpai...
... denn über mich erzählt?
Hä?
Ah...
Na ja...

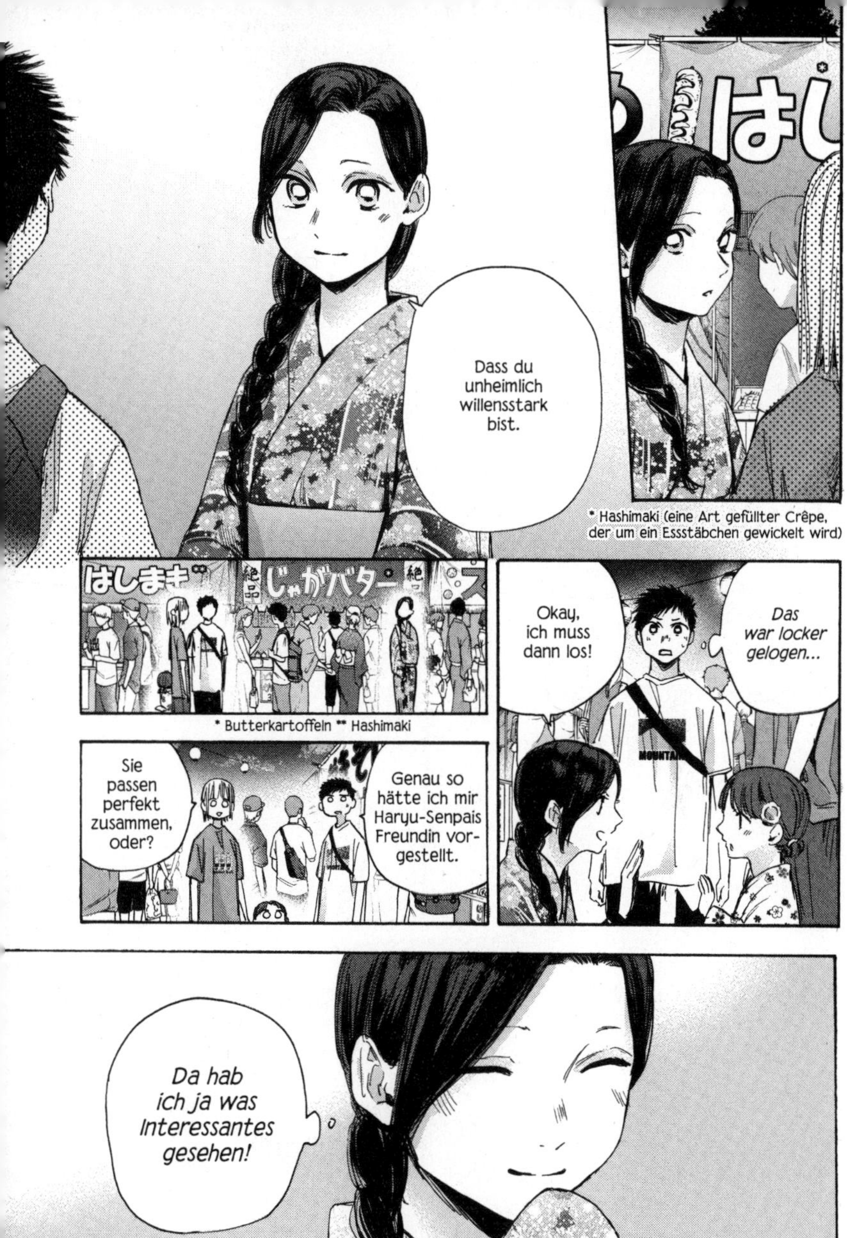
はし
Dass du unheimlich willensstark bist.
* Hashimaki (eine Art gefüllter Crêpe, der um ein Essstäbchen gewickelt wird)
Das war locker gelogen...
Okay, ich muss dann los!
はしまき **
絶品 じゃがバター *
* Butterkartoffeln ** Hashimaki
Genau so hätte ich mir Haryu-Senpais Freundin vorgestellt.
Sie passen perfekt zusammen, oder?
Da hab ich ja was Interessantes gesehen!

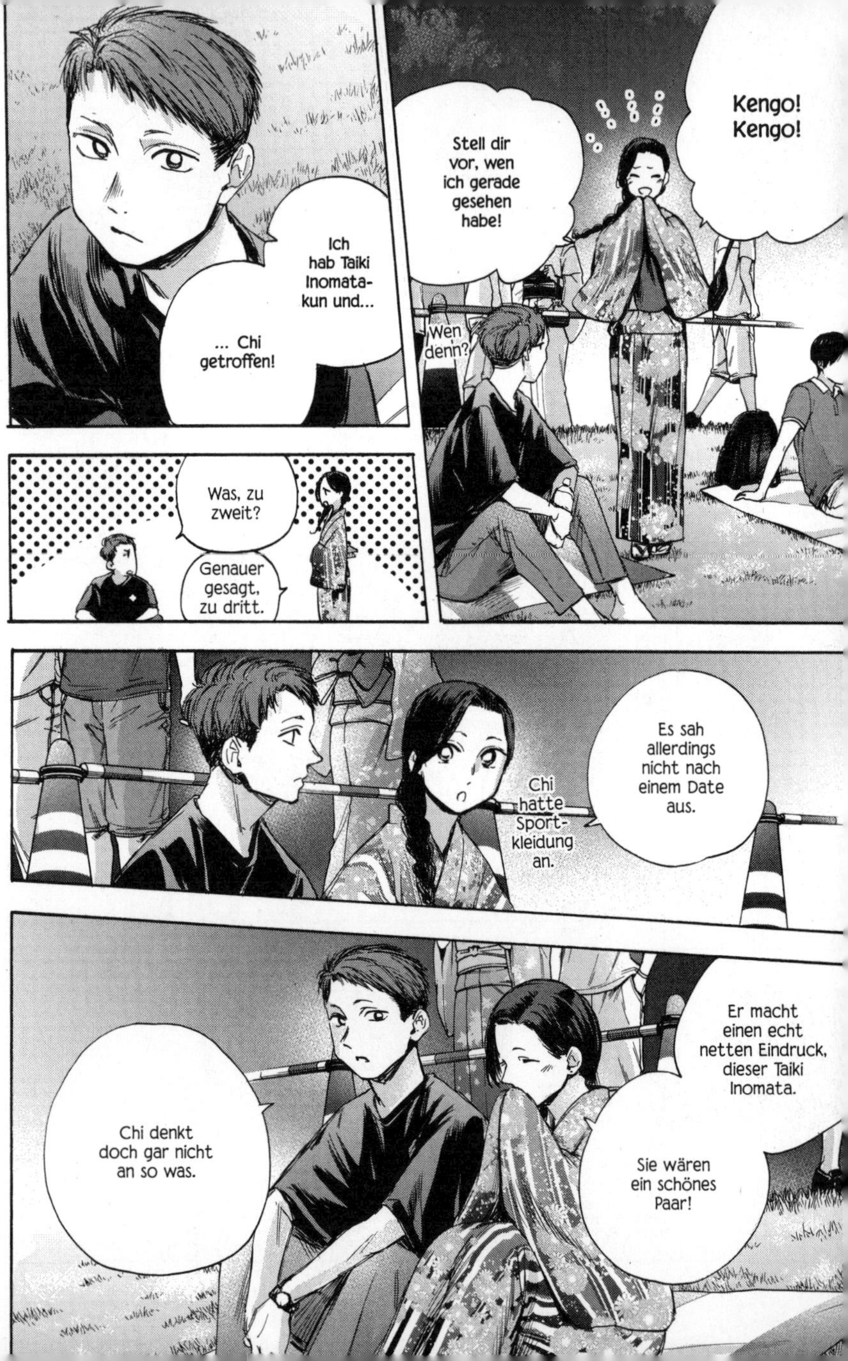
Kengo! Kengo!
Stell dir vor, wen ich gerade gesehen habe!
Wen denn?
Ich hab Taiki Inomata-kun und...
... Chi getroffen!
Was, zu zweit?
Genauer gesagt, zu dritt.
Es sah allerdings nicht nach einem Date aus.
Chi hatte Sport-kleidung an.
Er macht einen echt netten Eindruck, dieser Taiki Inomata.
Sie wären ein schönes Paar!
Chi denkt doch gar nicht an so was.

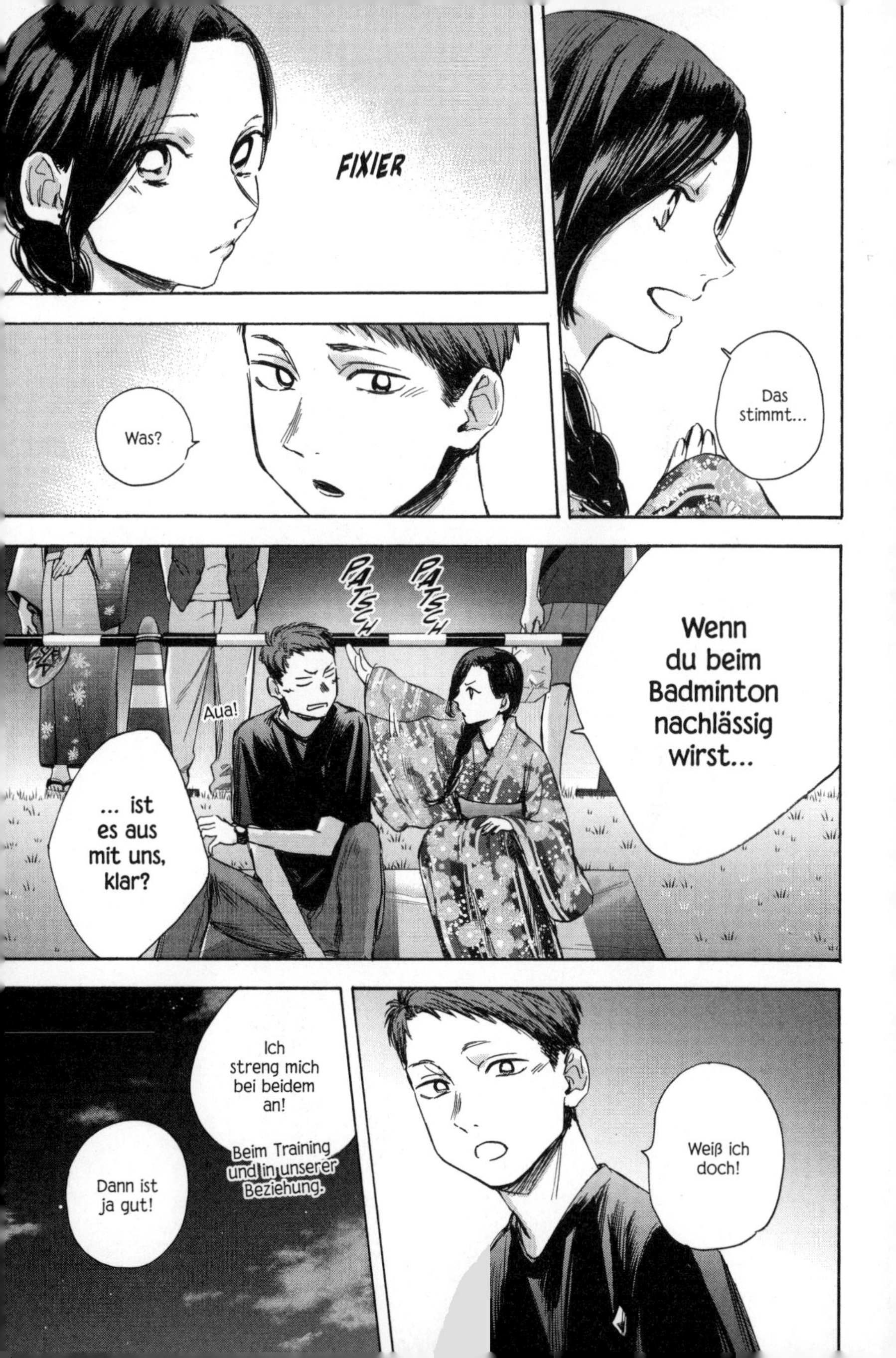
FIXIER
Das stimmt...
Was?
PATSCH PATSCH
Wenn du beim Badminton nachlässig wirst...
Aua!
... ist es aus mit uns, klar?
Weiß ich doch!
Ich streng mich bei beidem an!
Beim Training und in unserer Beziehung.
Dann ist ja gut!

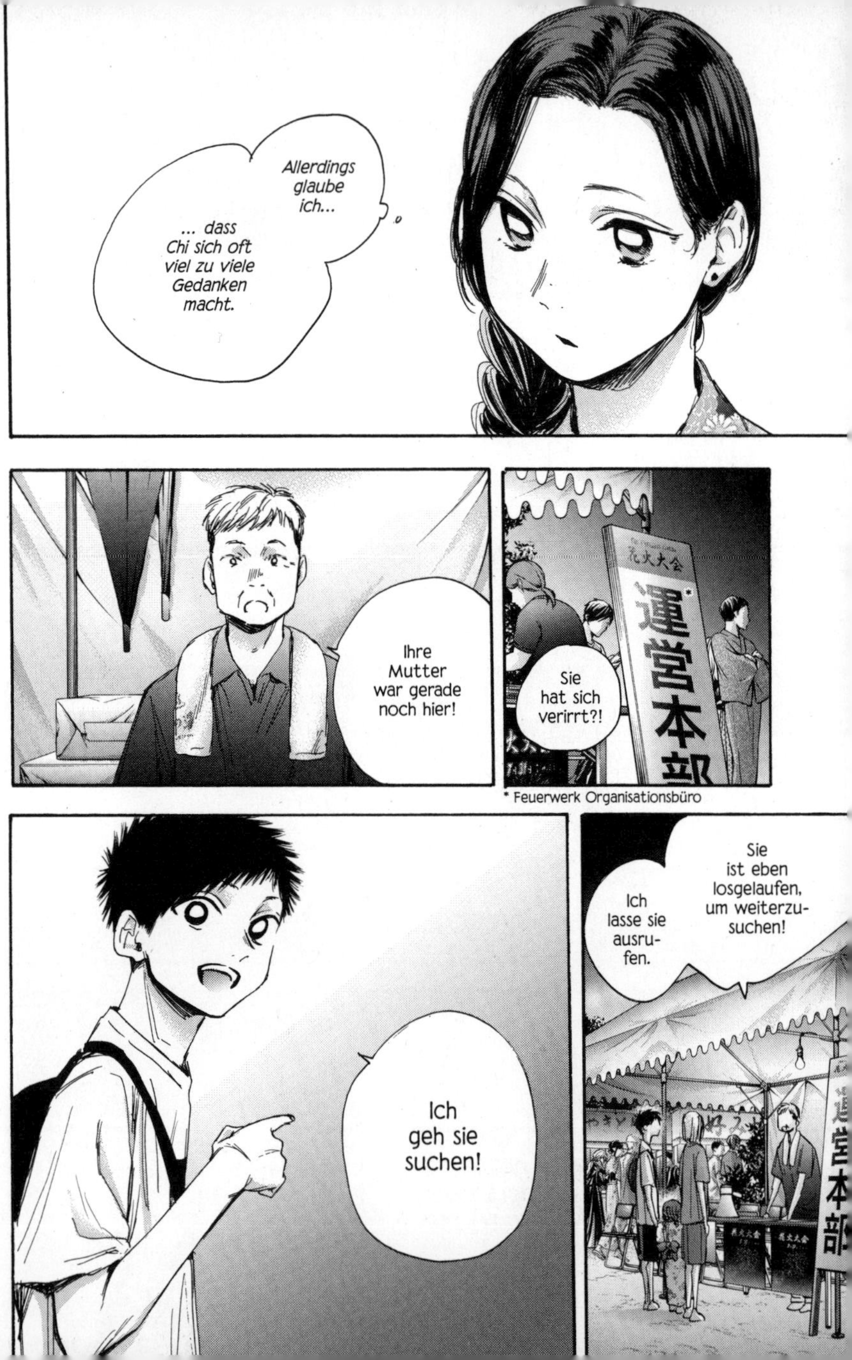

* Feuerwerk Organisationsbüro

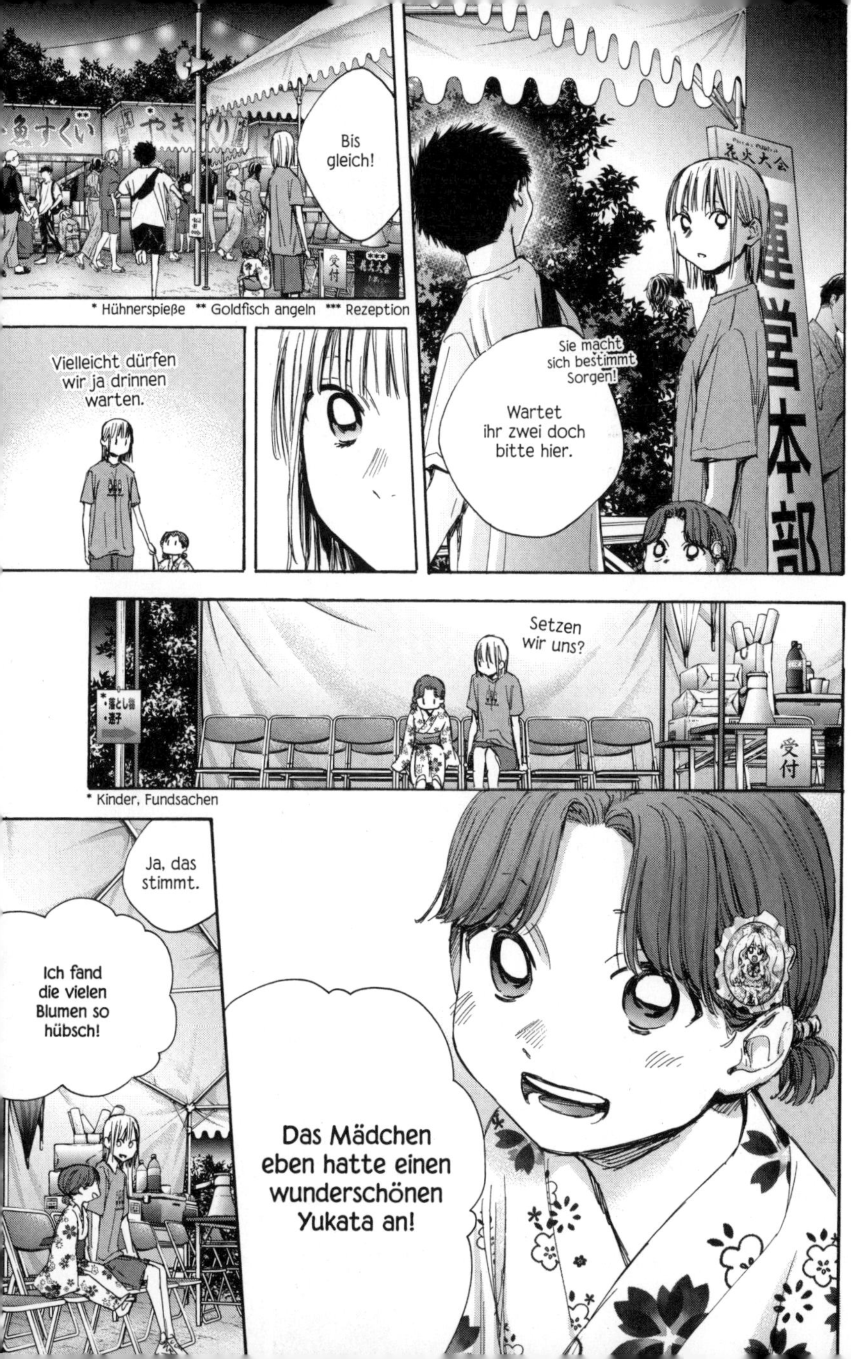

Bis gleich!
* Hühnerspieße ** Goldfisch angeln *** Rezeption
Sie macht sich bestimmt Sorgen!
Wartet ihr zwei doch bitte hier.
Vielleicht dürfen wir ja drinnen warten.
Setzen wir uns?
* Kinder, Fundsachen
Ja, das stimmt.
Das Mädchen eben hatte einen wunderschönen Yukata an!
Ich fand die vielen Blumen so hübsch!

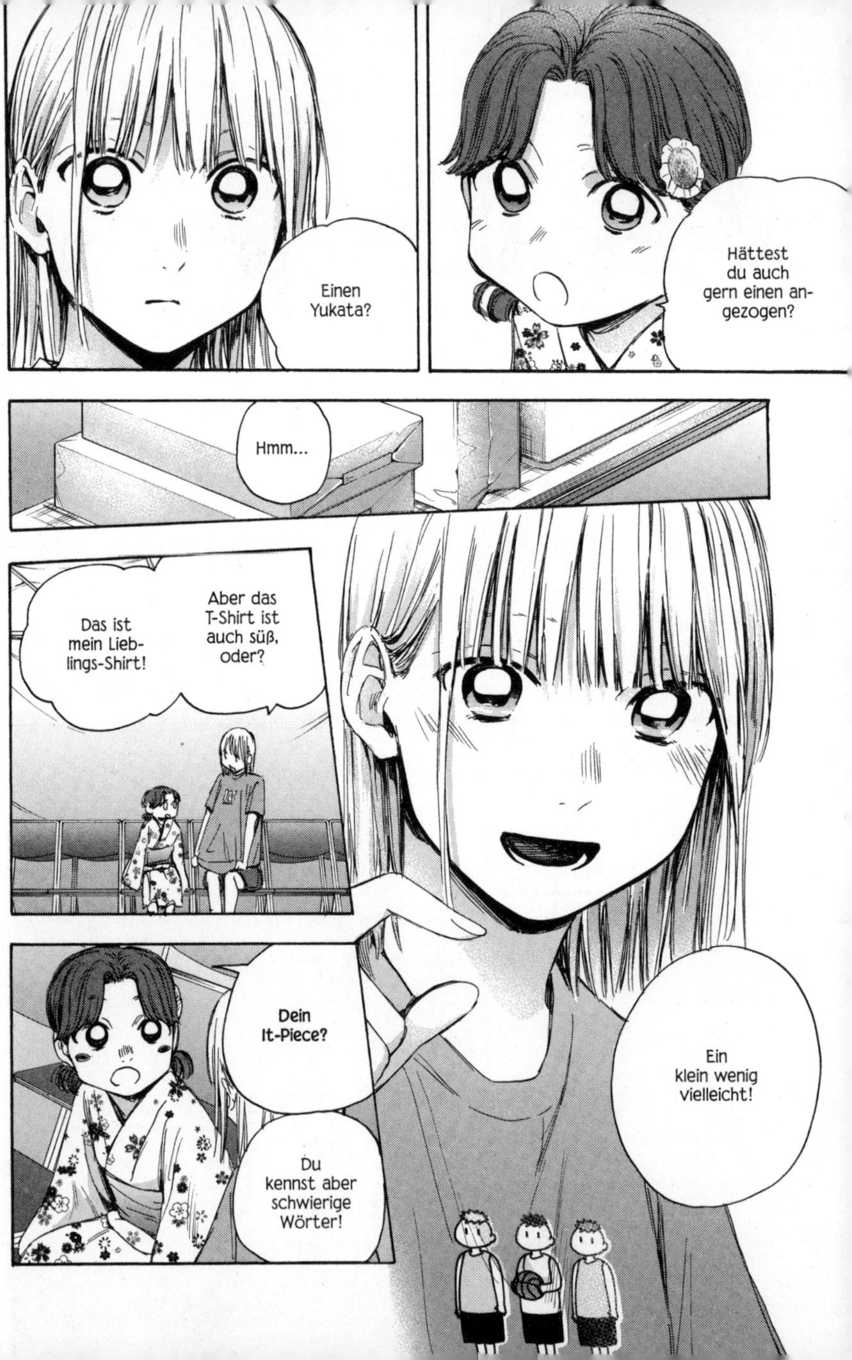
Hättest du auch gern einen angezogen?
Einen Yukata?
Hmm...
Ein klein wenig vielleicht!
Aber das T-Shirt ist auch süß, oder?
Das ist mein Lieblings-Shirt!
Dein It-Piece?
Du kennst aber schwierige Wörter!

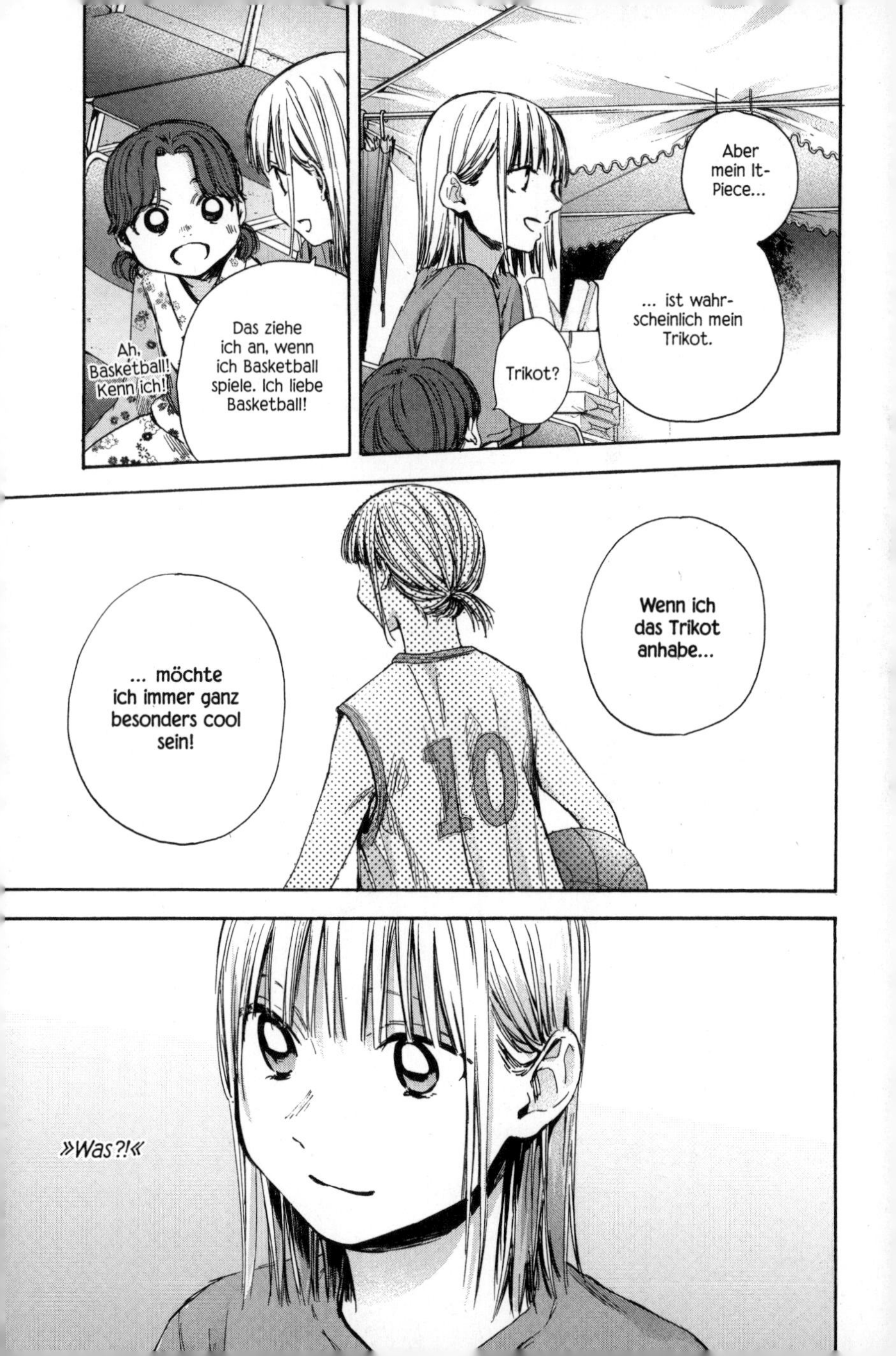
Aber mein It-Piece...
... ist wahrscheinlich mein Trikot.
Trikot?
Das ziehe ich an, wenn ich Basketball spiele. Ich liebe Basketball!
Ah, Basketball! Kenn ich!
Wenn ich das Trikot anhabe...
... möchte ich immer ganz besonders cool sein!
»Was?!«

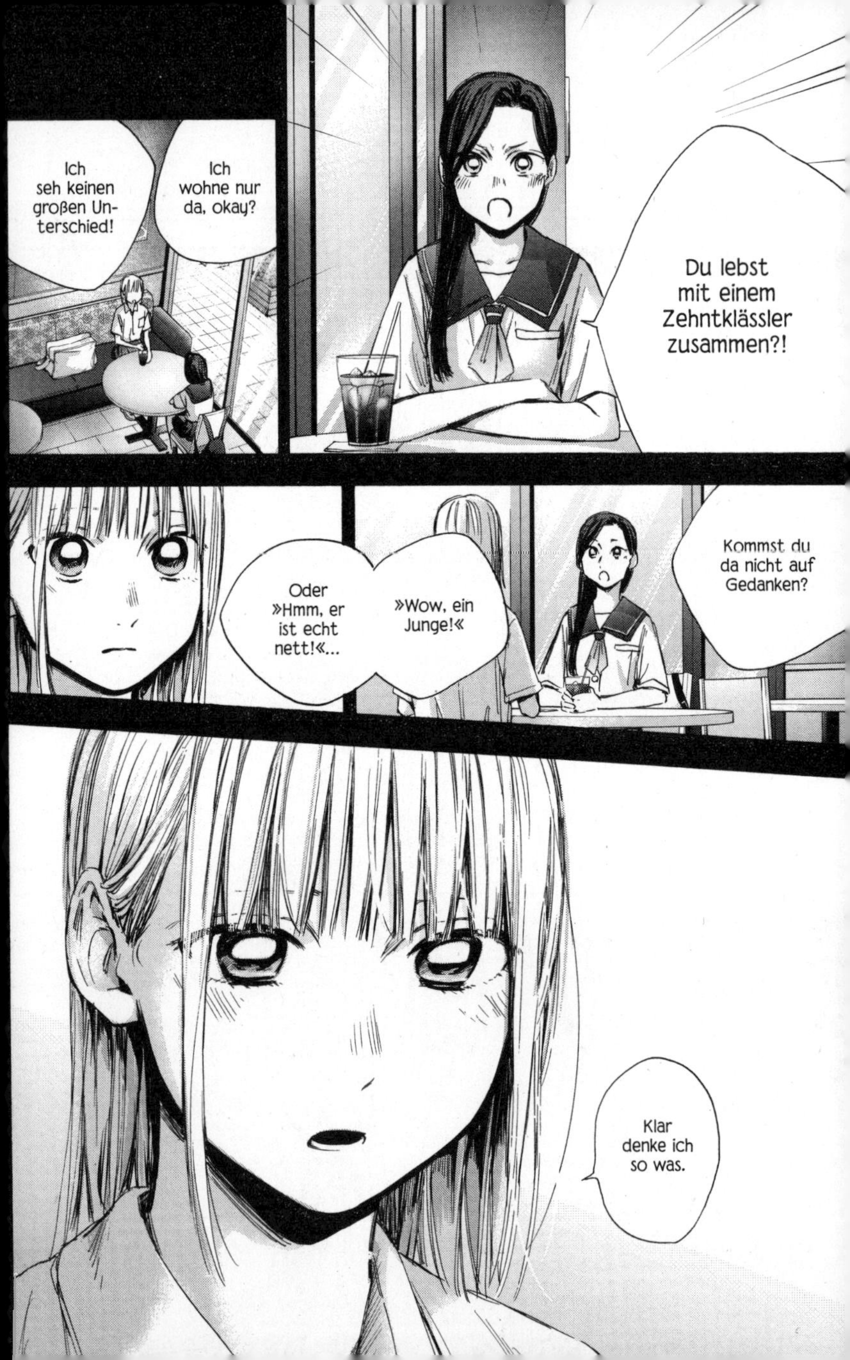
Du lebst mit einem Zehntklässler zusammen?!
Ich wohne nur da, okay?
Ich seh keinen großen Unterschied!
Kommst du da nicht auf Gedanken?
»Wow, ein Junge!«
Oder »Hmm, er ist echt nett!«...
Klar denke ich so was.

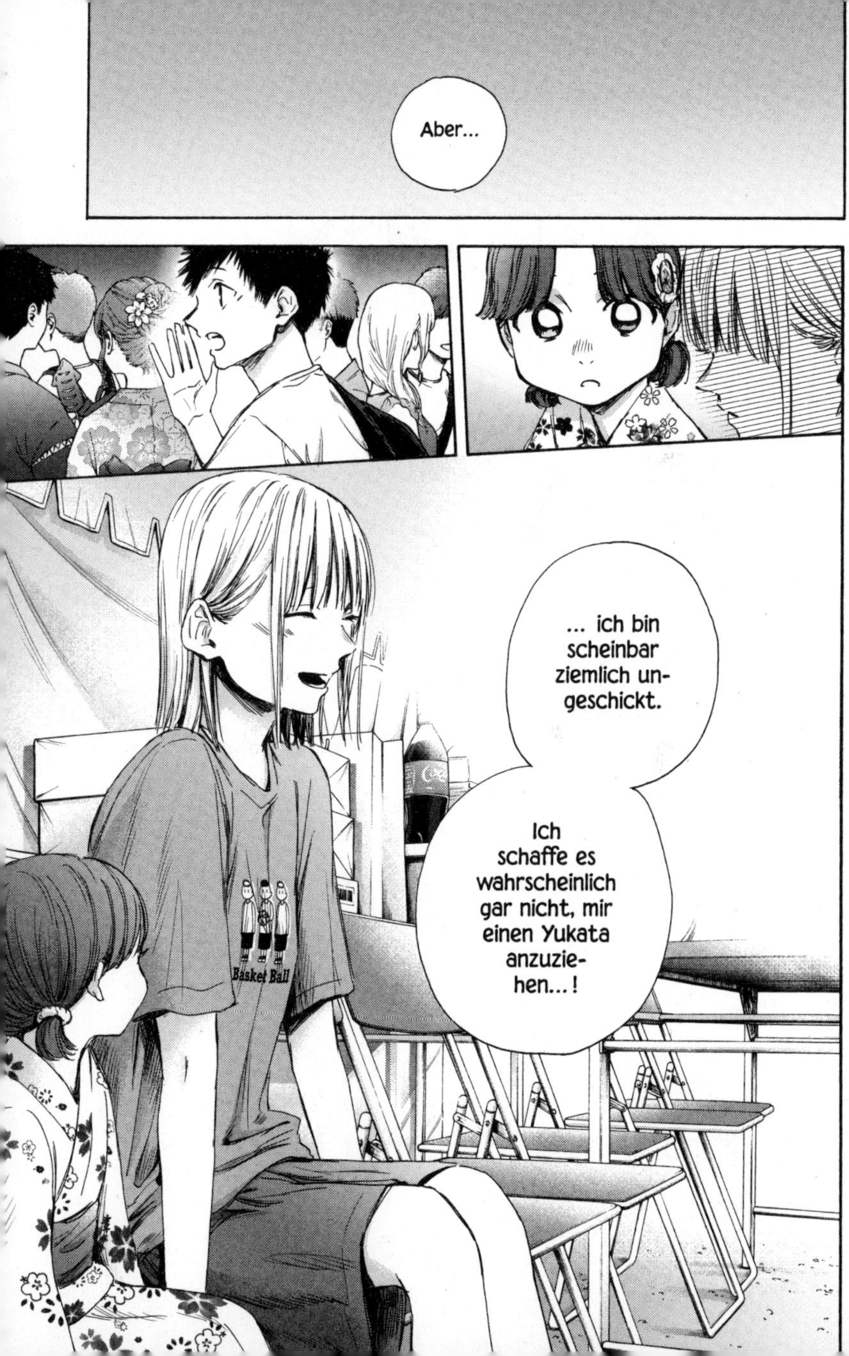
Aber...
... ich bin scheinbar ziemlich ungeschickt.
Ich schaffe es wahrscheinlich gar nicht, mir einen Yukata anzuziehen...!

Chi und ihr It-Piece

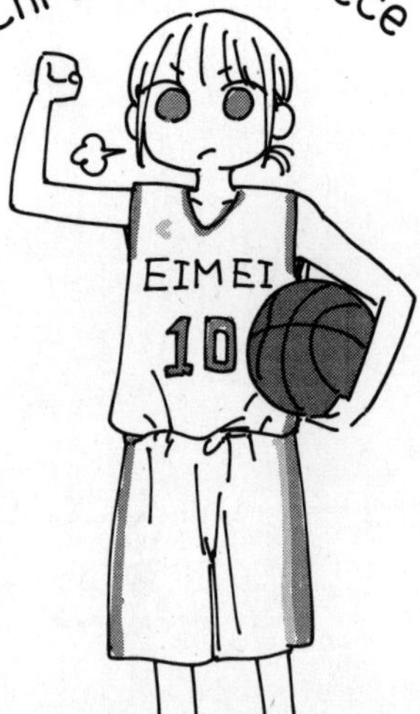

#36 Du musst los

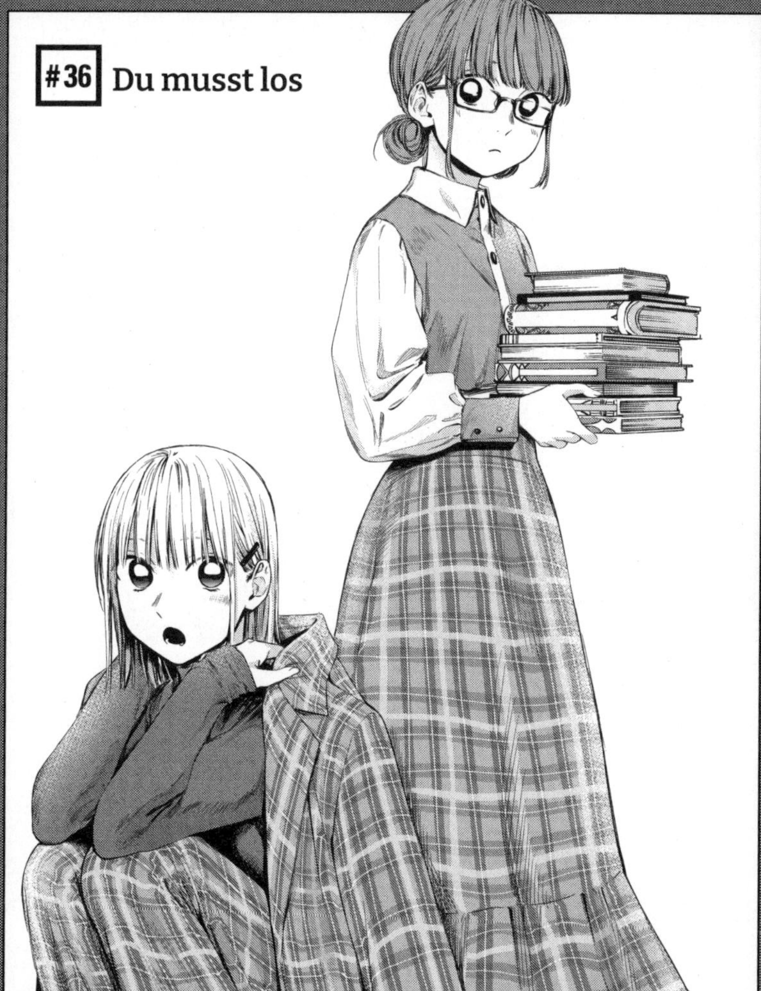

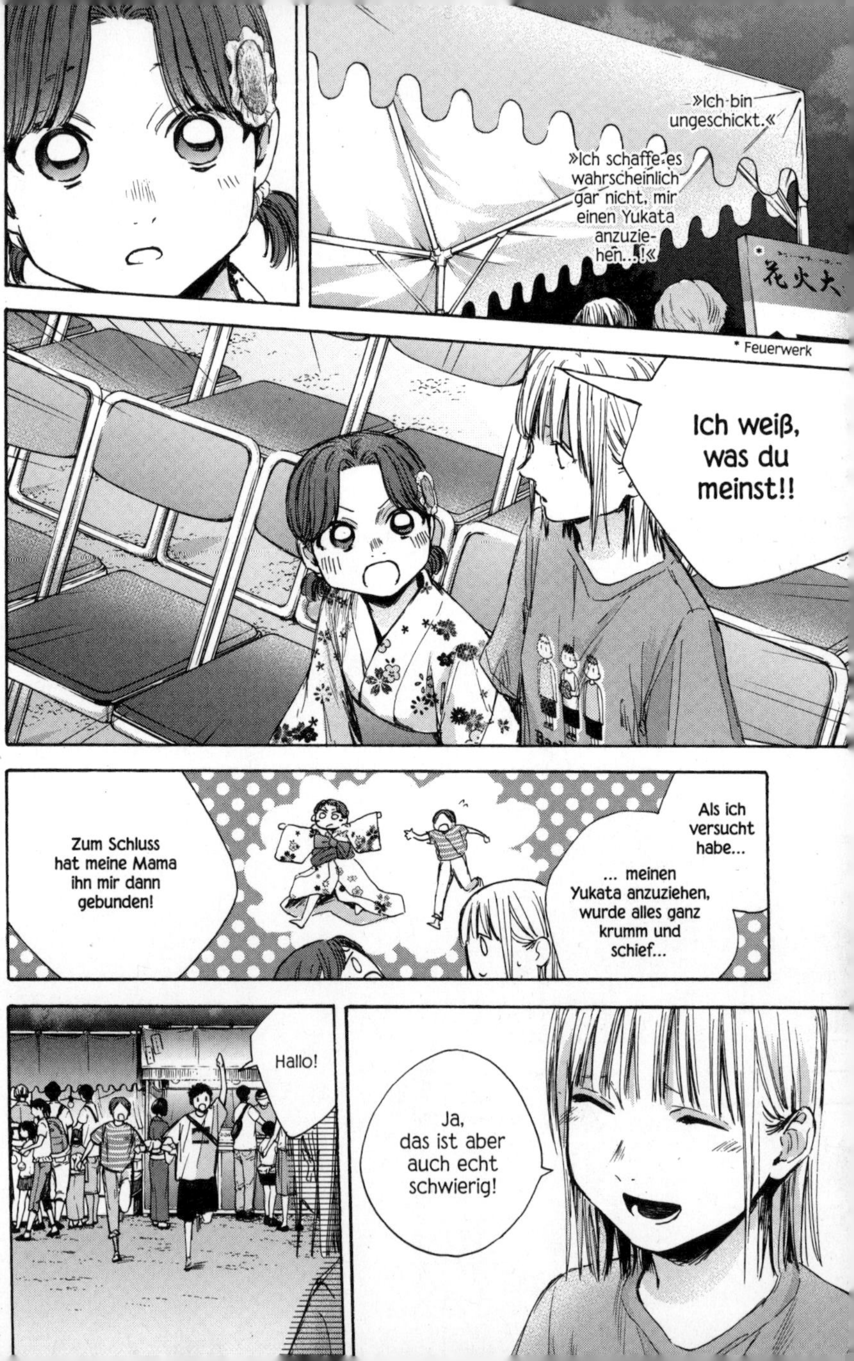

»Ich bin ungeschickt.«
»Ich schaffe es wahrscheinlich gar nicht, mir einen Yukata anzuziehen...!«
花火大
* Feuerwerk
Ich weiß, was du meinst!!
Als ich versucht habe...
... meinen Yukata anzuziehen, wurde alles ganz krumm und schief...
Zum Schluss hat meine Mama ihn mir dann gebunden!
Ja, das ist aber auch echt schwierig!
Hallo!

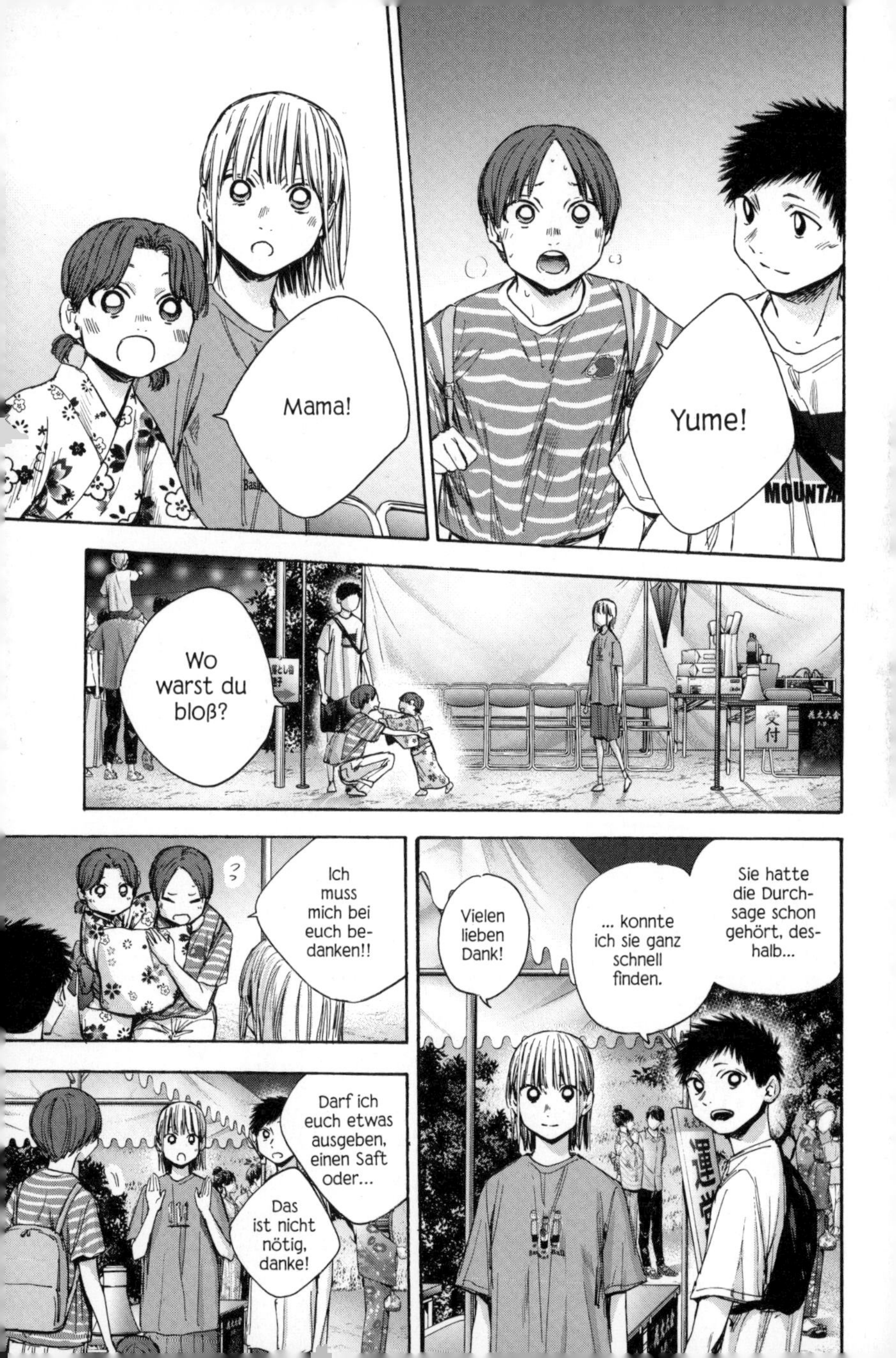
Yume!
Mama!
Wo warst du bloß?
Sie hatte die Durchsage schon gehört, deshalb...
... konnte ich sie ganz schnell finden.
Vielen lieben Dank!
Ich muss mich bei euch bedanken!!
Darf ich euch etwas ausgeben, einen Saft oder...
Das ist nicht nötig, danke!

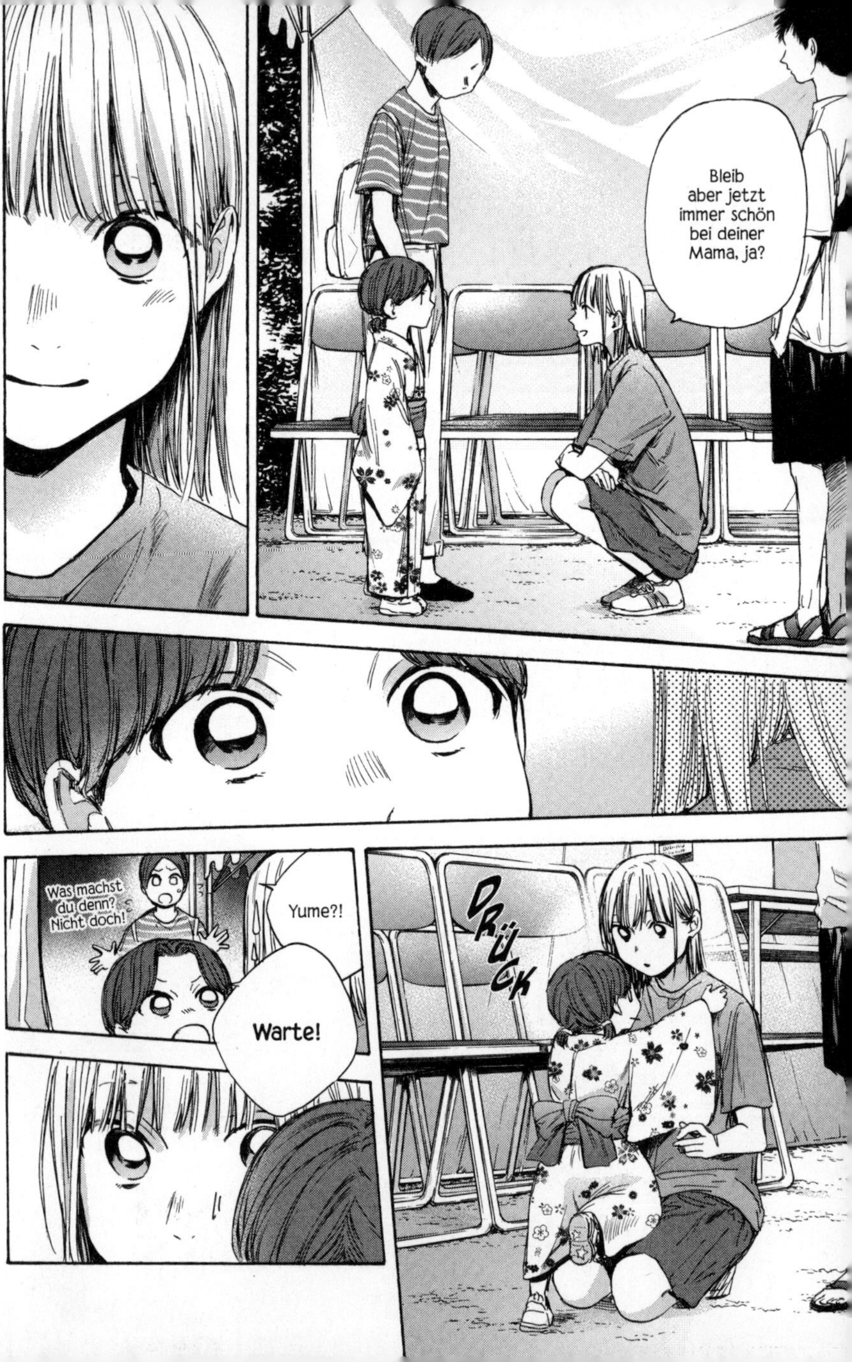
Bleib aber jetzt immer schön bei deiner Mama, ja?
Yume?!
Was machst du denn? Nicht doch!
Warte!
DRÜCK

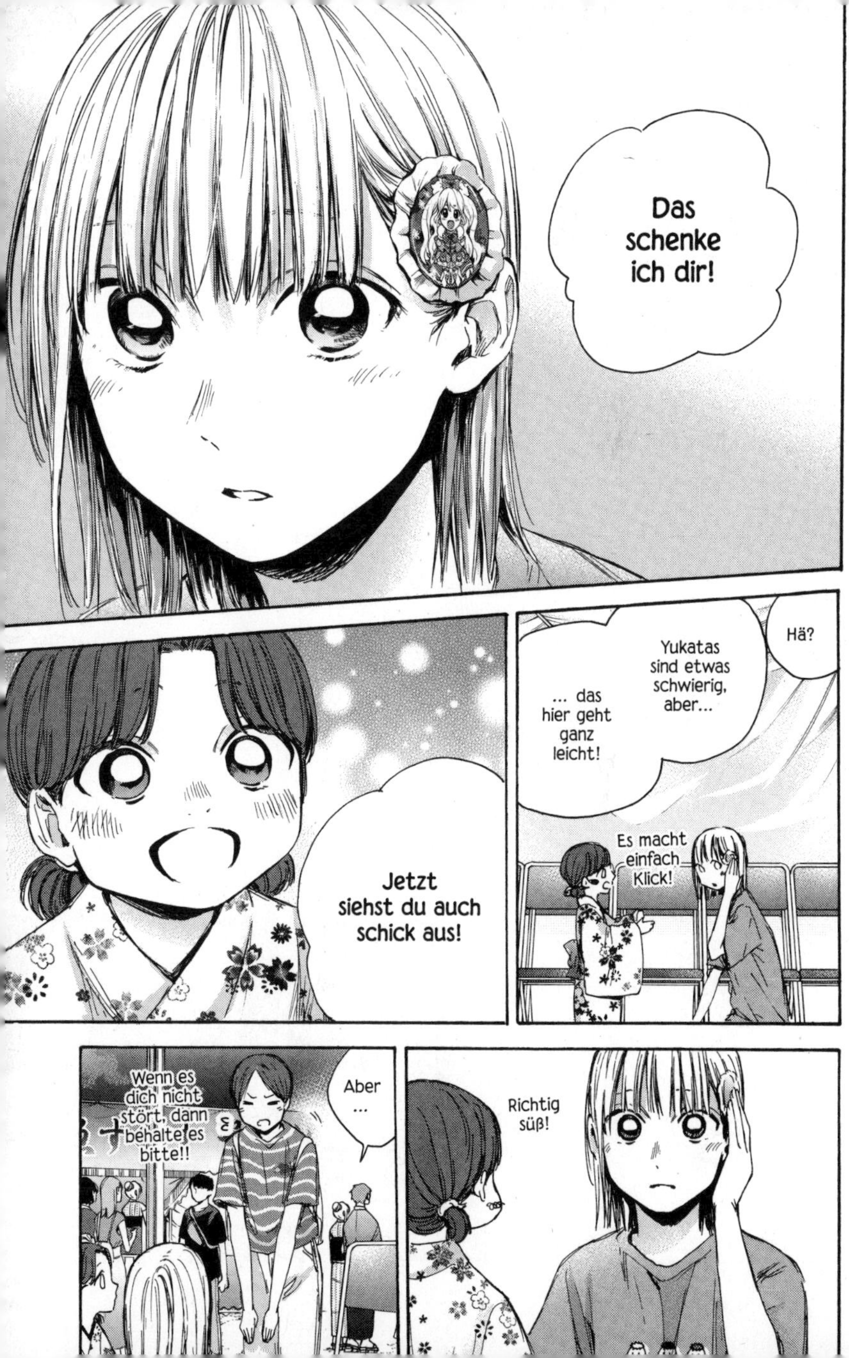
Das schenke ich dir!
Hä?
Yukatas sind etwas schwierig, aber...
... das hier geht ganz leicht!
Es macht einfach Klick!
Jetzt siehst du auch schick aus!
Richtig süß!
Aber ...
Wenn es dich nicht stört, dann behalte es bitte!!

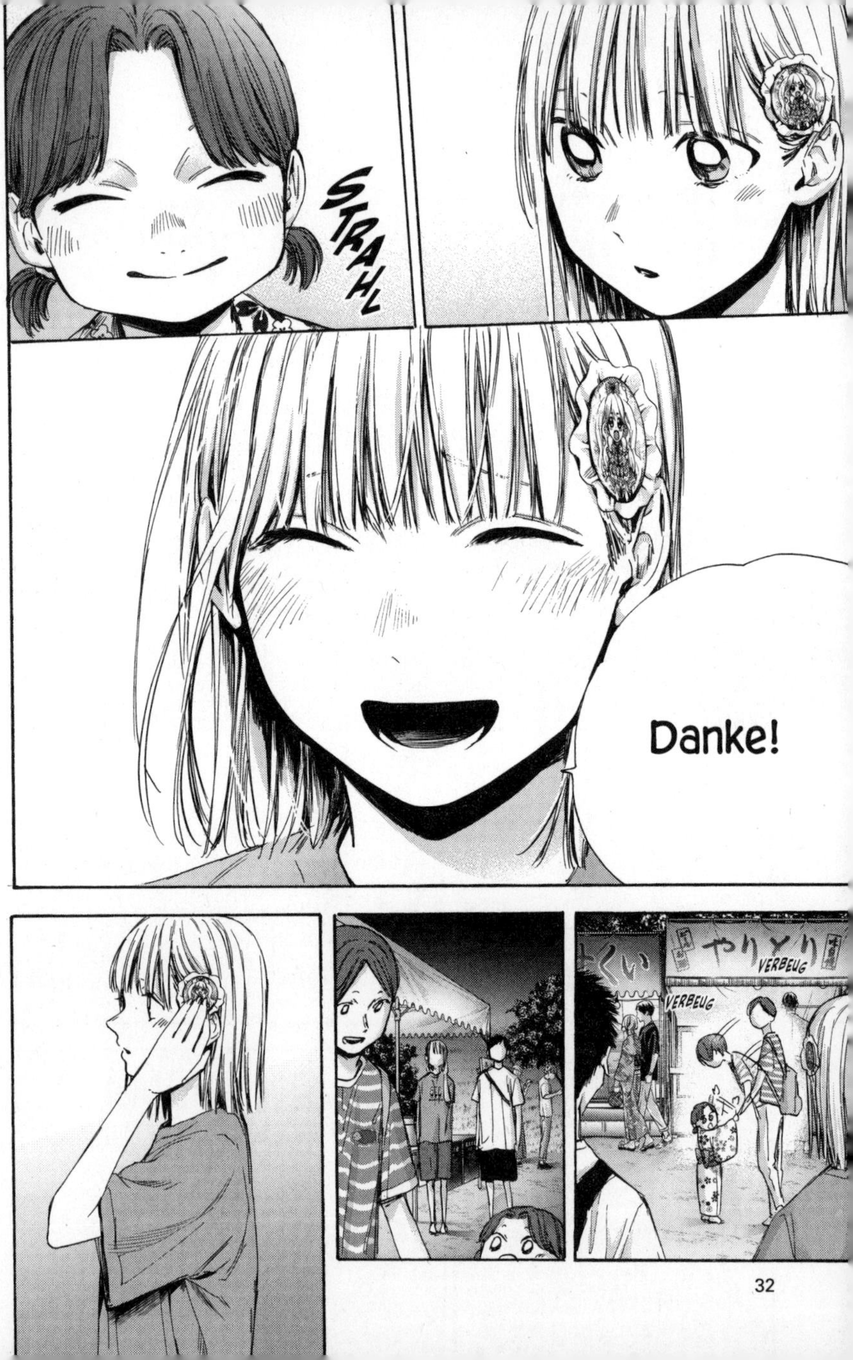
STRAHL
Danke!
VERBEUG
VERBEUG
やりとり
くい

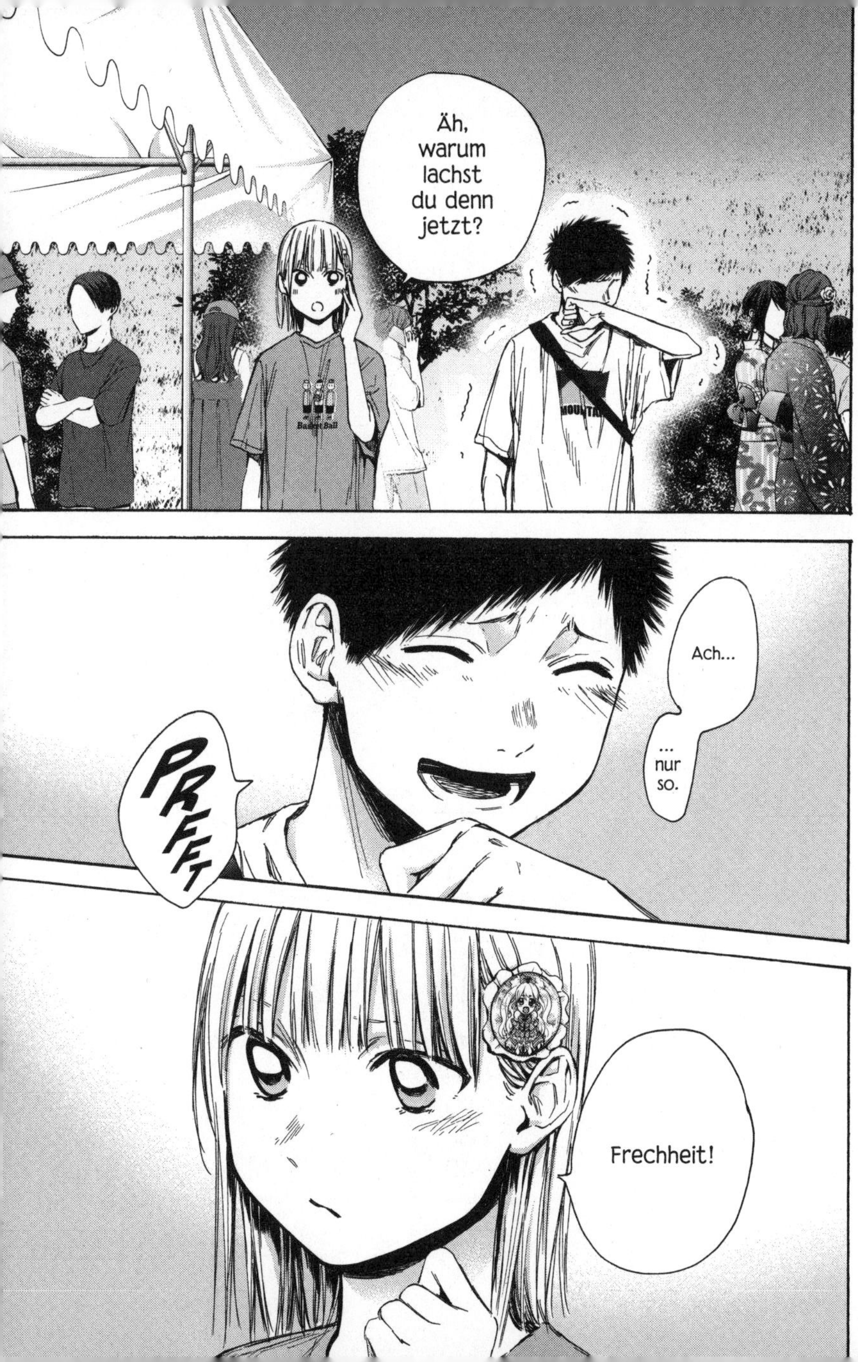
Äh, warum lachst du denn jetzt?
Ach...
... nur so.
PRFFT
Frechheit!

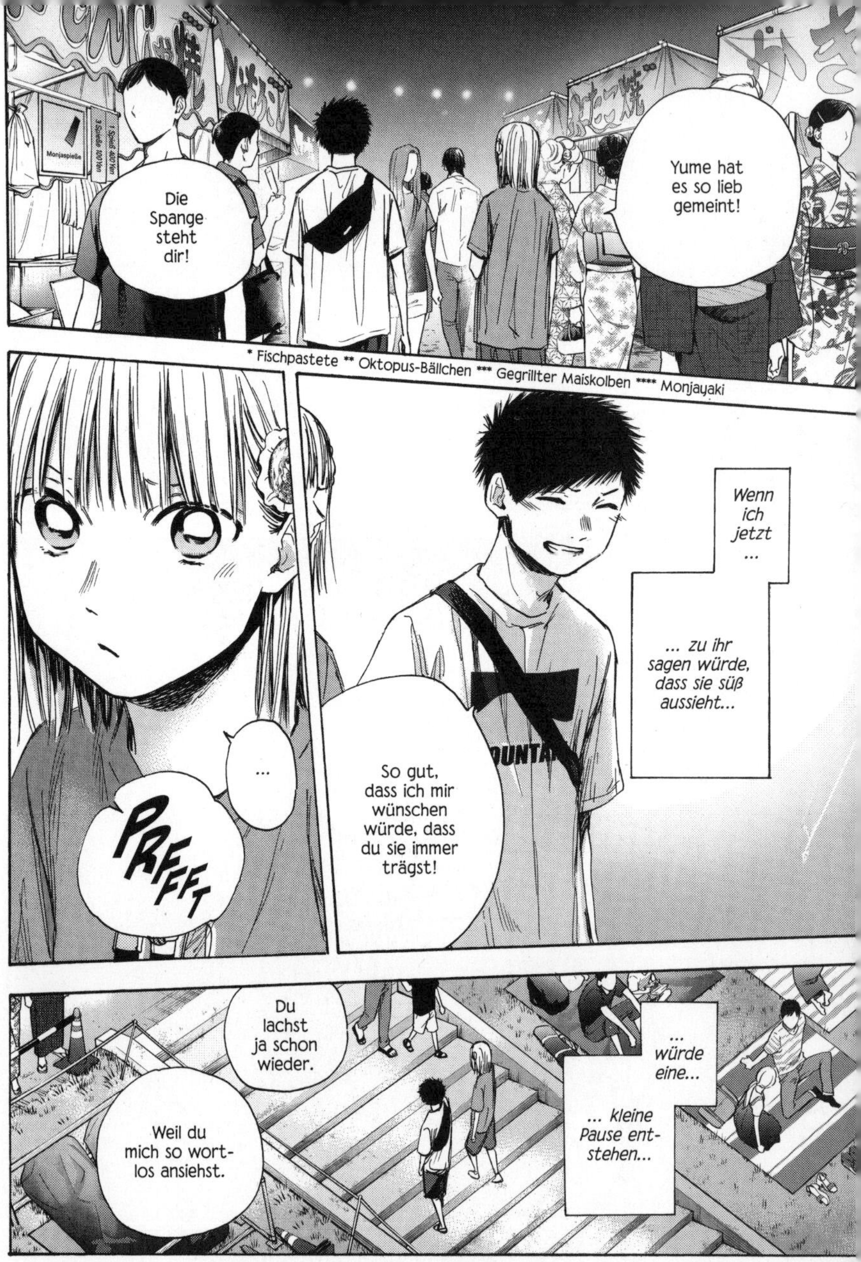

* Fischpastete ** Oktopus-Bällchen *** Gegrillter Maiskolben **** Monjayaki

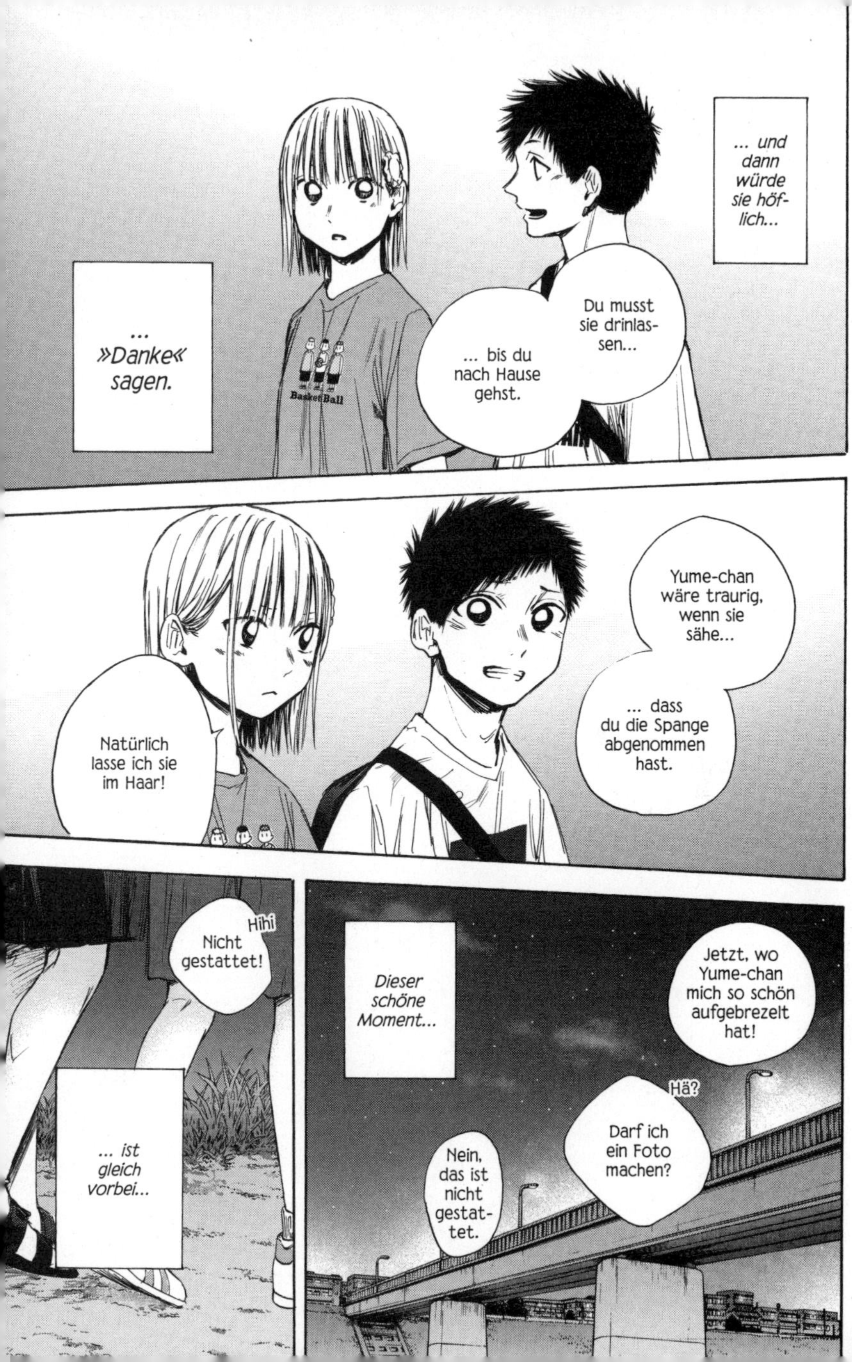
... und dann würde sie höflich...
Du musst sie drinlassen...
... bis du nach Hause gehst.
... »Danke« sagen.
Yume-chan wäre traurig, wenn sie sähe...
... dass du die Spange abgenommen hast.
Natürlich lasse ich sie im Haar!
Jetzt, wo Yume-chan mich so schön aufgebrezelt hat!
Dieser schöne Moment...
Hä?
Darf ich ein Foto machen?
Nein, das ist nicht gestattet.
Hihi
Nicht gestattet!
... ist gleich vorbei...

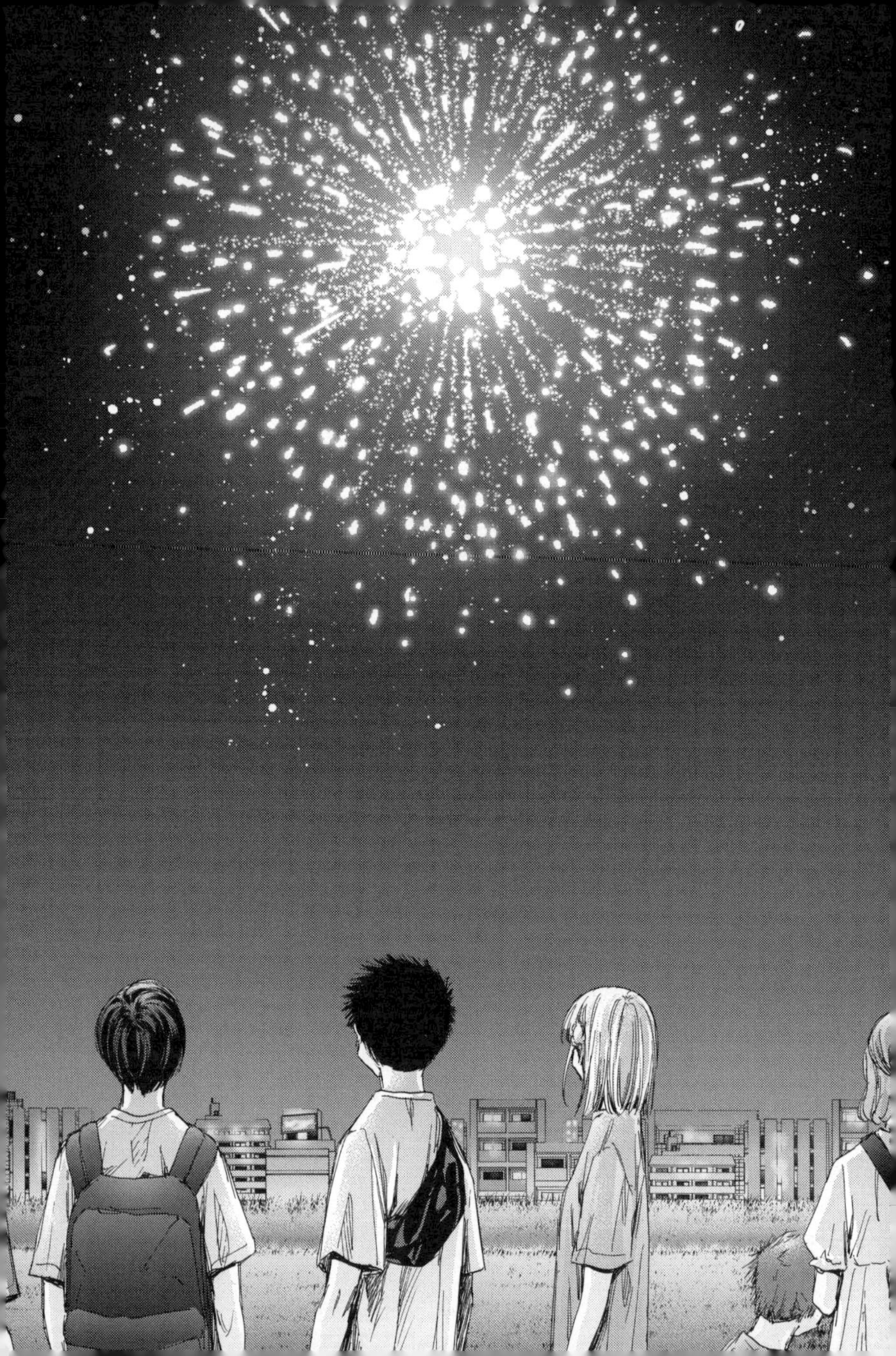

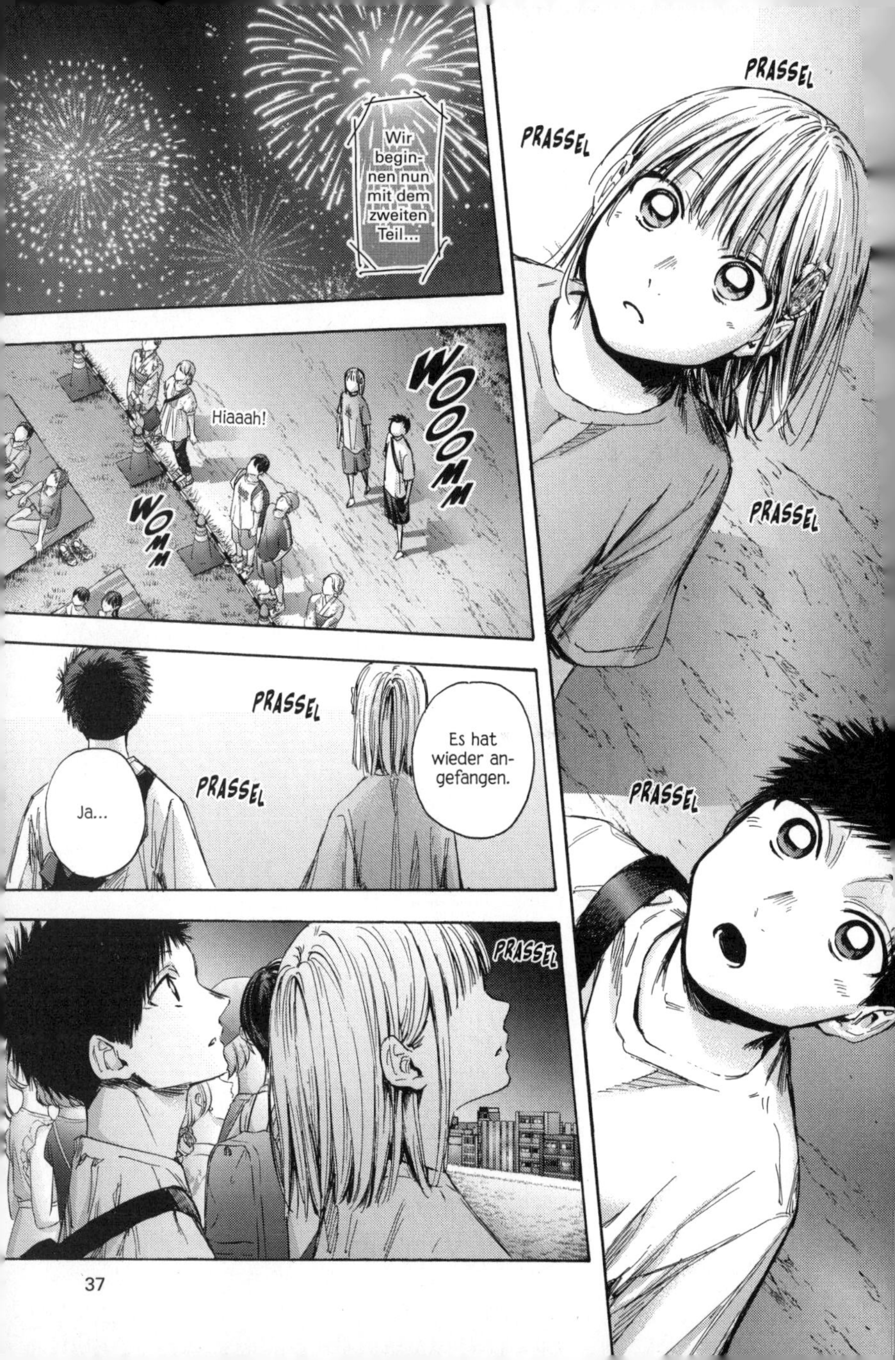
PRASSEL
PRASSEL
Wir begin-
nen nun
mit dem
zweiten
Teil…
WOOOMM
Hiaaah!
WOMM
PRASSEL
PRASSEL
Es hat
wieder an-
gefangen.
PRASSEL
Ja…
PRASSEL
PRASSEL

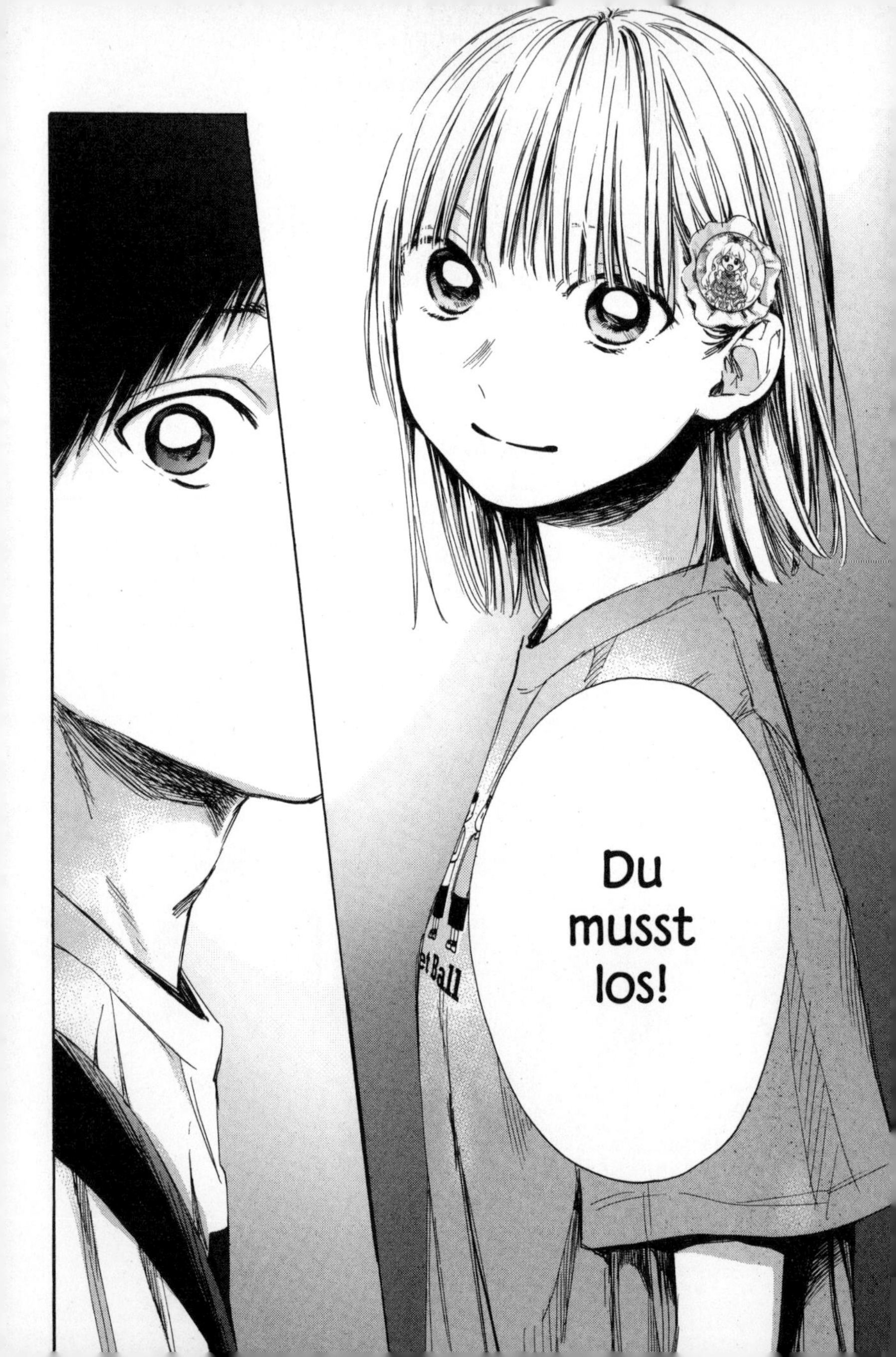
Du musst los!

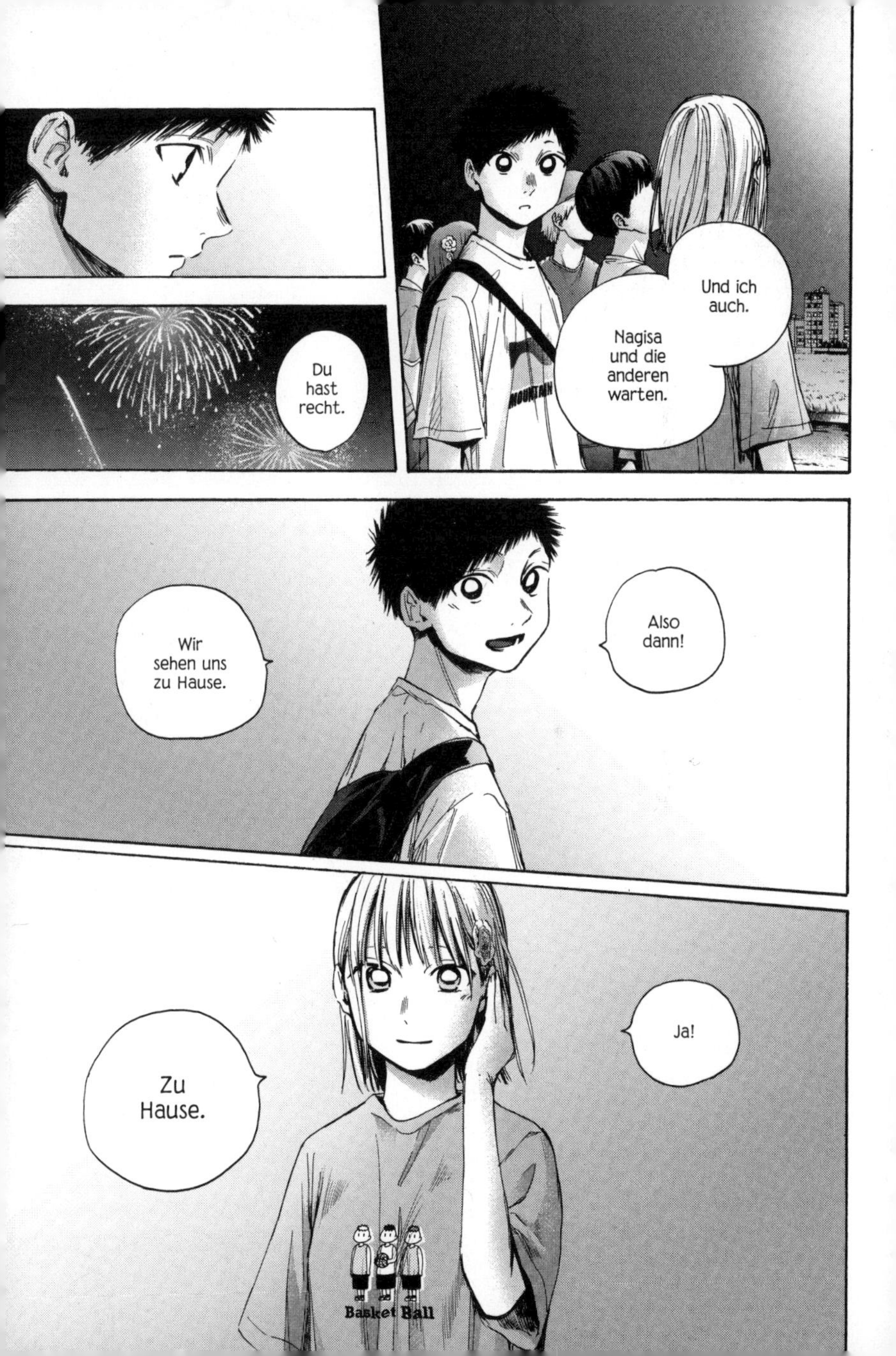
Und ich auch.
Nagisa und die anderen warten.
Du hast recht.
Also dann!
Wir sehen uns zu Hause.
Ja!
Zu Hause.
Basket Ball

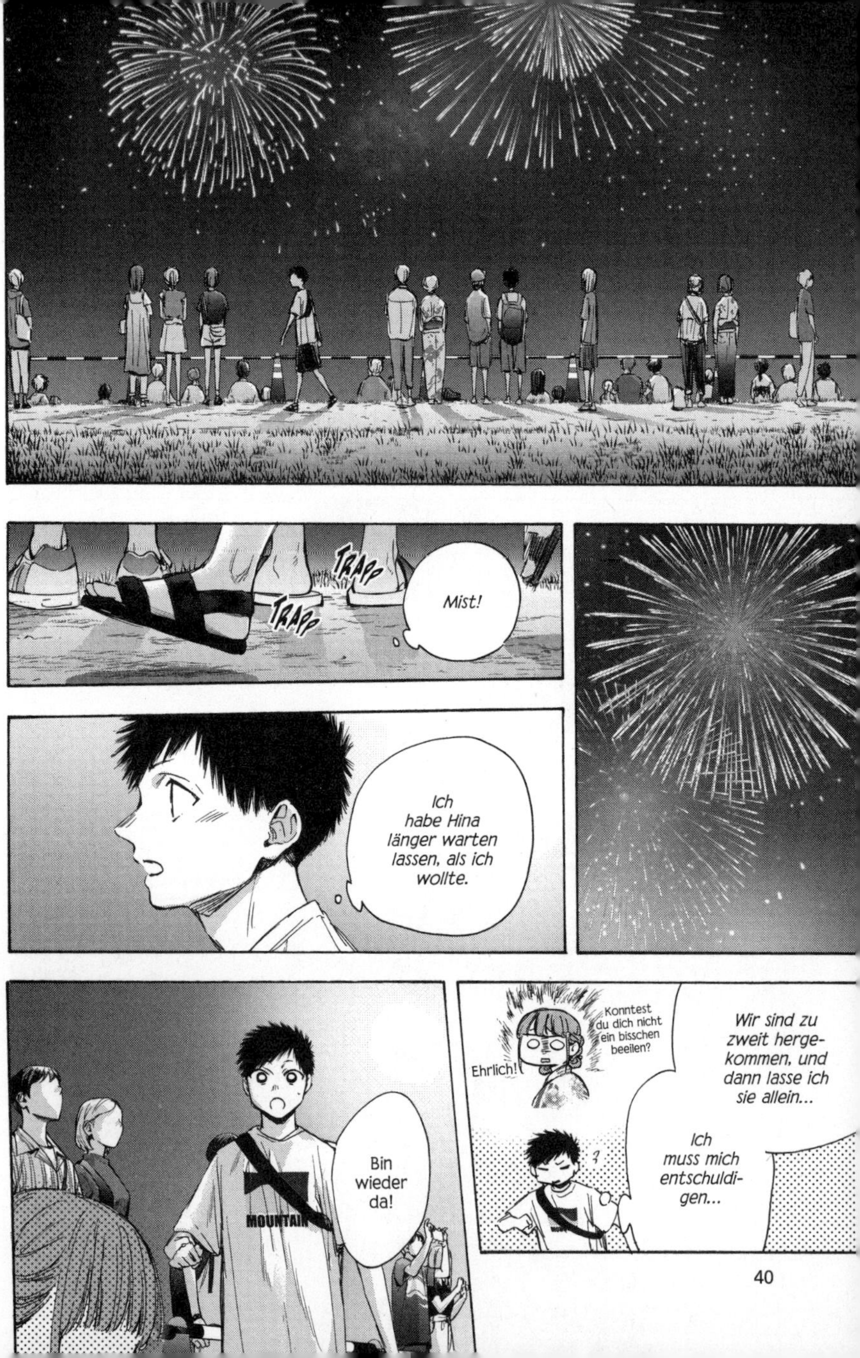
TRAPP
TRAPP
Mist!
Ich habe Hina länger warten lassen, als ich wollte.
Wir sind zu zweit hergekommen, und dann lasse ich sie allein...
Ich muss mich entschuldigen...
Konntest du dich nicht ein bisschen beeilen?
Ehrlich!
Bin wieder da!
MOUNTAIN

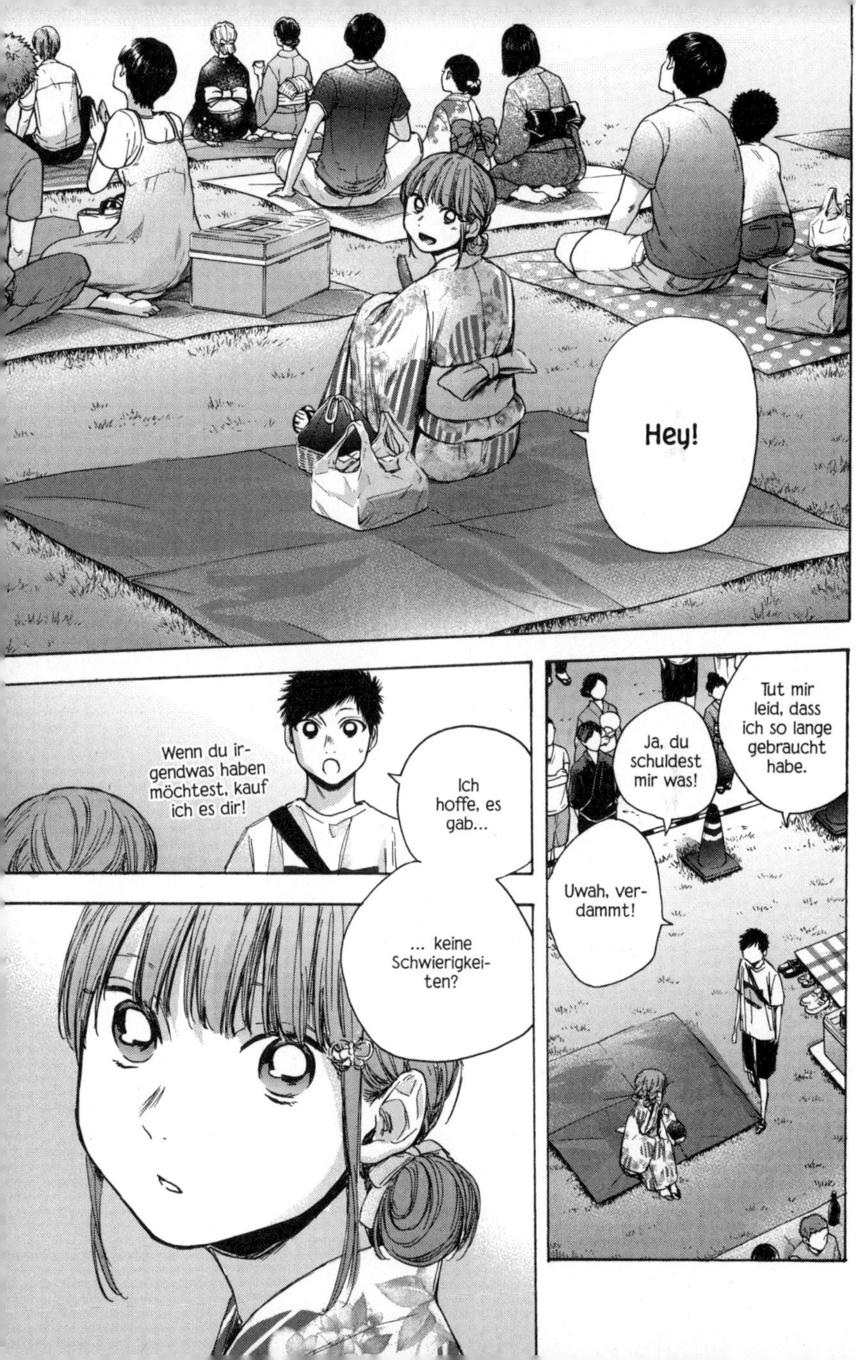
Hey!
Tut mir leid, dass ich so lange gebraucht habe.
Ja, du schuldest mir was!
Uwah, verdammt!
Wenn du irgendwas haben möchtest, kauf ich es dir!
Ich hoffe, es gab...
... keine Schwierigkeiten?

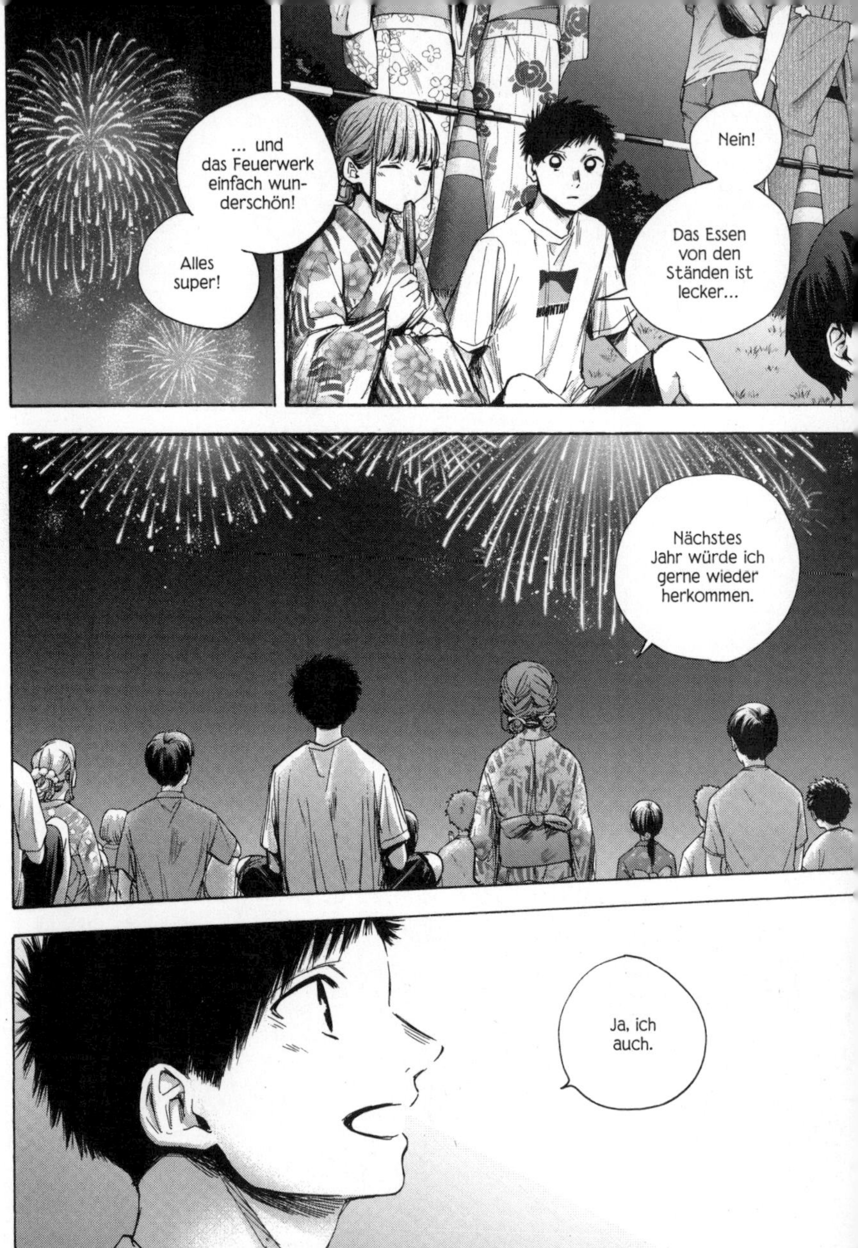
Nein!
Das Essen von den Ständen ist lecker...
... und das Feuerwerk einfach wunderschön!
Alles super!
Nächstes Jahr würde ich gerne wieder herkommen.
Ja, ich auch.

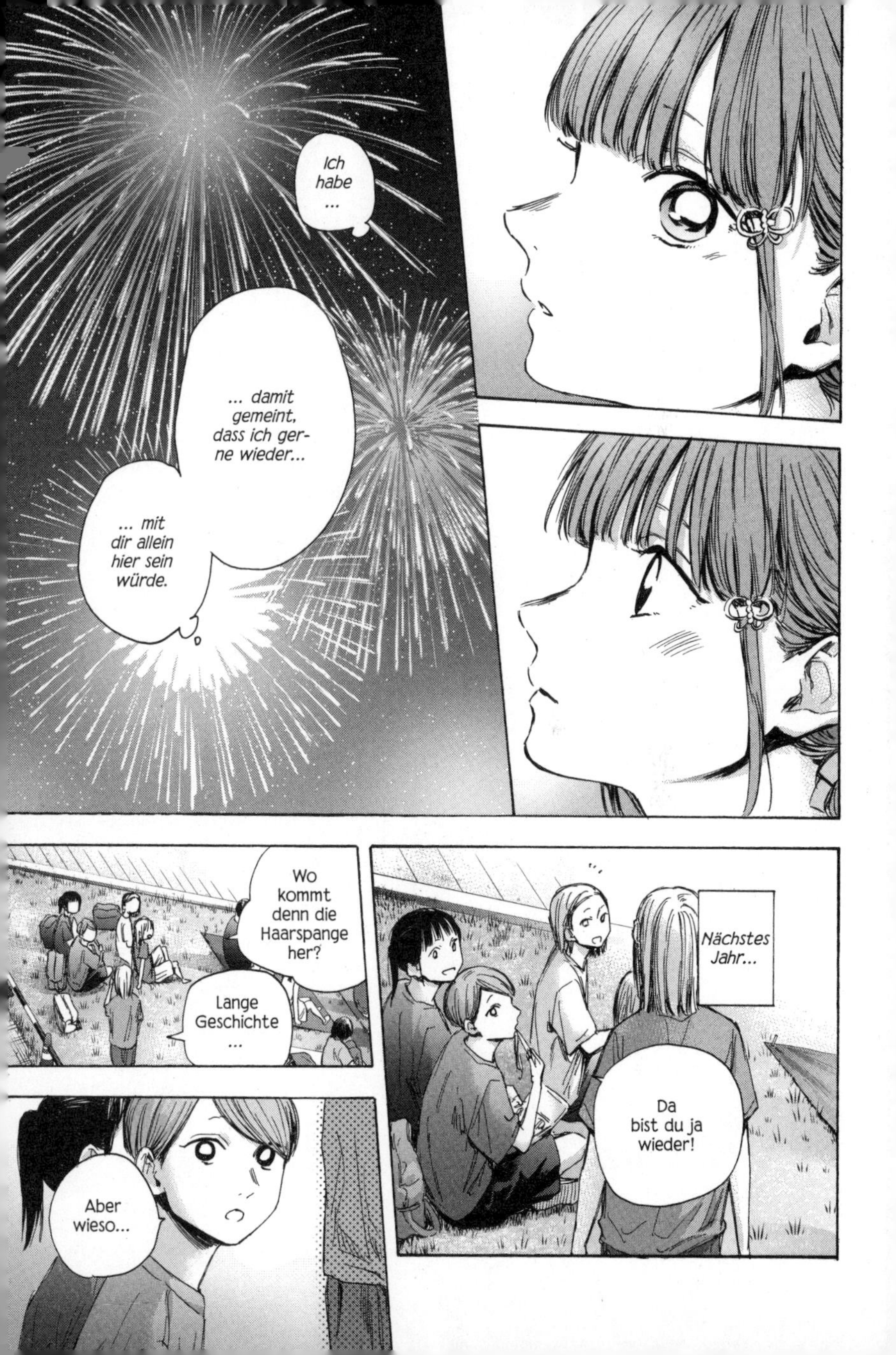
Ich habe ...
... damit gemeint, dass ich gerne wieder...
... mit dir allein hier sein würde.
Nächstes Jahr...
Da bist du ja wieder!
Wo kommt denn die Haarspange her?
Lange Geschichte ...
Aber wieso...

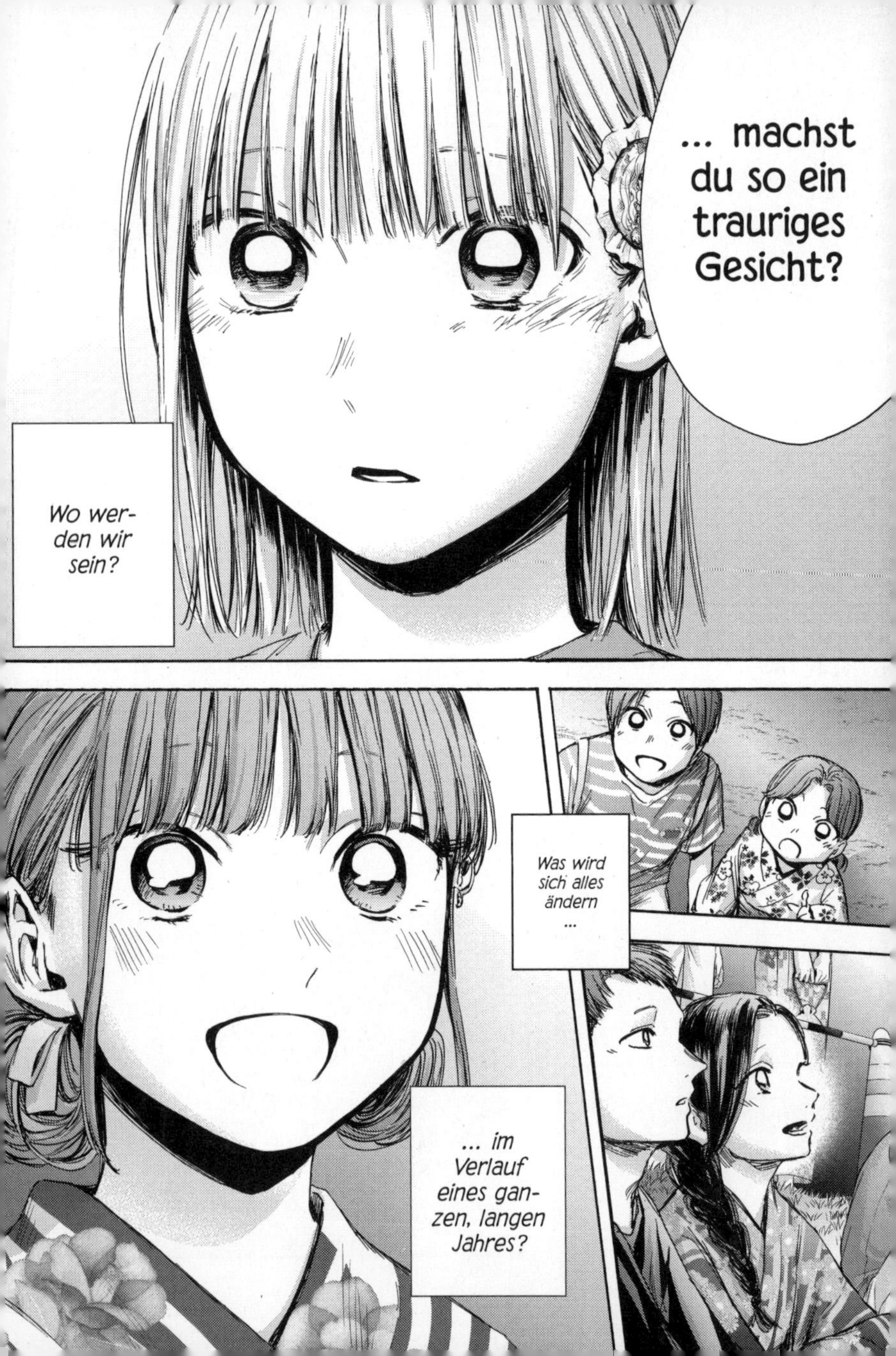
... machst du so ein trauriges Gesicht?
Wo werden wir sein?
Was wird sich alles ändern ...
... im Verlauf eines ganzen, langen Jahres?

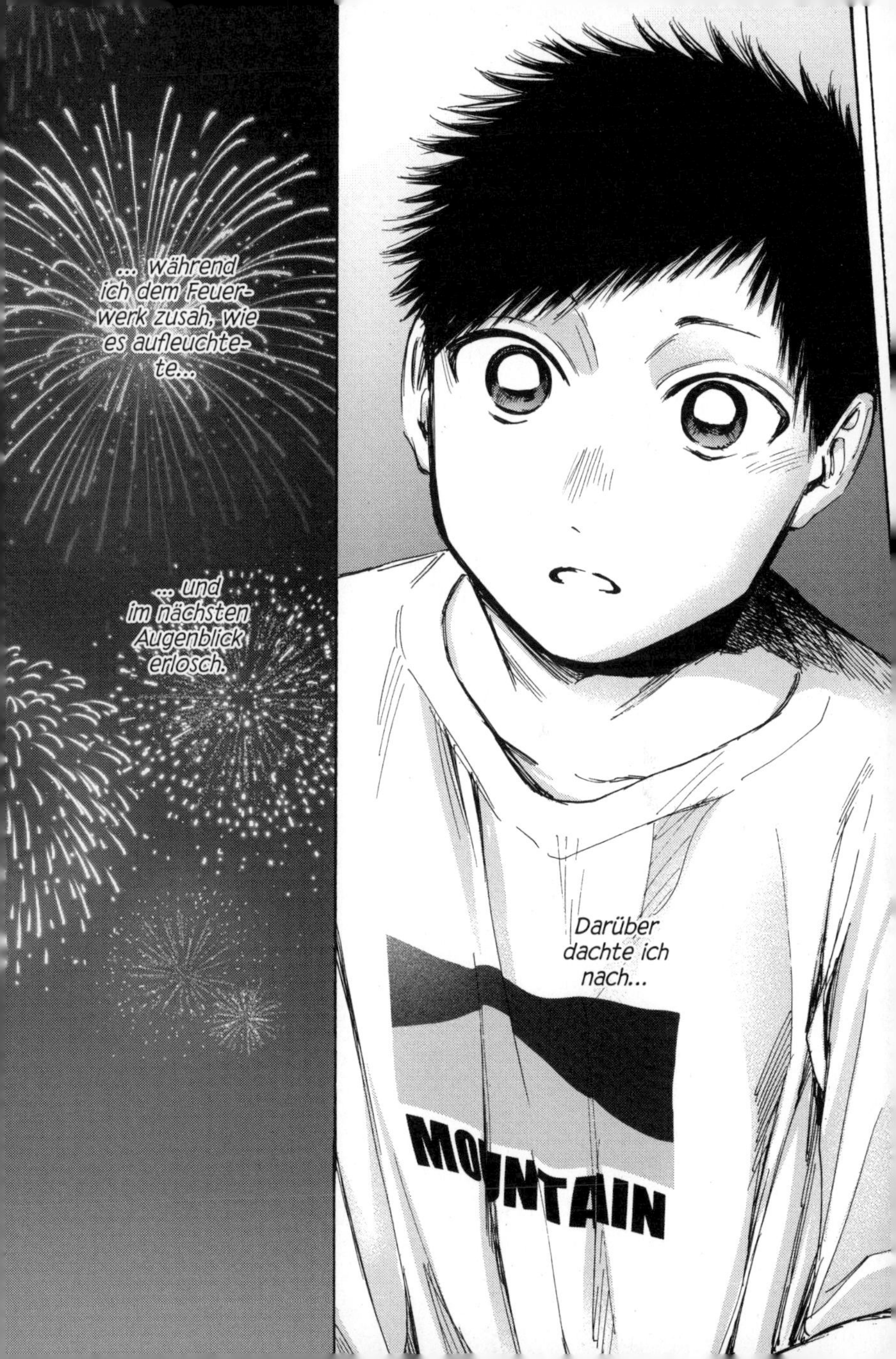
Darüber dachte ich nach...
... während ich dem Feuerwerk zusah, wie es aufleuchtete...
... und im nächsten Augenblick erlosch.
MOUNTAIN

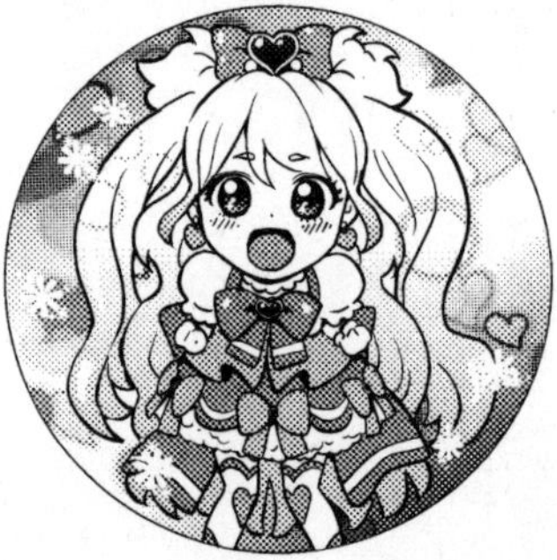

Blue Box

no. 5

Die Haarklammer
hat meine Assistentin
designt!

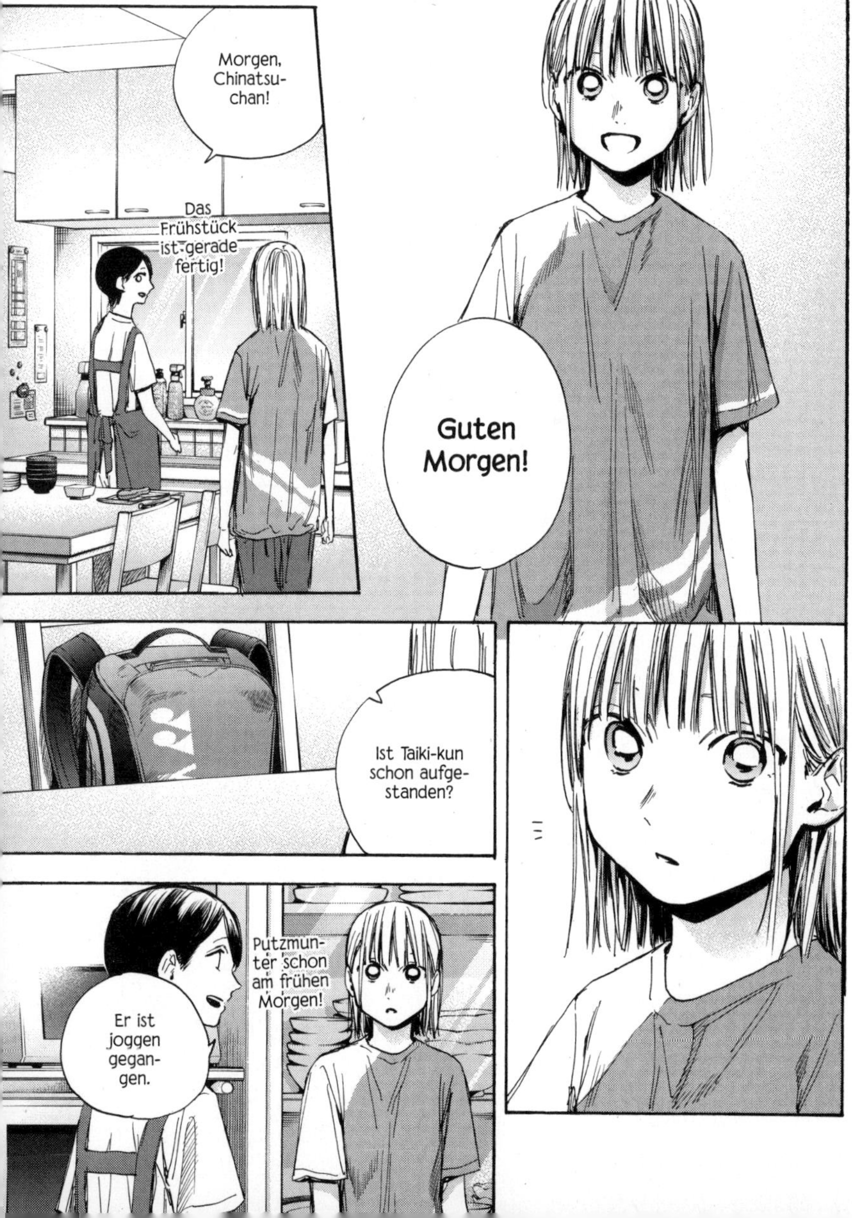

Guten Morgen!
Morgen, Chinatsu-chan!
Das Frühstück ist gerade fertig!
Ist Taiki-kun schon aufgestanden?
Er ist joggen gegangen.
Putzmunter schon am frühen Morgen!

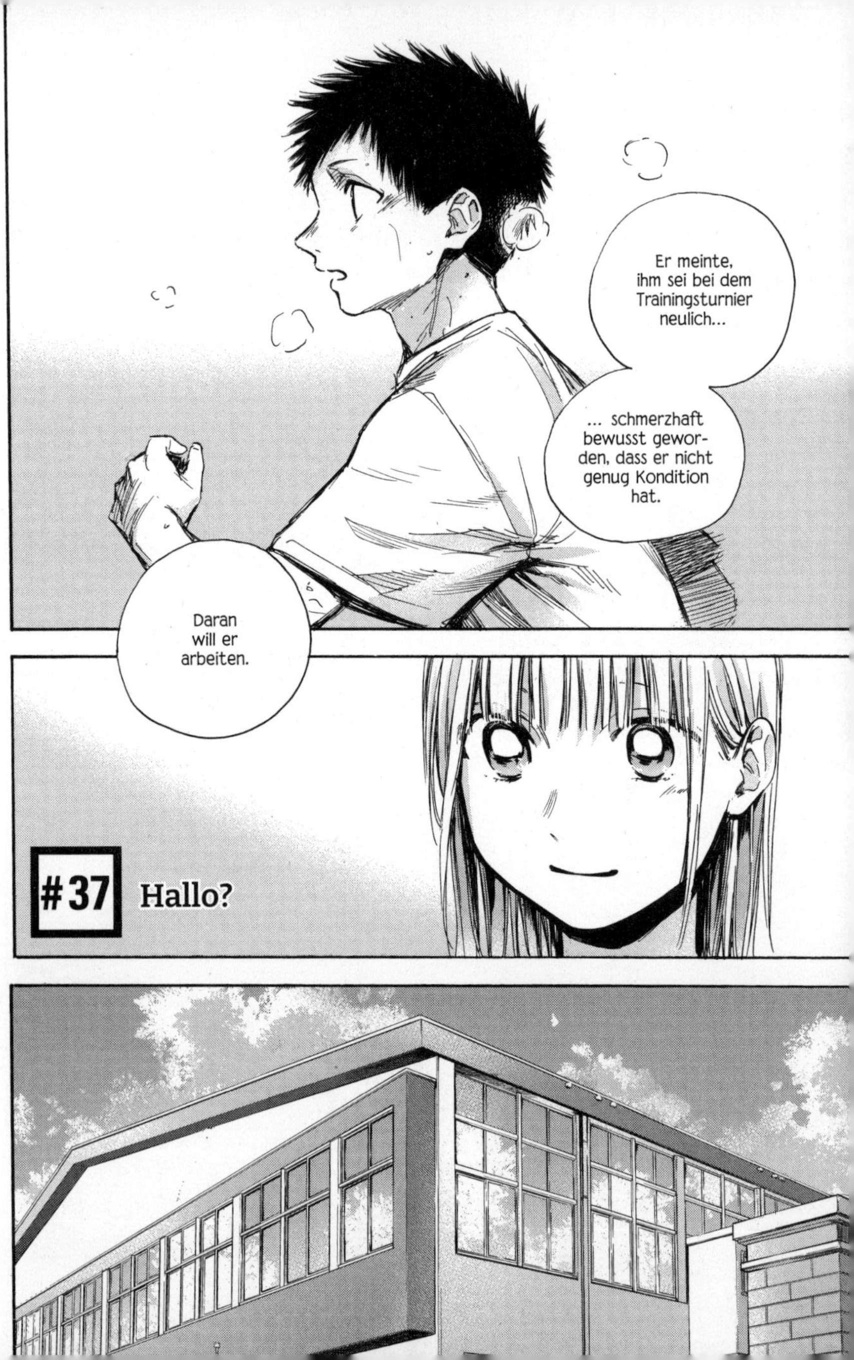
Er meinte, ihm sei bei dem Trainingsturnier neulich...
... schmerzhaft bewusst geworden, dass er nicht genug Kondition hat.
Daran will er arbeiten.
#37 Hallo?

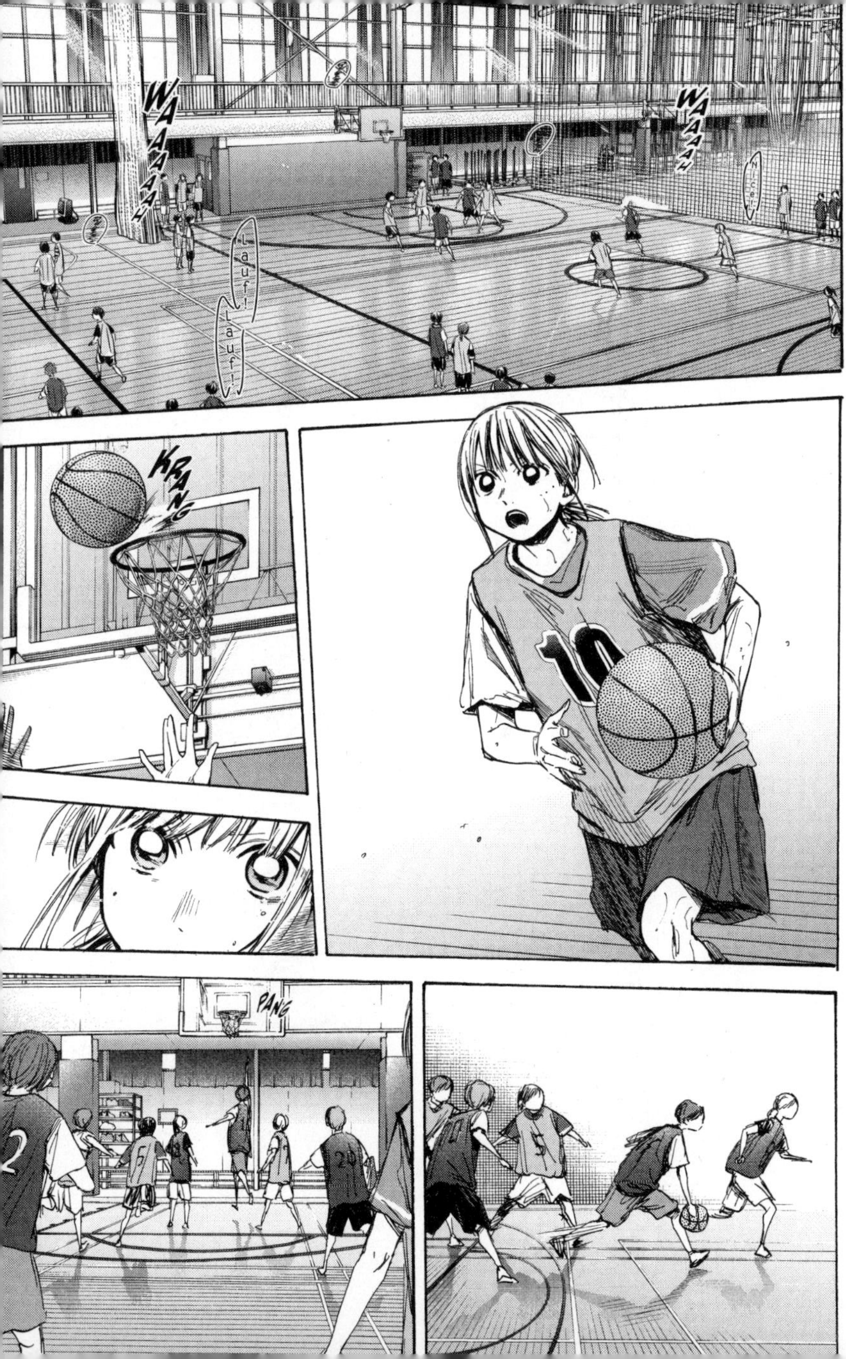
WAAAAAH
Nice!
Lauf!
Lauf!
WAAAAAAH
KRANG
PANG

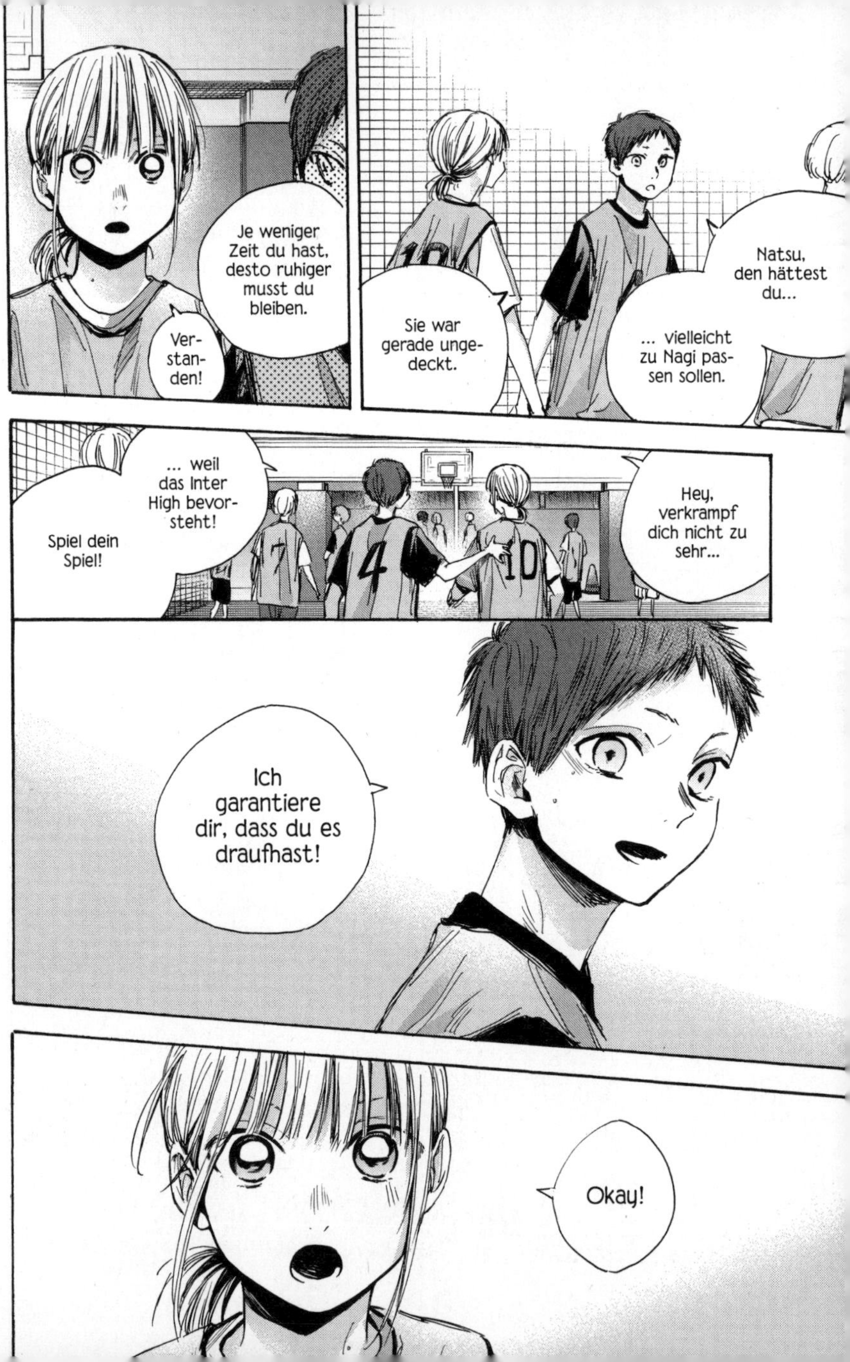
Natsu, den hättest du...
... vielleicht zu Nagi passen sollen.
Sie war gerade ungedeckt.
Je weniger Zeit du hast, desto ruhiger musst du bleiben.
Verstanden!
Hey, verkrampf dich nicht zu sehr...
... weil das Inter High bevorsteht!
Spiel dein Spiel!
Ich garantiere dir, dass du es draufhast!
Okay!

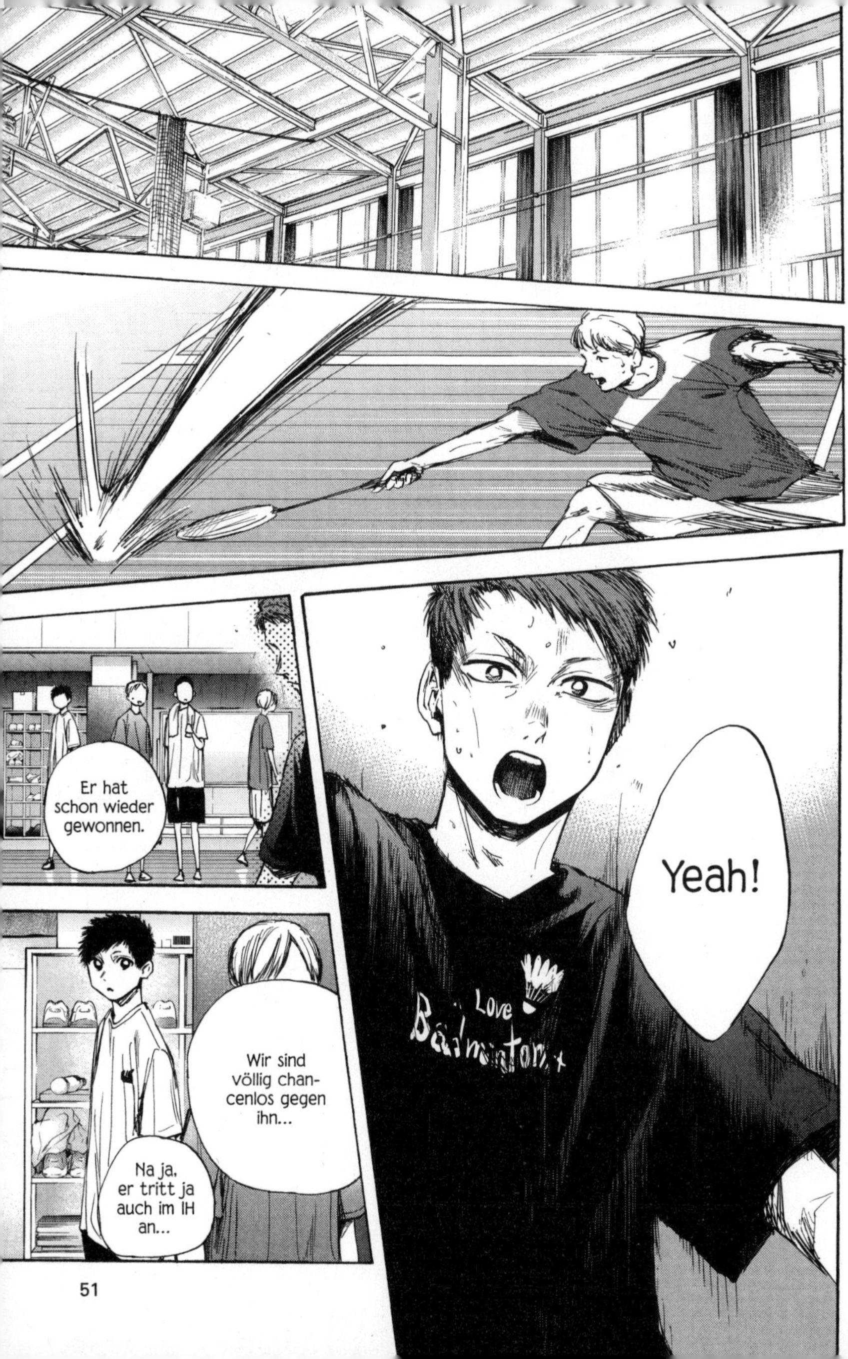
Yeah!
Er hat schon wieder gewonnen.
Wir sind völlig chancenlos gegen ihn...
Na ja, er tritt ja auch im IH an...

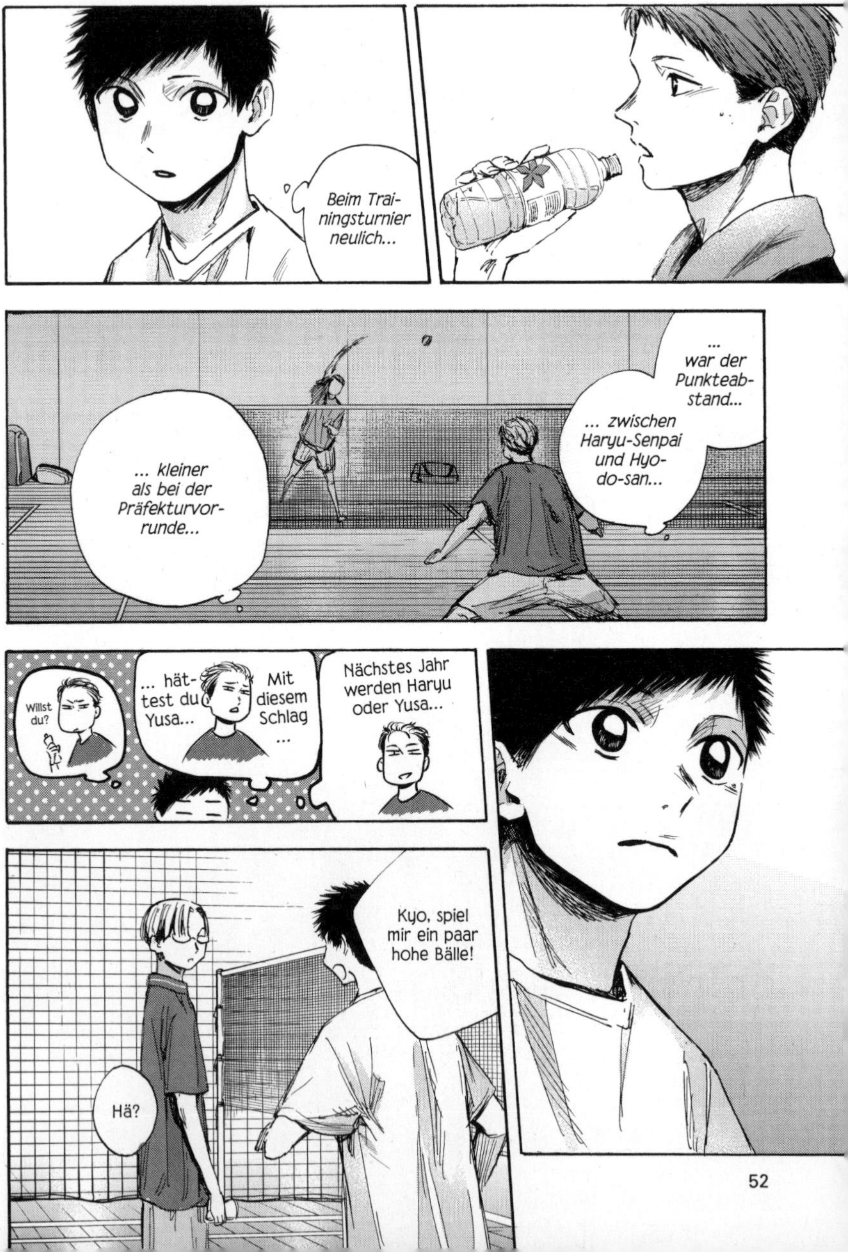
Beim Trainingsturnier neulich...
... war der Punkteabstand...
... zwischen Haryu-Senpai und Hyodo-san...
... kleiner als bei der Präfekturvorrunde...
Nächstes Jahr werden Haryu oder Yusa...
Mit diesem Schlag ...
... hättest du Yusa...
Willst du?
Kyo, spiel mir ein paar hohe Bälle!
Hä?

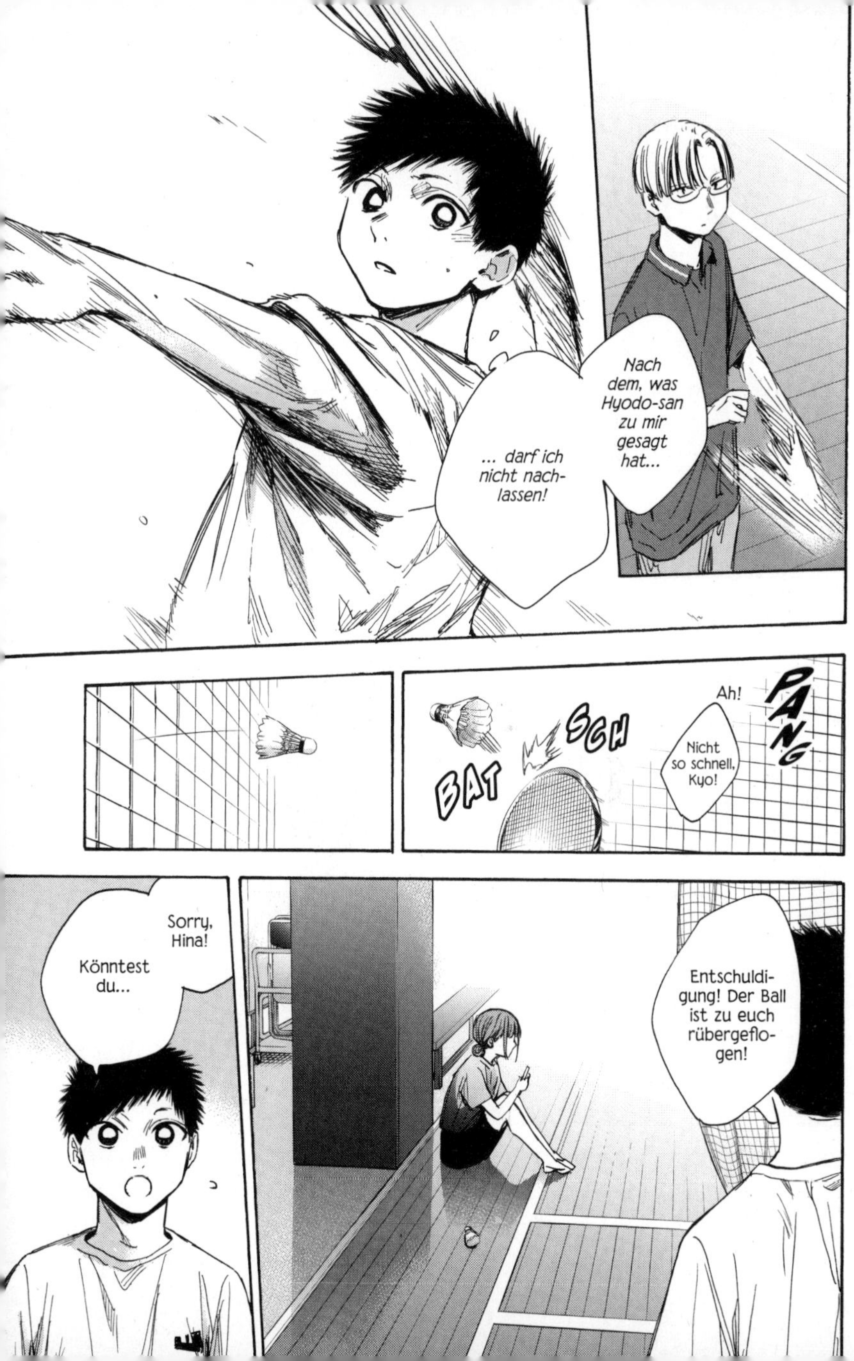
Nach dem, was Hyodo-san zu mir gesagt hat...
... darf ich nicht nachlassen!
PANG
Ah!
Nicht so schnell, Kyo!
BATSCH
Entschuldigung! Der Ball ist zu euch rübergeflogen!
Sorry, Hina!
Könntest du...

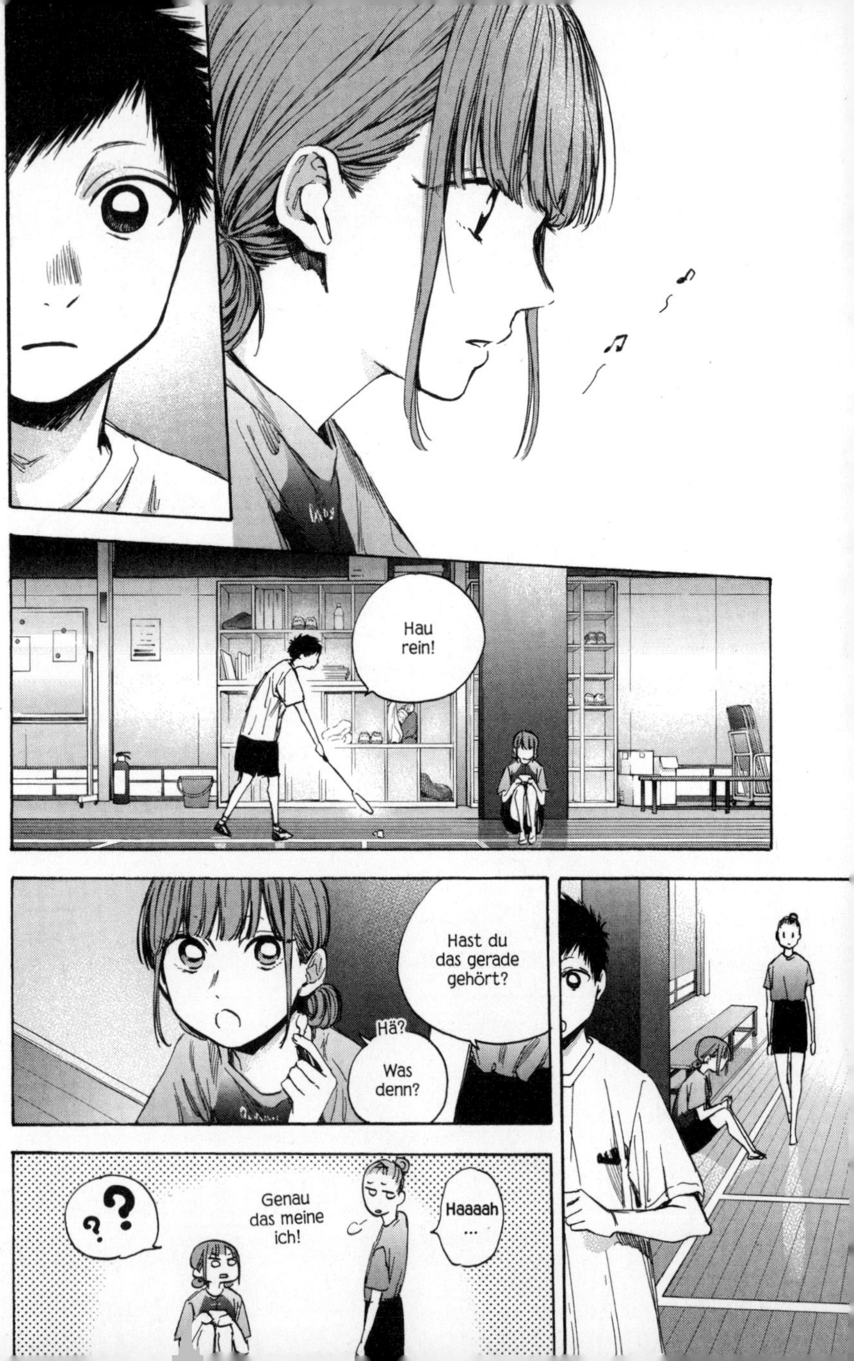
Hau rein!
Hast du das gerade gehört?
Hä?
Was denn?
Haaaah ...
Genau das meine ich!
? ?

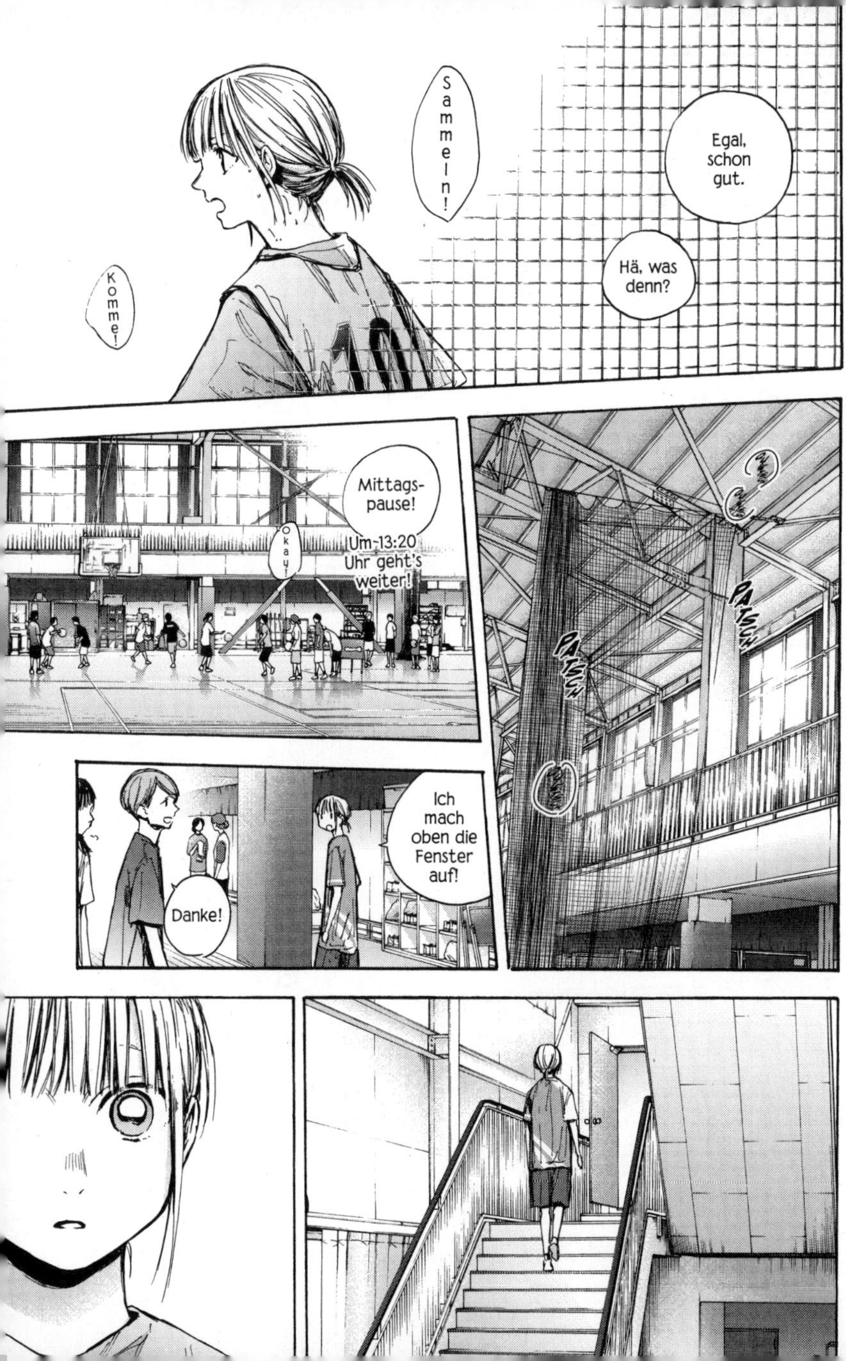
Egal, schon gut.
Hä, was denn?
Sammeln!
Komme!
Mittags-pause!
Um 13:20 Uhr geht's weiter!
Okay!
PATSCH
PATSCH
Ich mach oben die Fenster auf!
Danke!

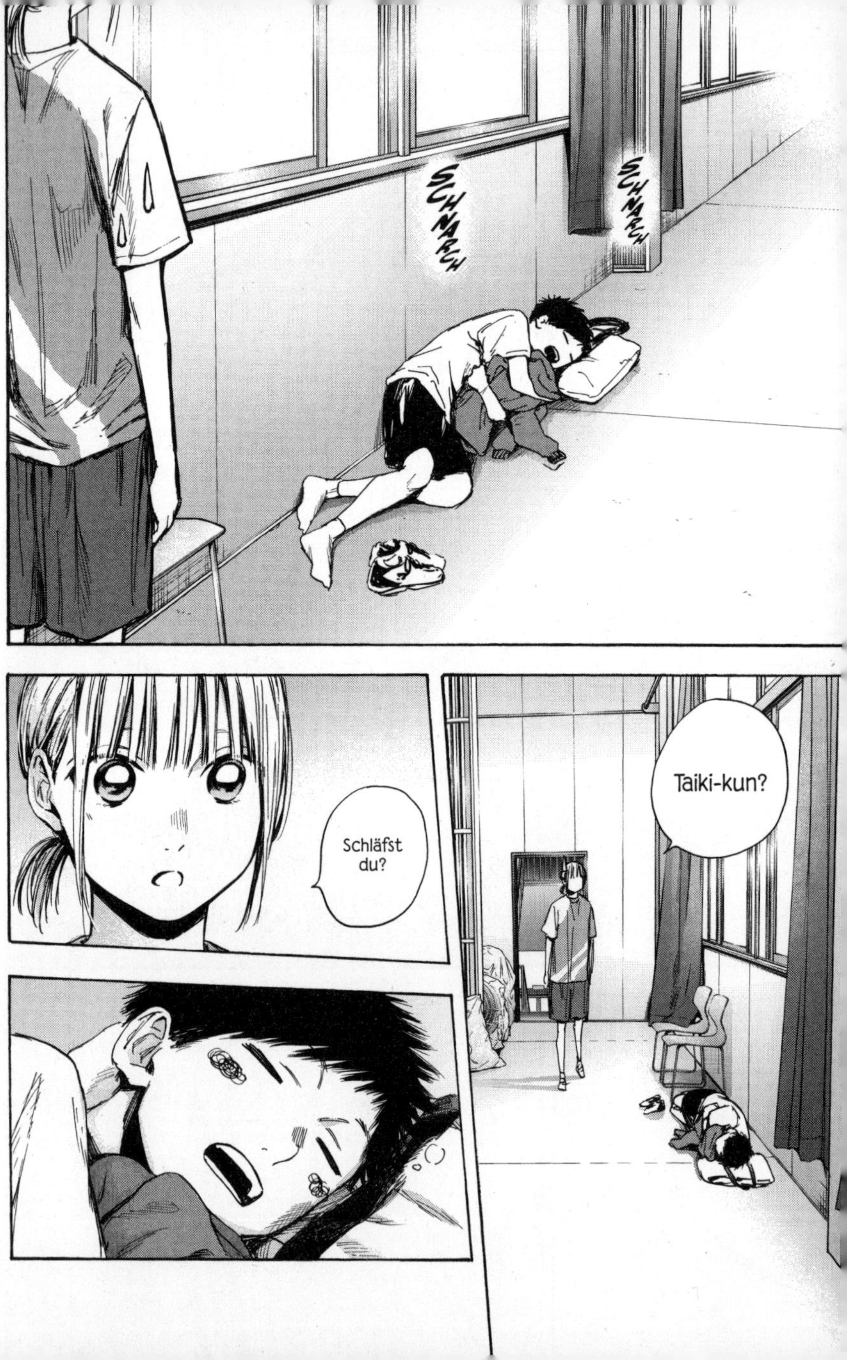
SCHNARCH
SCHNARCH
Taiki-kun?
Schläfst du?

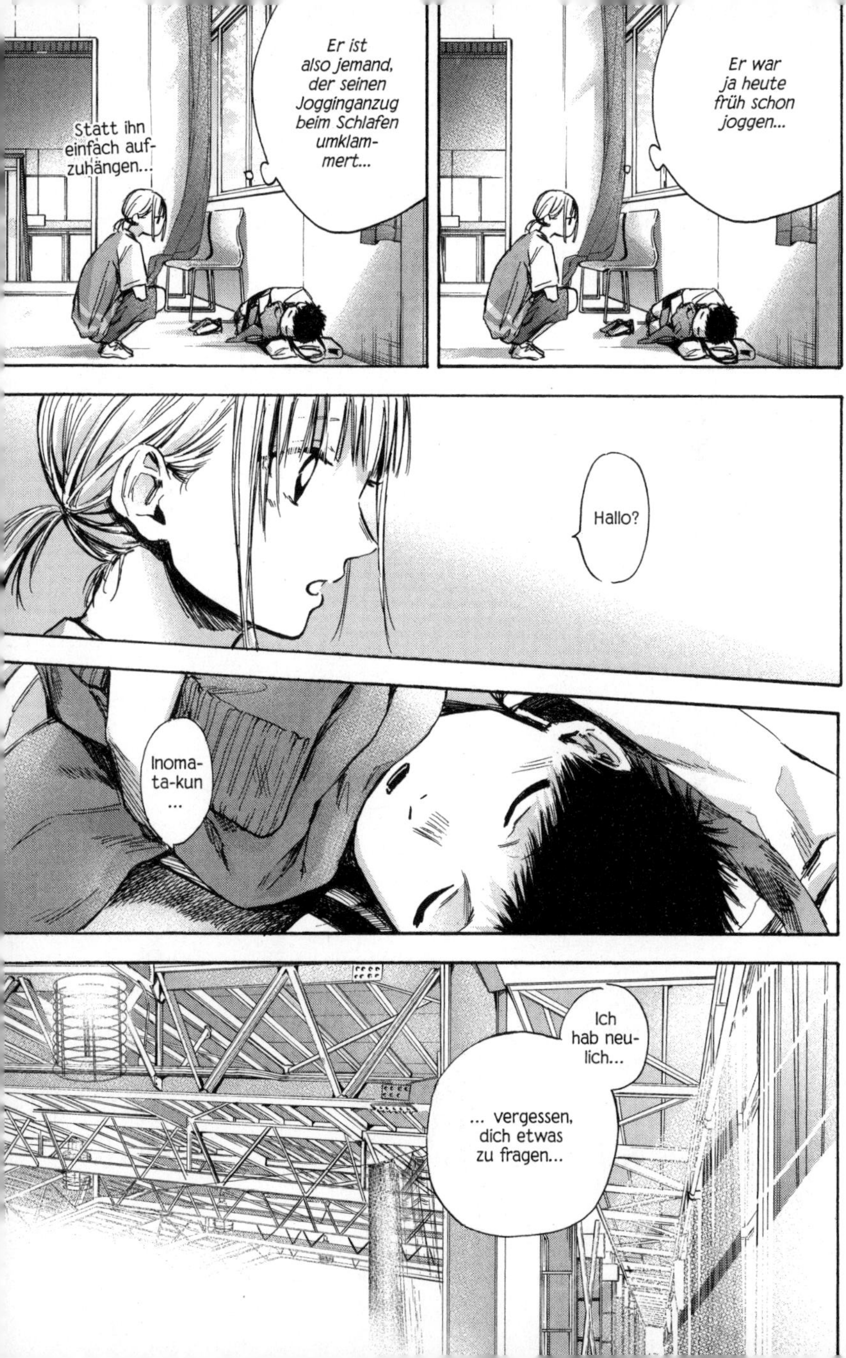
Er war ja heute früh schon joggen...
Er ist also jemand, der seinen Jogginganzug beim Schlafen umklammert...
Statt ihn einfach aufzuhängen...
Hallo?
Inomata-kun ...
Ich hab neulich...
... vergessen, dich etwas zu fragen...

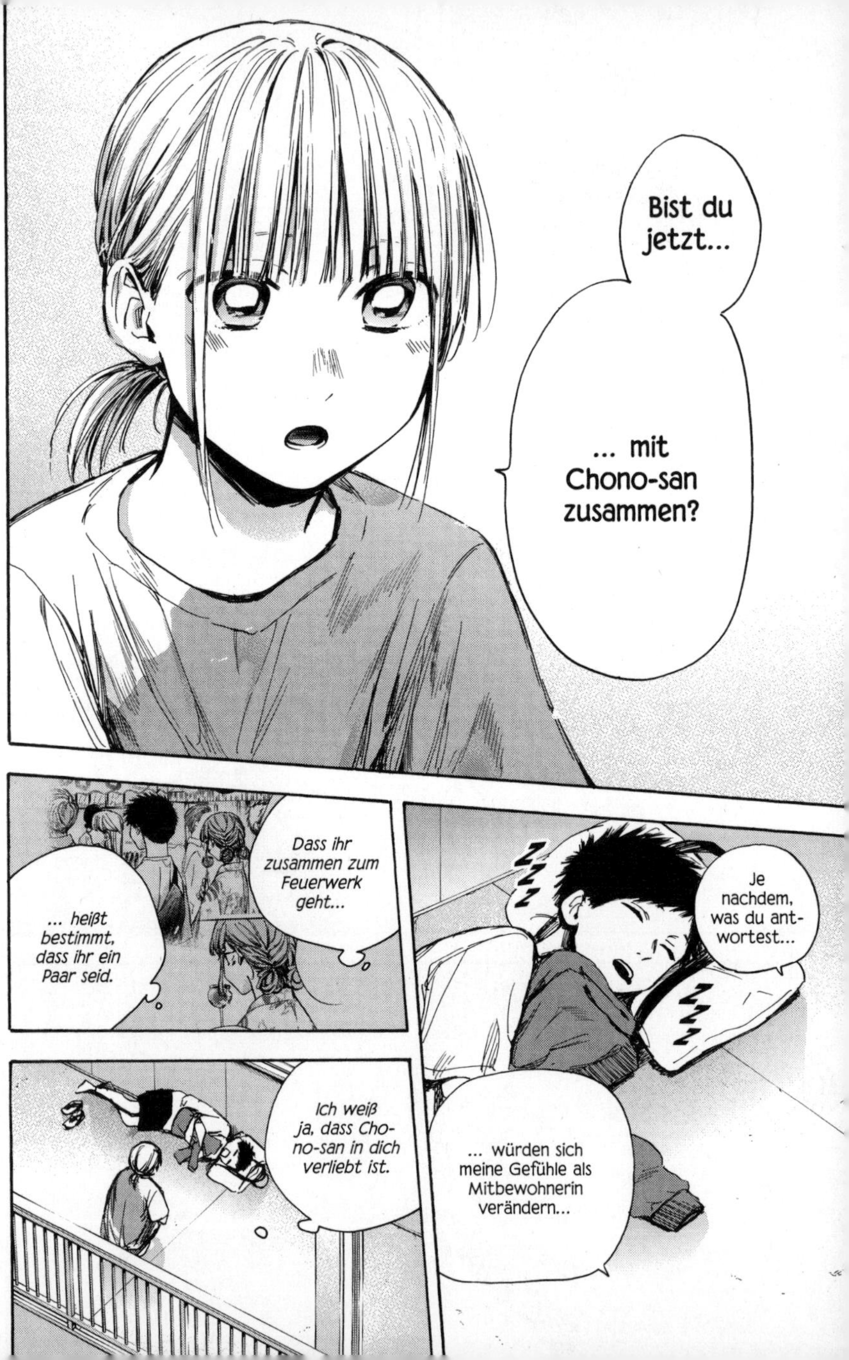

Bist du jetzt...
... mit Chono-san zusammen?
Je nachdem, was du antwortest...
Dass ihr zusammen zum Feuerwerk geht...
... heißt bestimmt, dass ihr ein Paar seid.
... würden sich meine Gefühle als Mitbewohnerin verändern...
Ich weiß ja, dass Chono-san in dich verliebt ist.

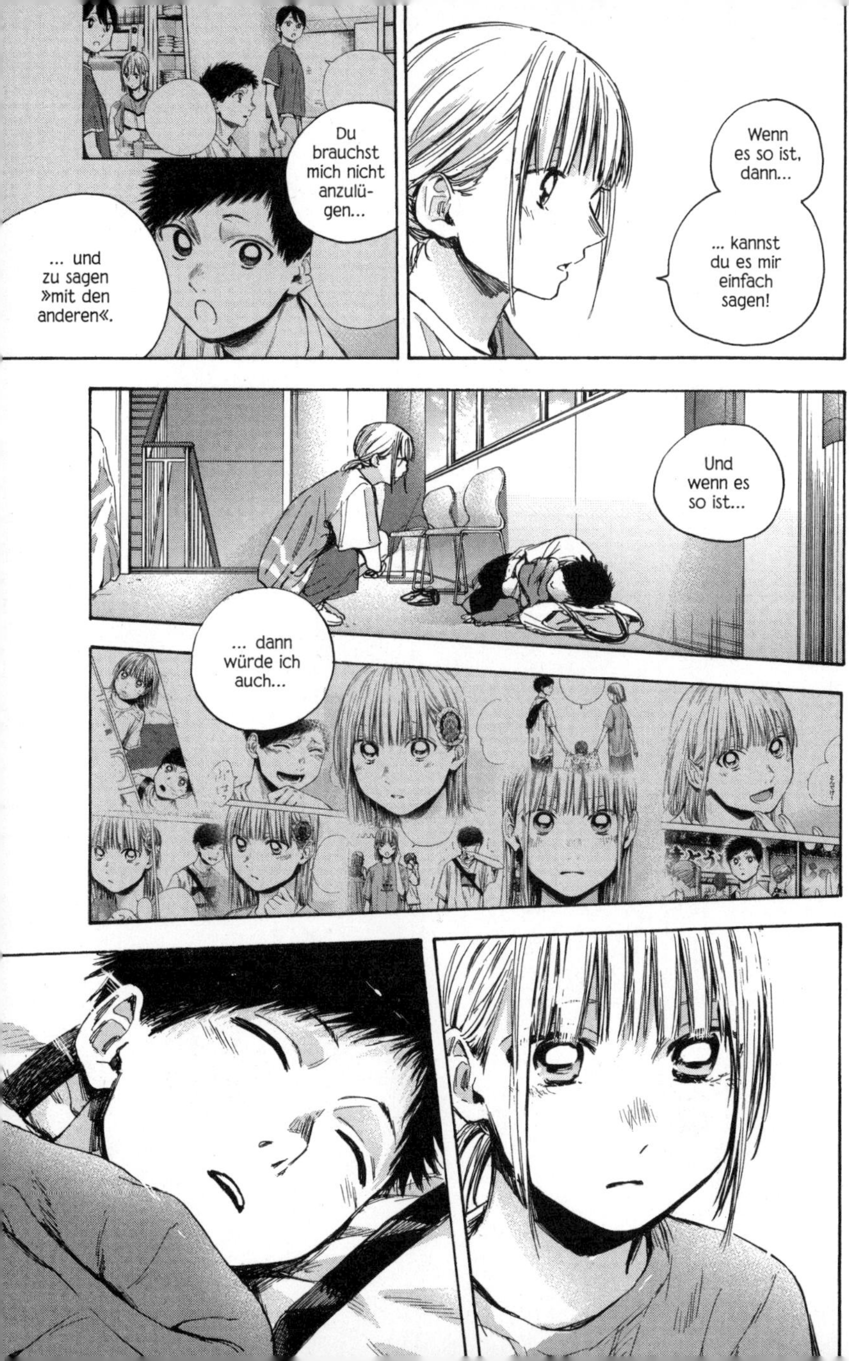
Wenn es so ist, dann...
... kannst du es mir einfach sagen!
Du brauchst mich nicht anzulügen...
... und zu sagen »mit den anderen«.
Und wenn es so ist...
... dann würde ich auch...

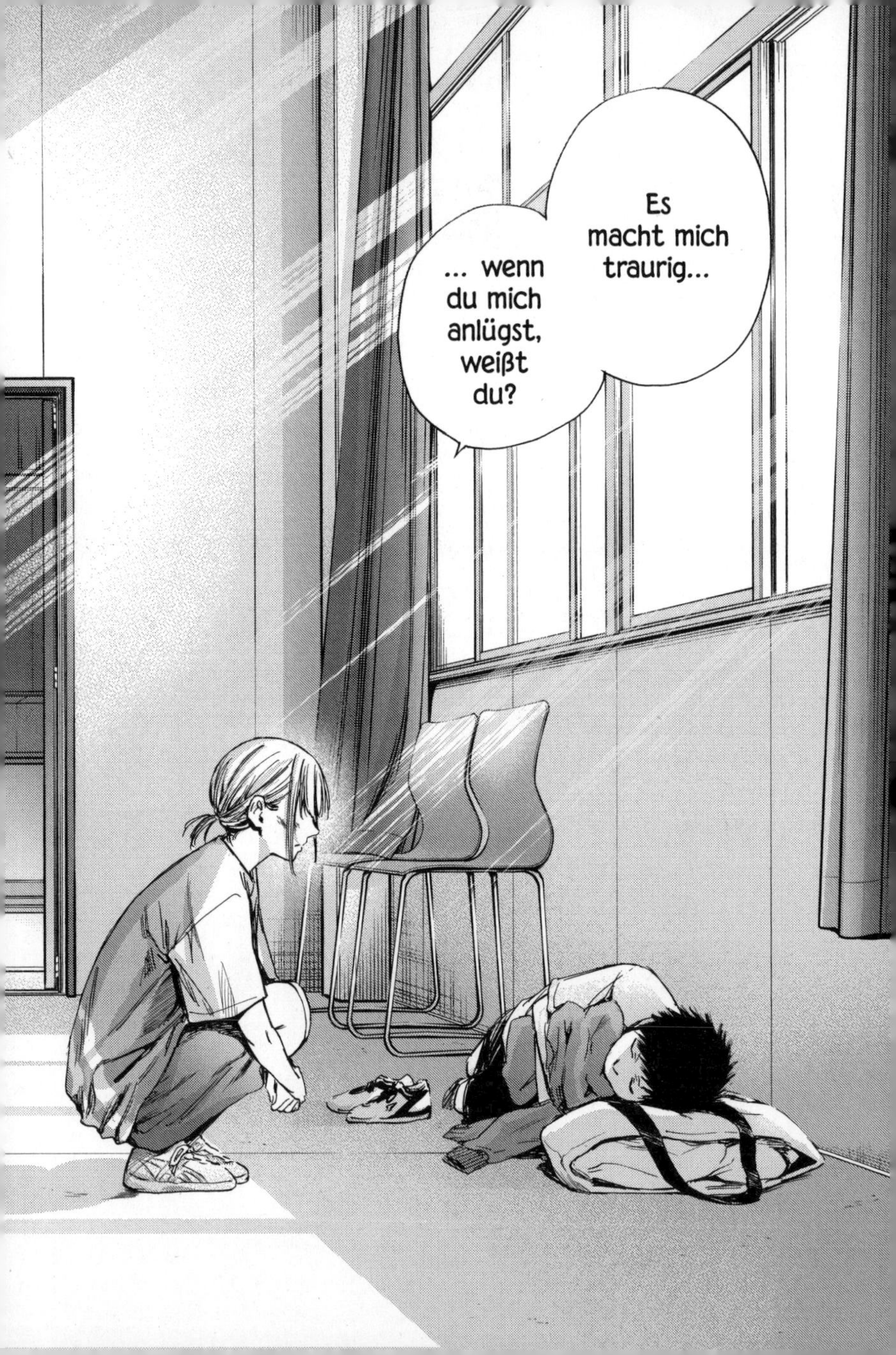
Es macht mich traurig...
... wenn du mich anlügst, weißt du?

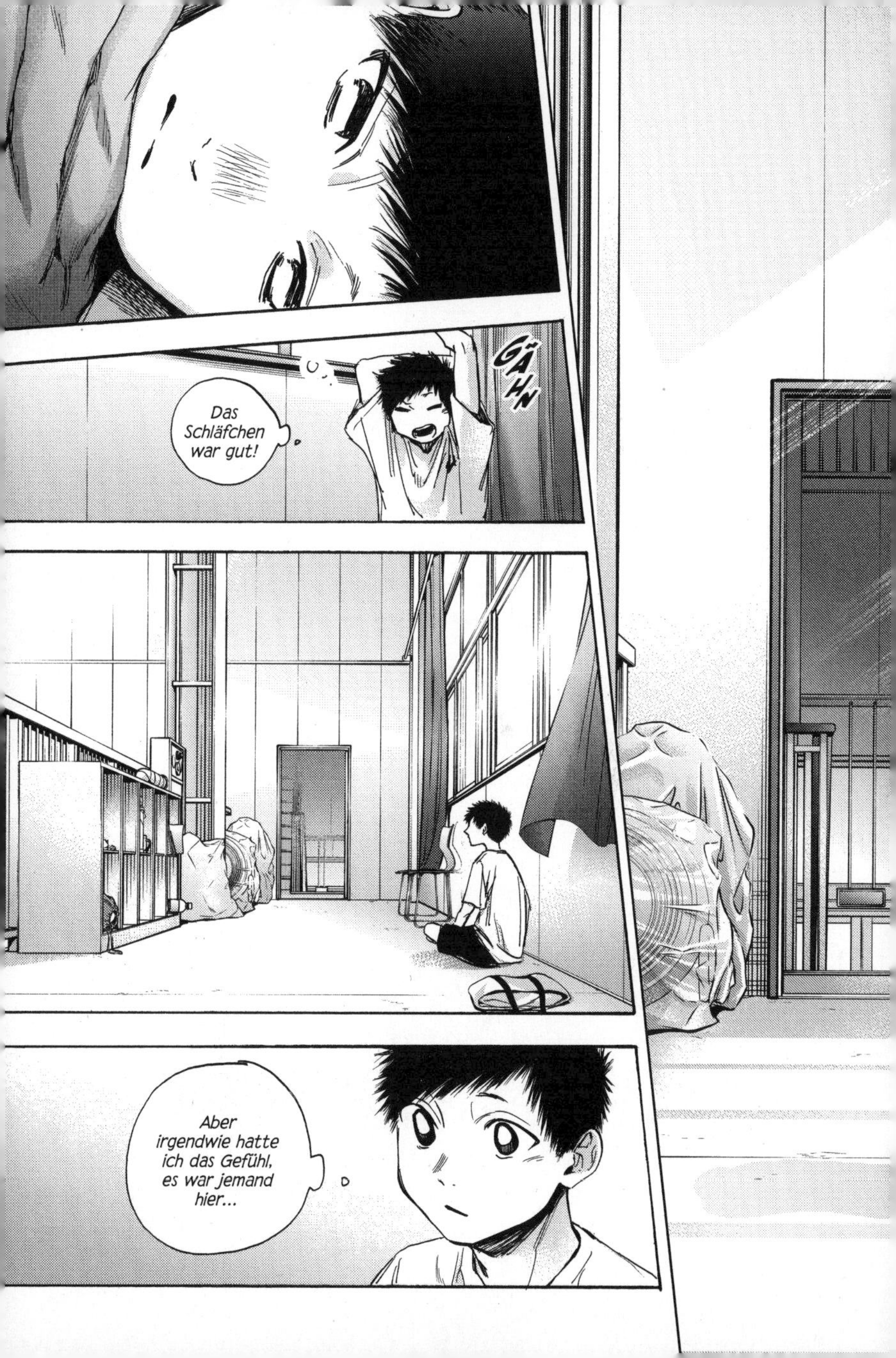
GÄHN
Das Schläfchen war gut!
Aber irgendwie hatte ich das Gefühl, es war jemand hier...

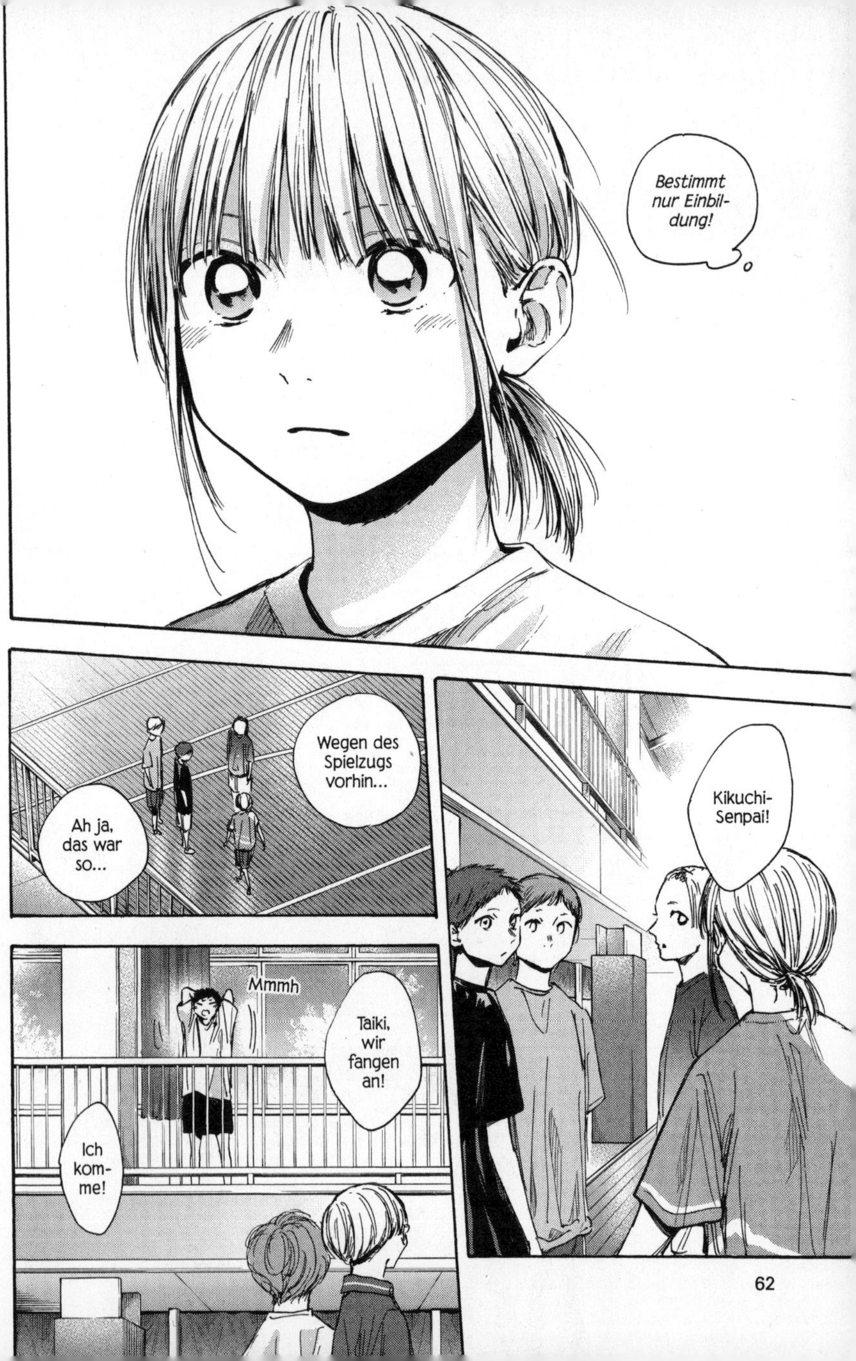
Bestimmt nur Einbildung!
Kikuchi-Senpai!
Wegen des Spielzugs vorhin...
Ah ja, das war so...
Mmmh
Taiki, wir fangen an!
Ich kom-me!

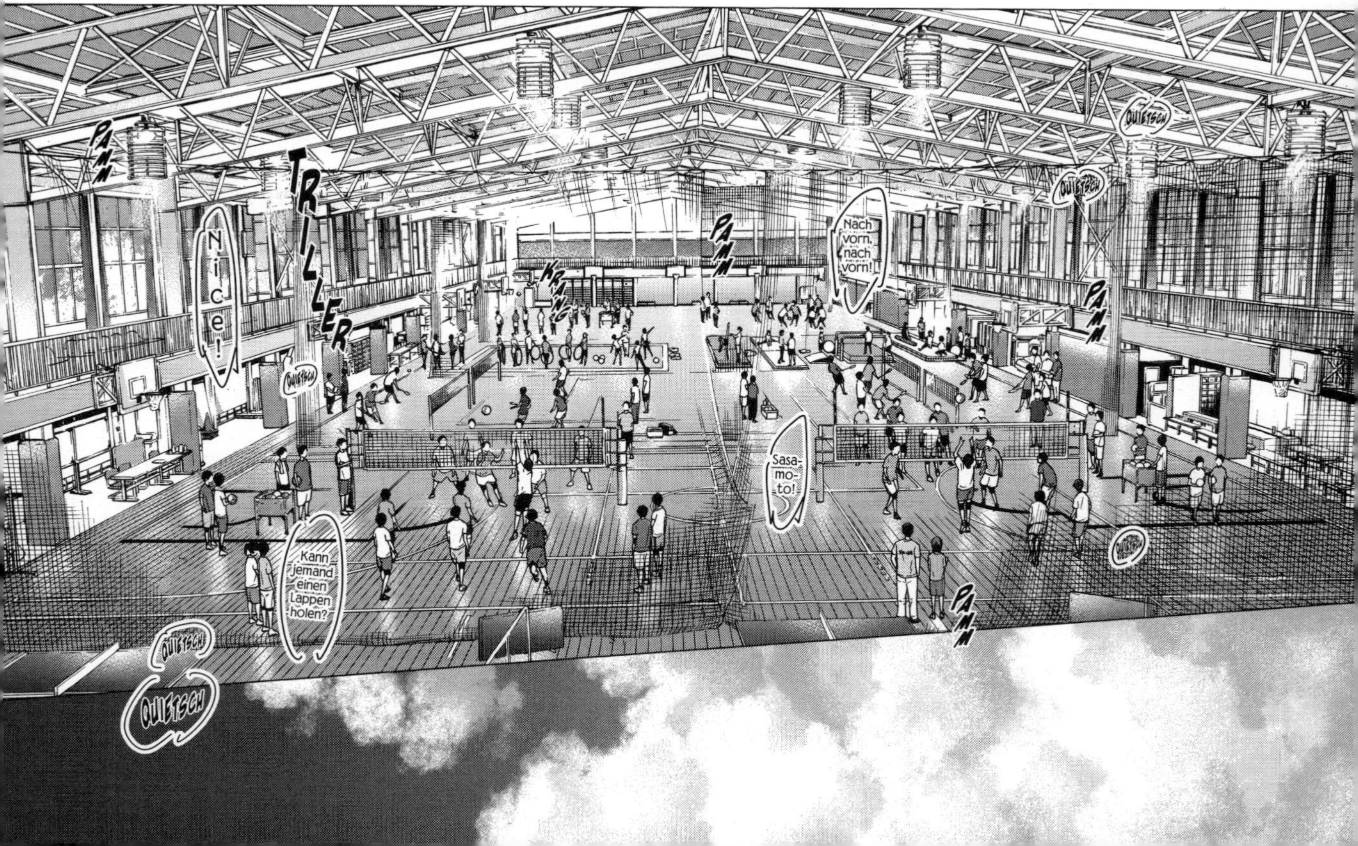
QUIETSCH
PAMM
Nach vorn, nach vorn!
QUIETSCH
PAMM
QUIETSCH
PAMM
Sasa-mo-to!
PAMM
KRANG
TRILLER
QUIETSCH
Nice!
PAMM
Kann jemand einen Lappen holen?
QUIETSCH
QUIETSCH

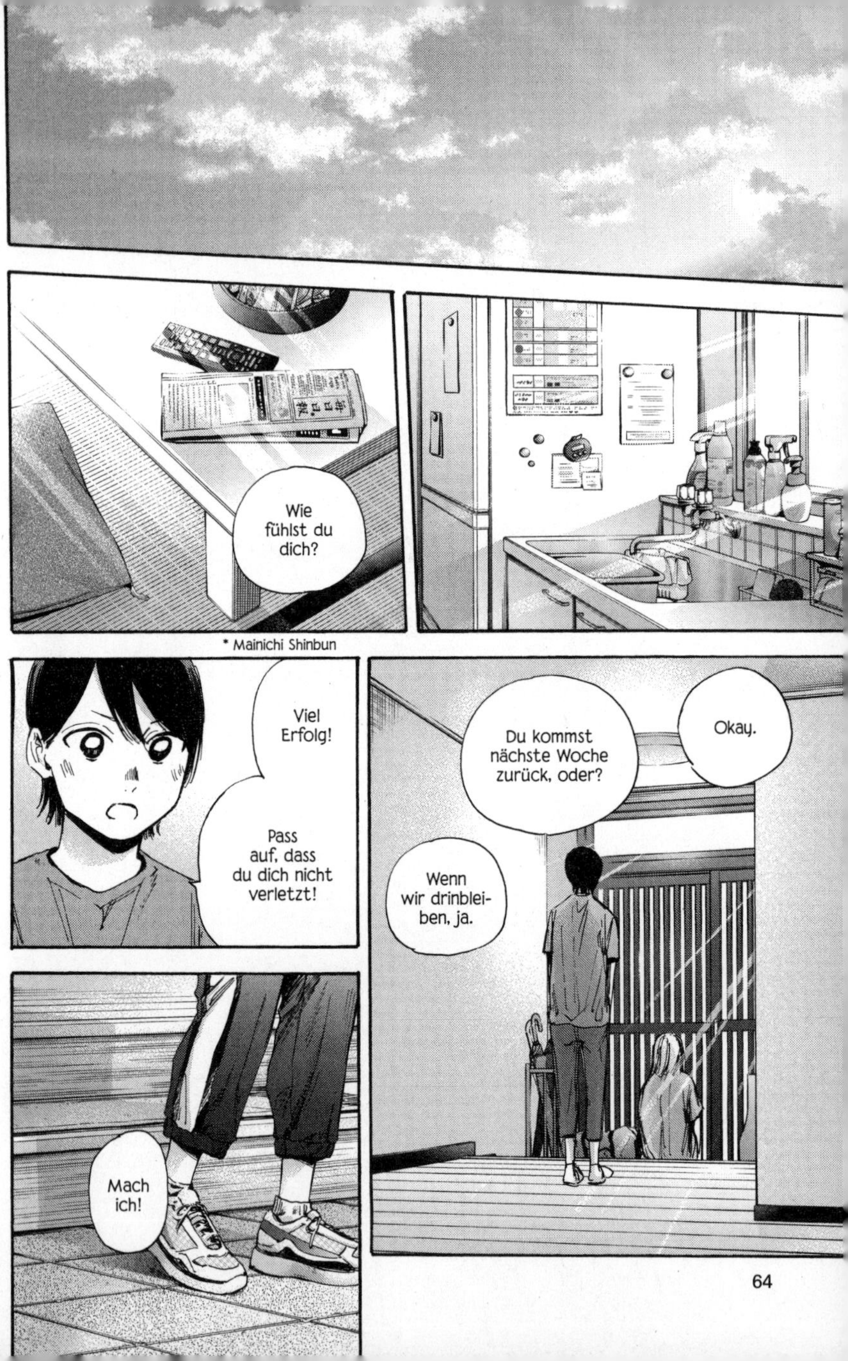
Wie fühlst du dich?
* Mainichi Shinbun
Okay.
Du kommst nächste Woche zurück, oder?
Wenn wir drinbleiben, ja.
Viel Erfolg!
Pass auf, dass du dich nicht verletzt!
Mach ich!

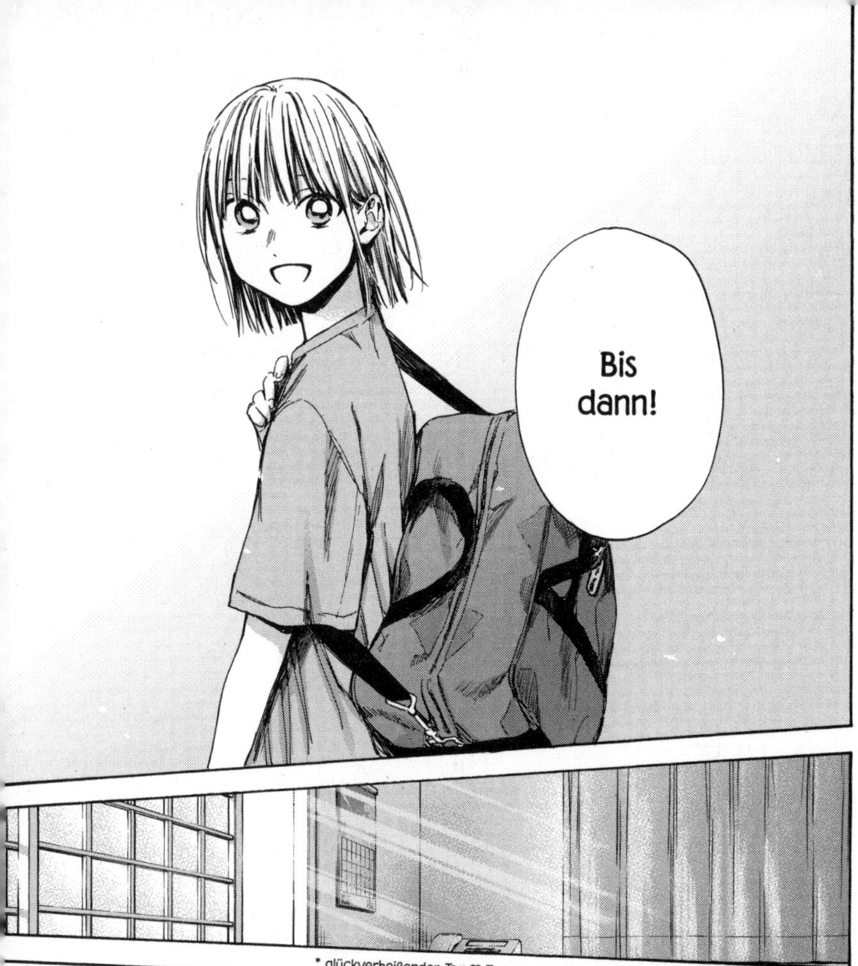

* glückverheißender Tag ** Tag, an dem man Wichtiges am Vormittag erledigen sollte

#37 Besprechung

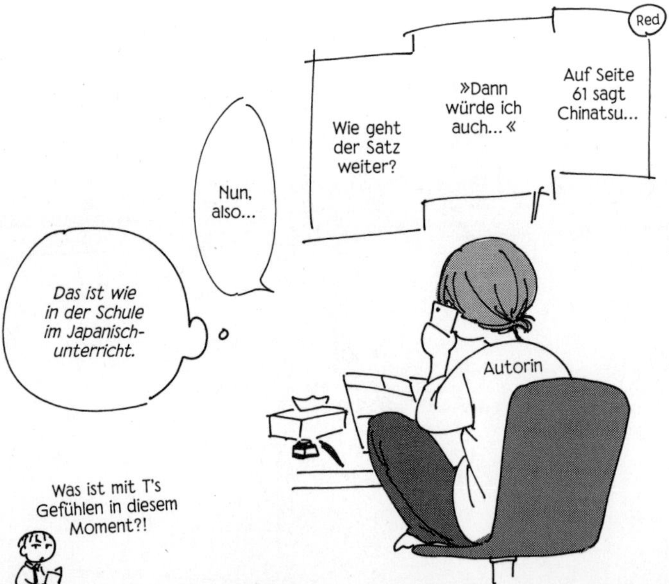

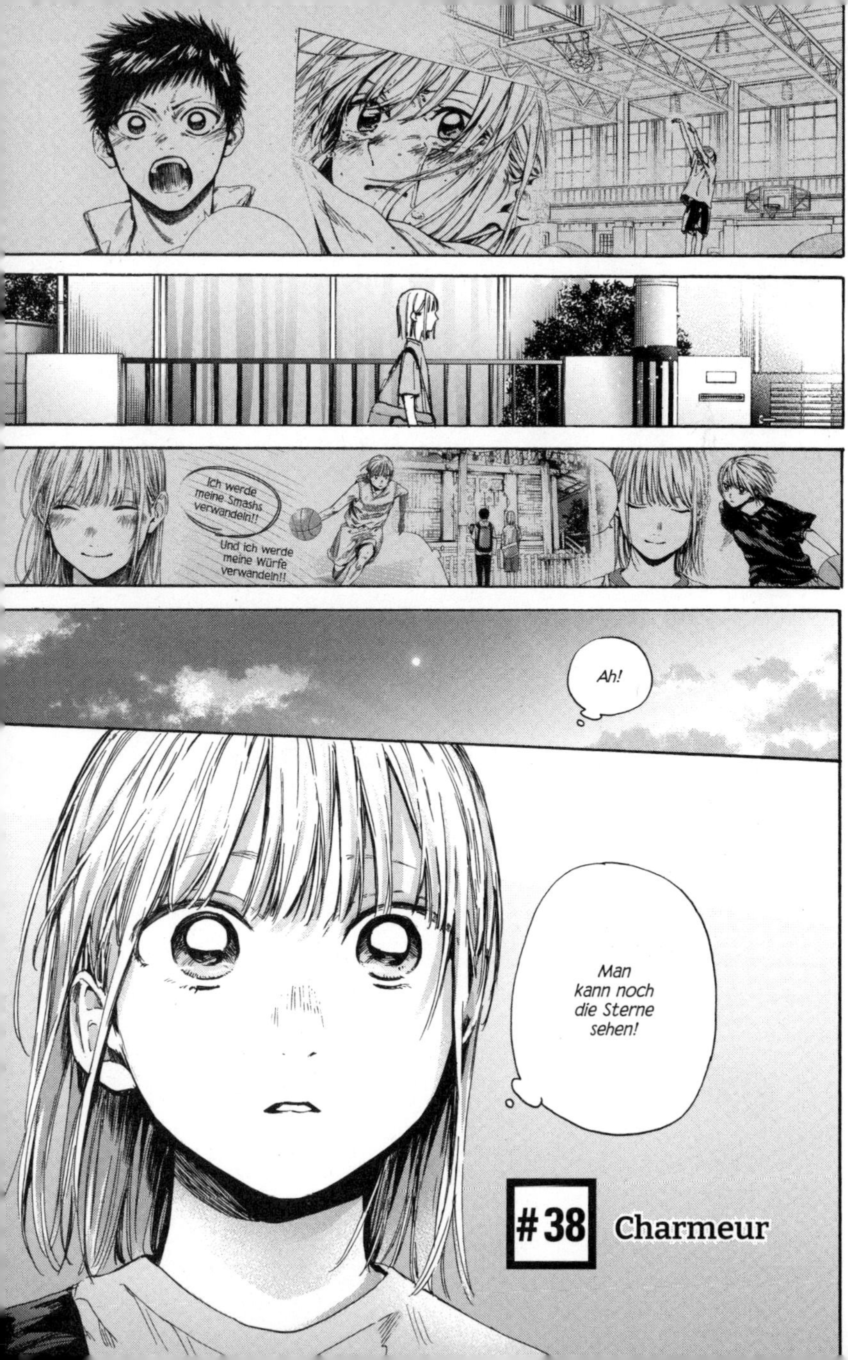

Ich werde meine Smashs verwandeln!!
Und ich werde meine Würfe verwandeln!!
Ah!
Man kann noch die Sterne sehen!
#38 Charmeur

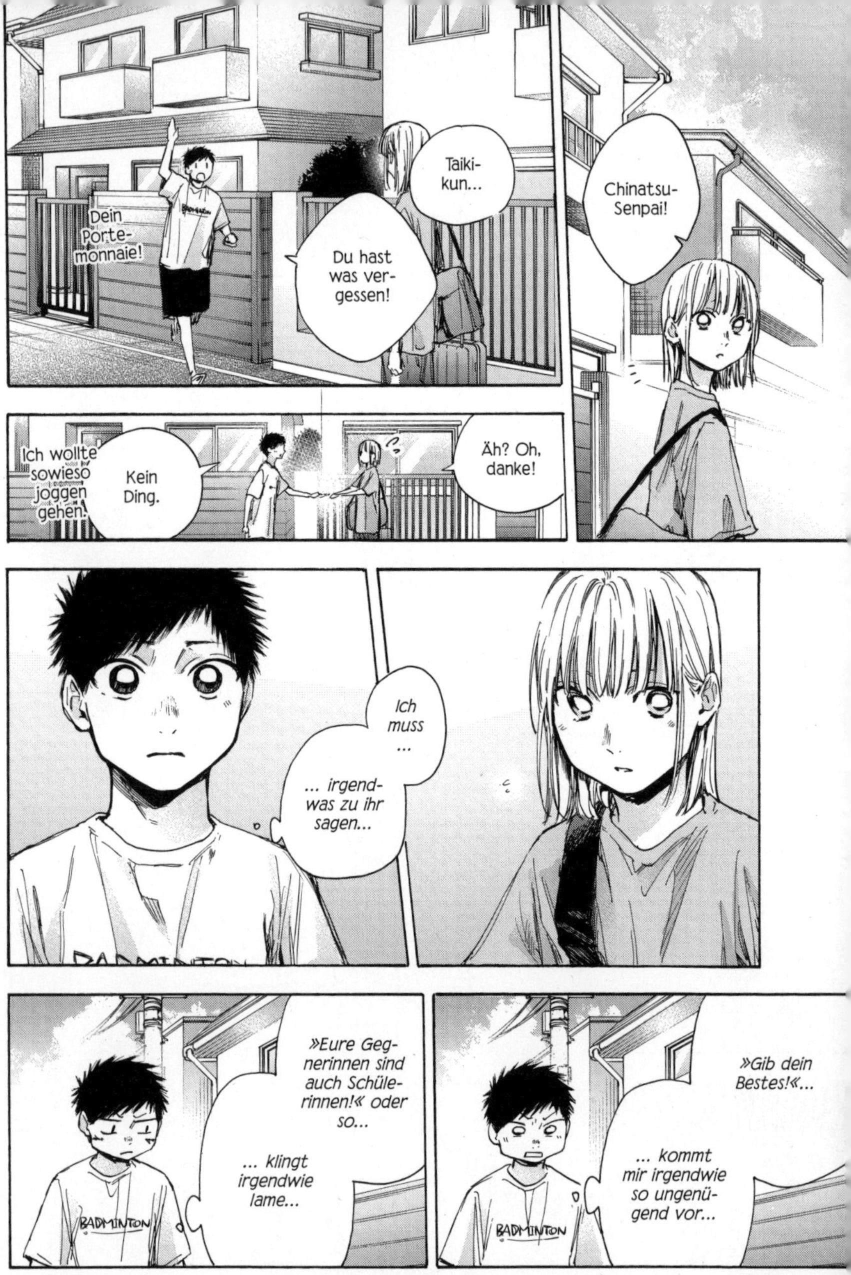
Chinatsu-Senpai!
Taiki-kun...
Du hast was vergessen!
Dein Portemonnaie!
Äh? Oh, danke!
Kein Ding.
Ich wollte sowieso joggen gehen!
Ich muss ...
... irgendwas zu ihr sagen...
»Gib dein Bestes!«...
... kommt mir irgendwie so ungenügend vor...
»Eure Gegnerinnen sind auch Schülerinnen!« oder so...
... klingt irgendwie lame...

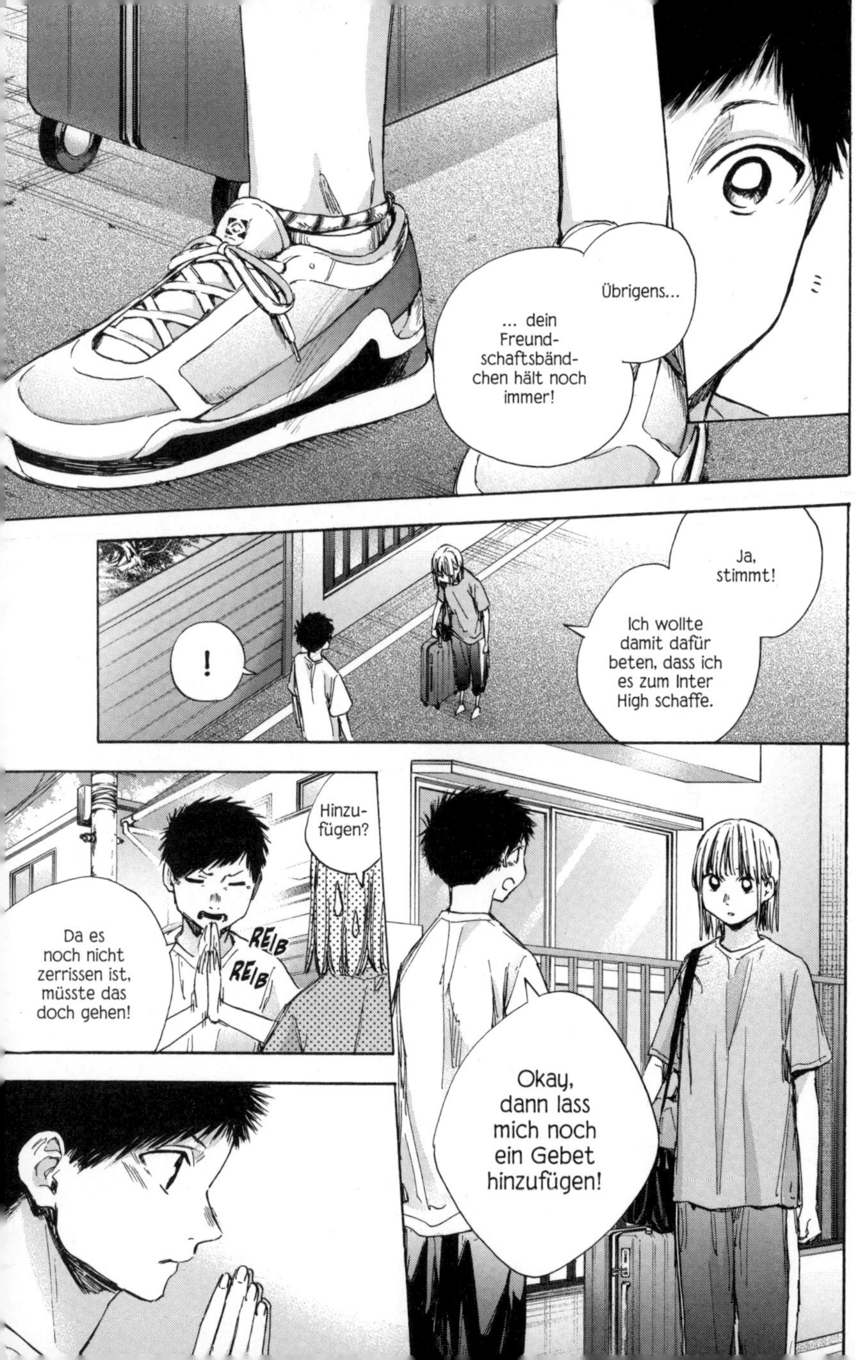
Übrigens...
... dein Freundschaftsbändchen hält noch immer!
Ja, stimmt!
Ich wollte damit dafür beten, dass ich es zum Inter High schaffe.
!
Hinzufügen?
Da es noch nicht zerrissen ist, müsste das doch gehen!
REIB
REIB
Okay, dann lass mich noch ein Gebet hinzufügen!

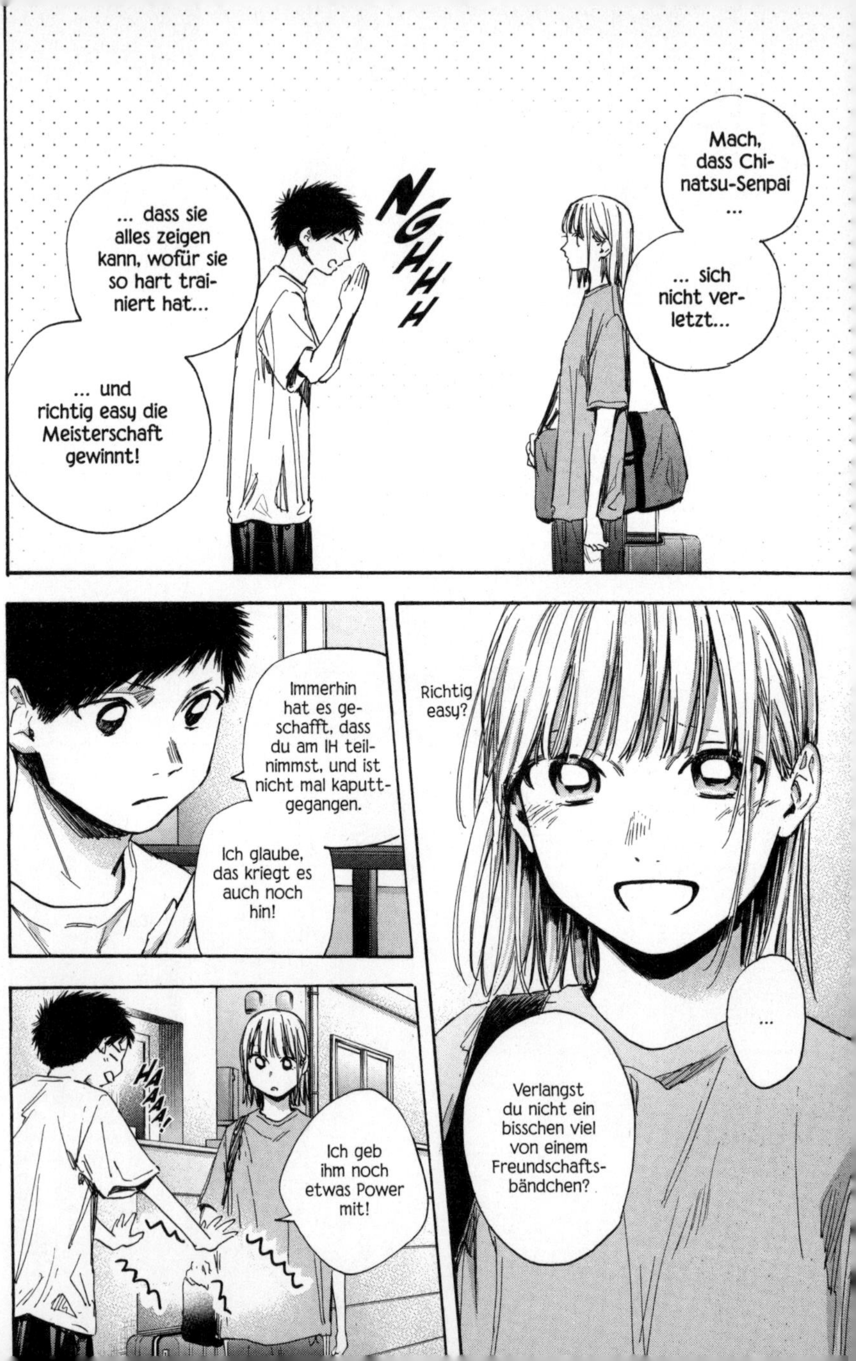
Mach, dass Chi-natsu-Senpai ...
... sich nicht ver-letzt...
NGHHH
... dass sie alles zeigen kann, wofür sie so hart trai-niert hat...
... und richtig easy die Meisterschaft gewinnt!
Richtig easy?
...
Verlangst du nicht ein bisschen viel von einem Freundschafts-bändchen?
Immerhin hat es ge-schafft, dass du am IH teil-nimmst, und ist nicht mal kaputt-gegangen.
Ich glaube, das kriegt es auch noch hin!
Ich geb ihm noch etwas Power mit!
HAAAA!

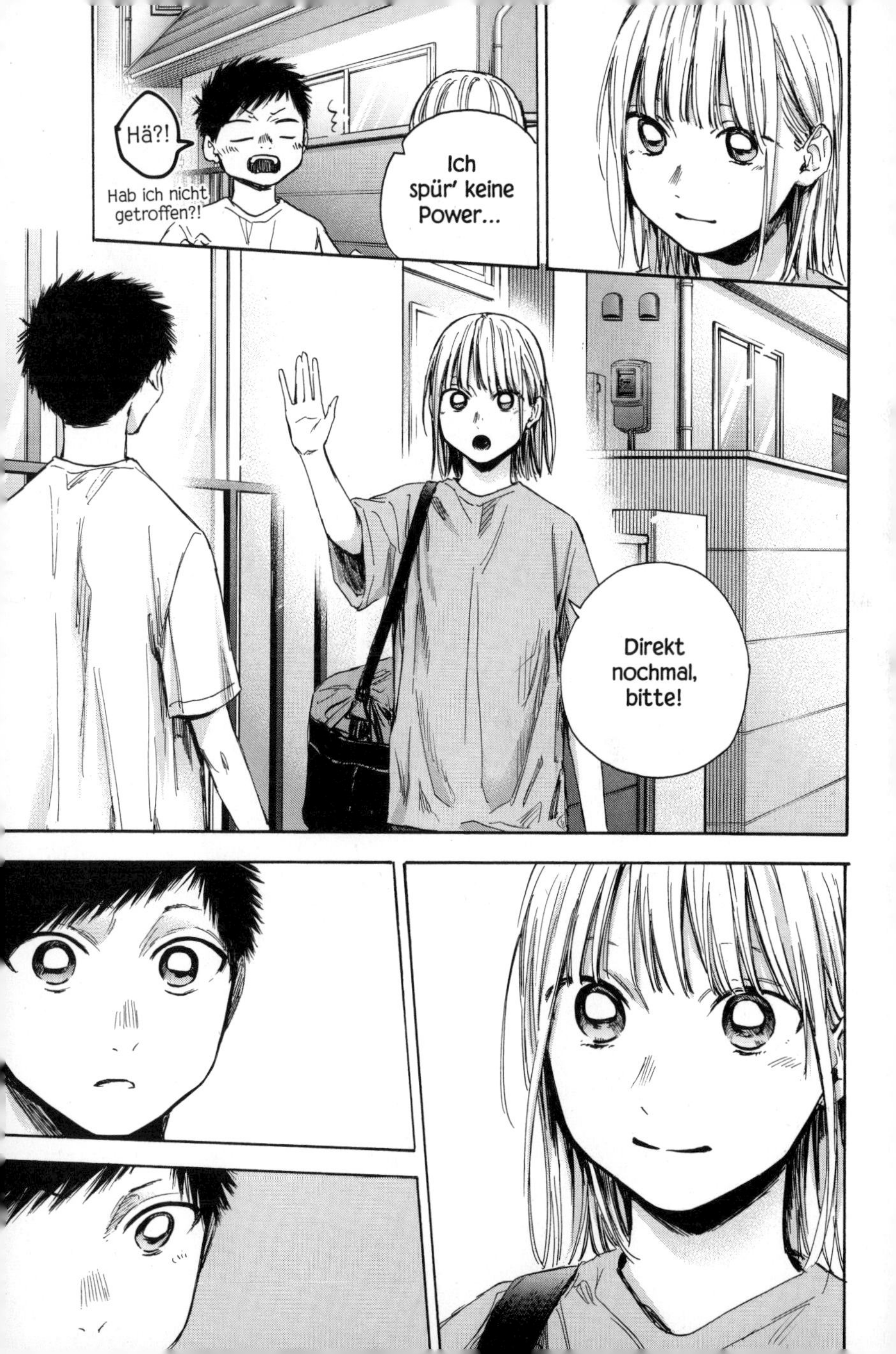
Ich spür' keine Power...
Hä?!
Hab ich nicht getroffen?!
Direkt nochmal, bitte!

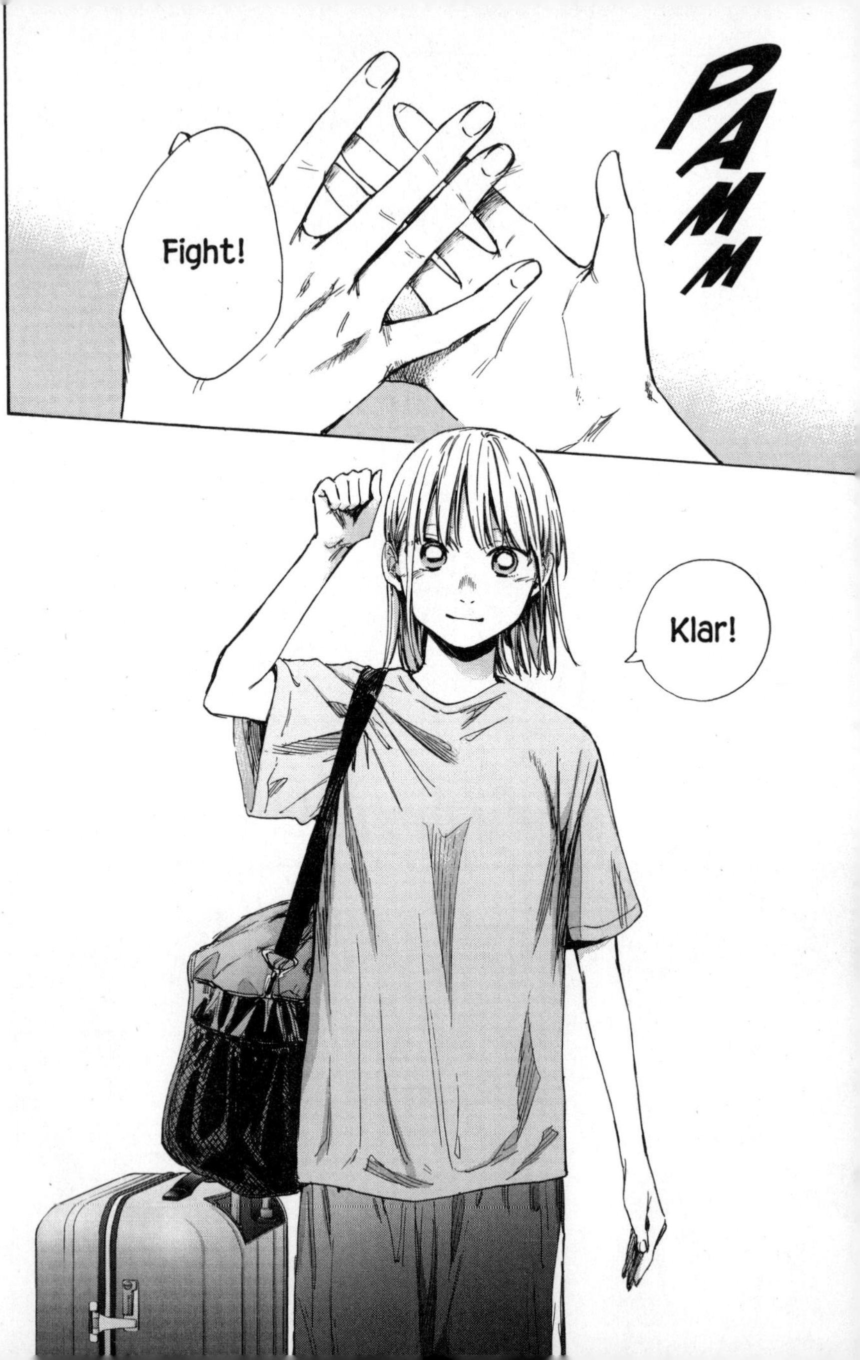
PAMM
Fight!
Klar!

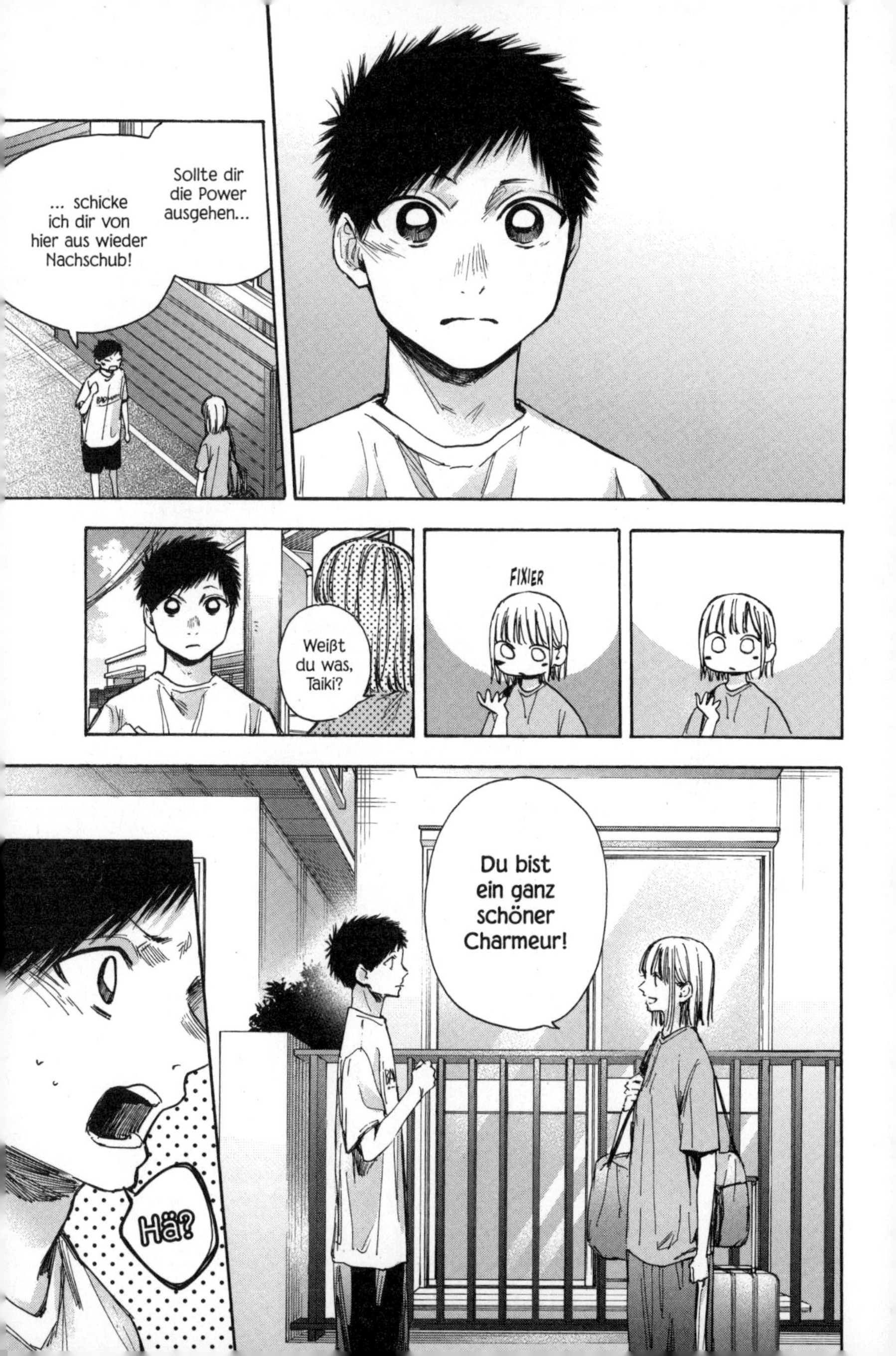
Sollte dir die Power ausgehen...
... schicke ich dir von hier aus wieder Nachschub!
Weißt du was, Taiki?
FIXIER
Du bist ein ganz schöner Charmeur!
Hä?

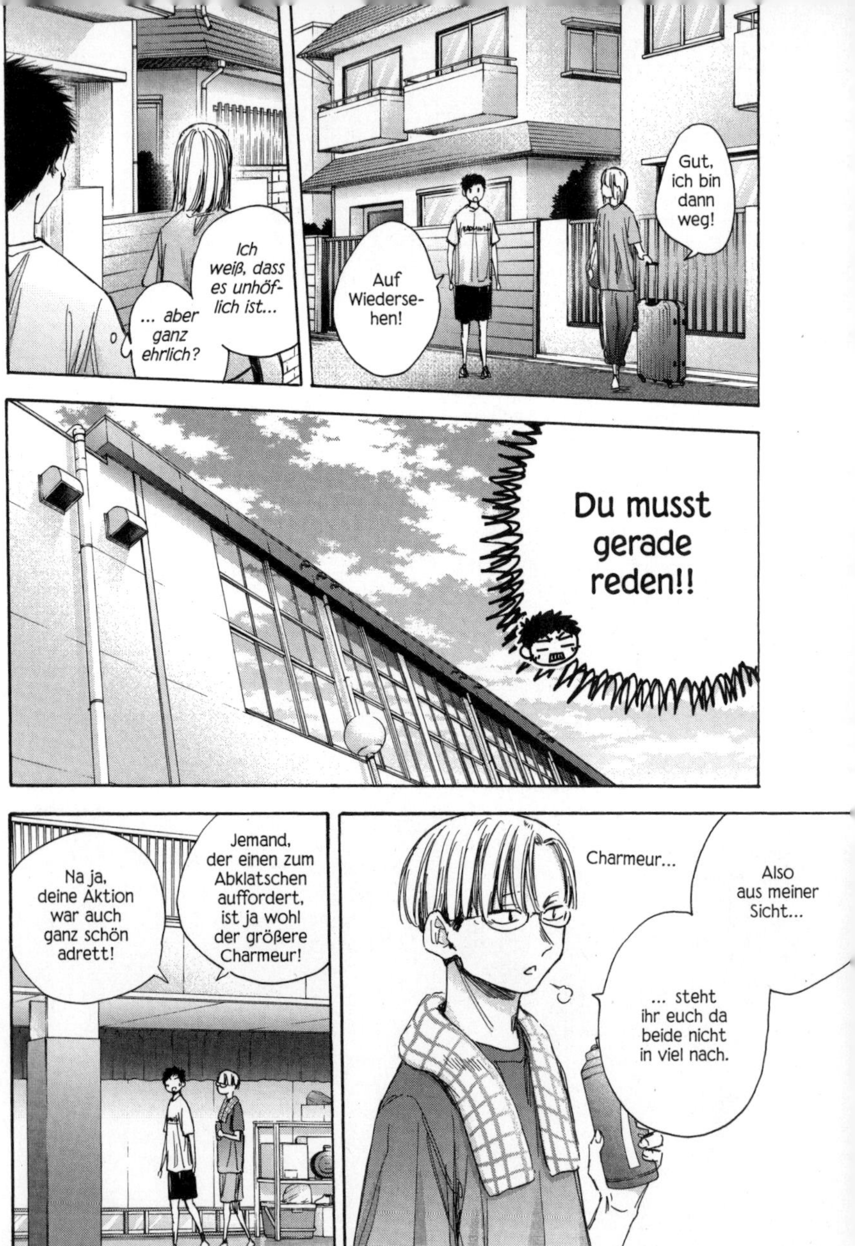
Gut, ich bin dann weg!
Auf Wiederse-hen!
Ich weiß, dass es unhöf-lich ist...
... aber ganz ehrlich?
Du musst gerade reden!!
Also aus meiner Sicht...
Charmeur...
... steht ihr euch da beide nicht in viel nach.
Jemand, der einen zum Abklatschen auffordert, ist ja wohl der größere Charmeur!
Na ja, deine Aktion war auch ganz schön adrett!

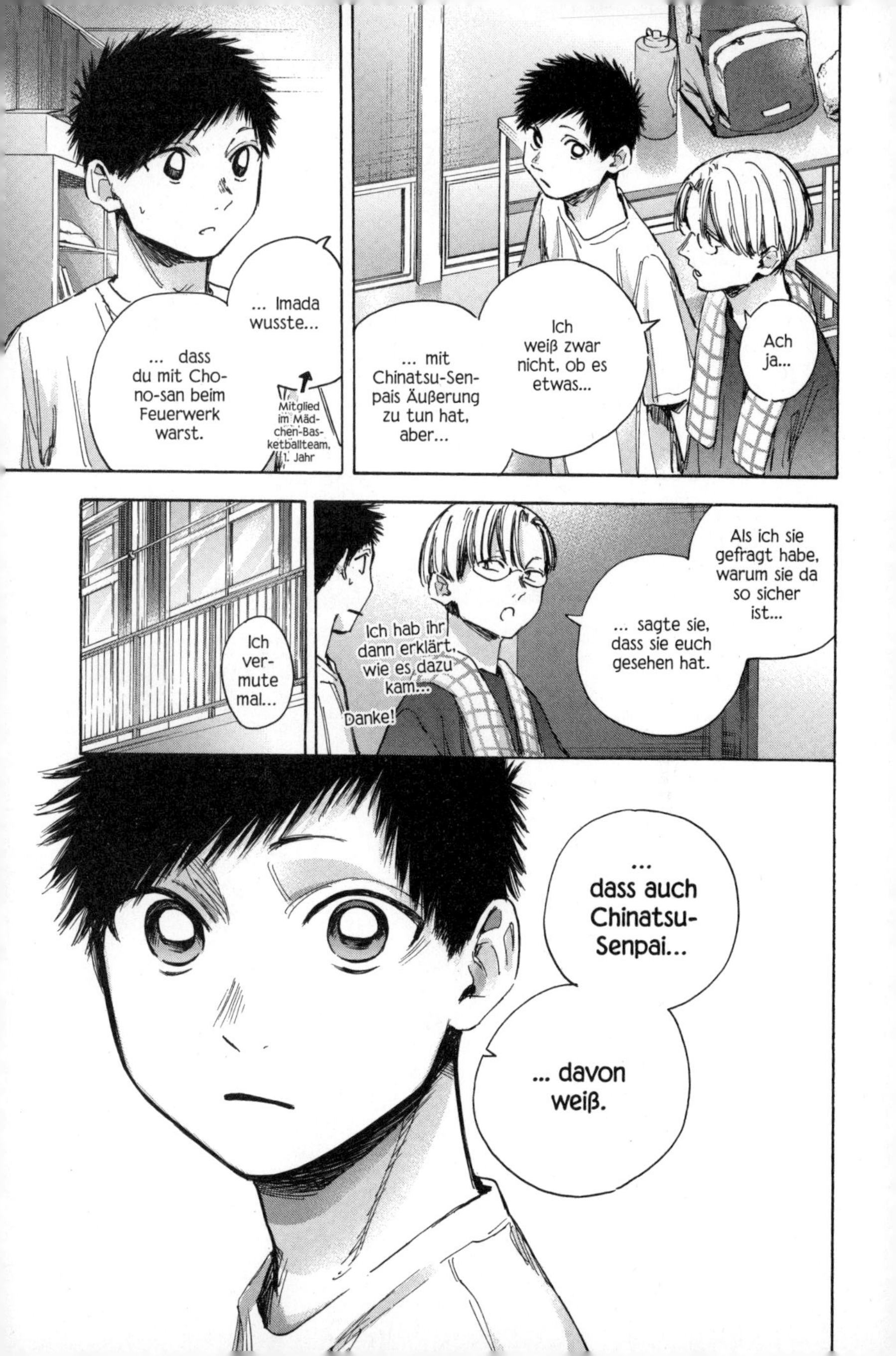
Ach ja...
Ich weiß zwar nicht, ob es etwas...
... mit Chinatsu-Senpais Äußerung zu tun hat, aber...
... Imada wusste...
... dass du mit Chono-san beim Feuerwerk warst.
Mitglied im Mädchen-Basketballteam, 1. Jahr
Als ich sie gefragt habe, warum sie da so sicher ist...
... sagte sie, dass sie euch gesehen hat.
Ich hab ihr dann erklärt, wie es dazu kam...
Danke!
Ich vermute mal...
... dass auch Chinatsu-Senpai...
... davon weiß.

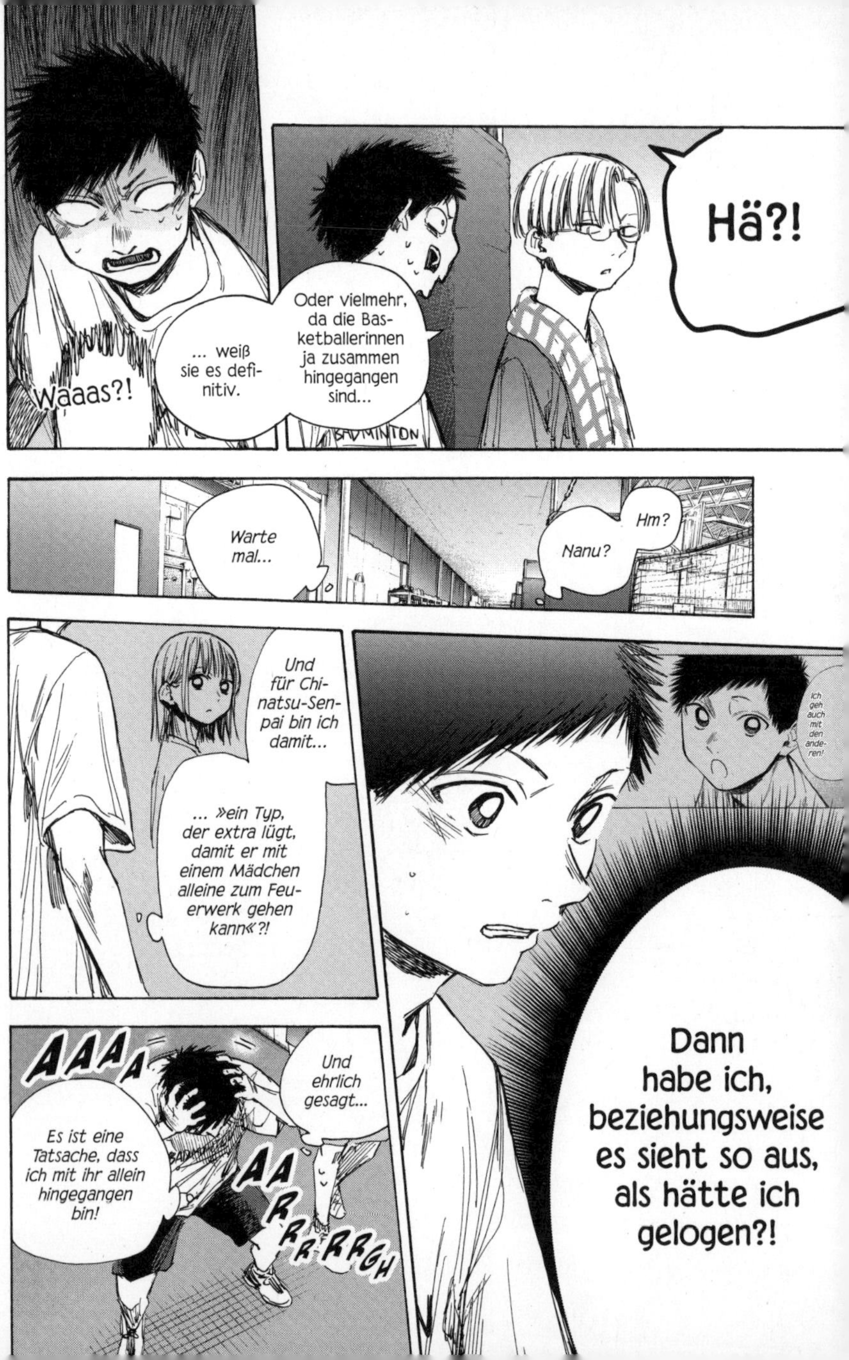
Hä?!
Oder vielmehr, da die Basketballerinnen ja zusammen hingegangen sind...
... weiß sie es definitiv.
Waaas?!
BADMINTON
Hm?
Nanu?
Warte mal...
Ich geh auch mit den anderen!
Dann habe ich, beziehungsweise es sieht so aus, als hätte ich gelogen?!
Und für Chinatsu-Senpai bin ich damit...
... »ein Typ, der extra lügt, damit er mit einem Mädchen alleine zum Feuerwerk gehen kann«?!
Und ehrlich gesagt...
Es ist eine Tatsache, dass ich mit ihr allein hingegangen bin!
AAAAAARRRRRRGH

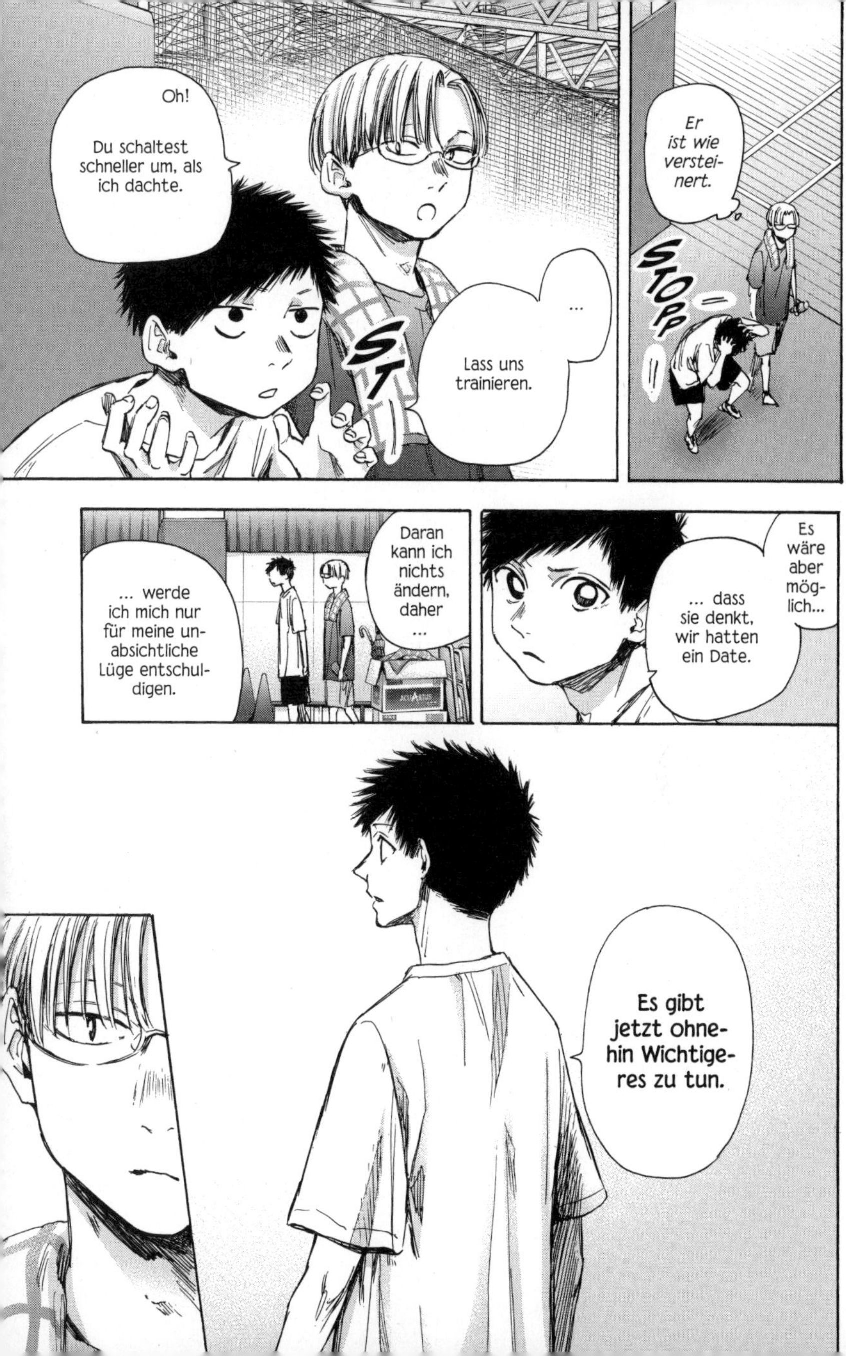
Er ist wie versteinert.
STOPP
!!
Oh!
Du schaltest schneller um, als ich dachte.
...
Lass uns trainieren.
ST
Es wäre aber mög-lich...
... dass sie denkt, wir hatten ein Date.
Daran kann ich nichts ändern, daher ...
... werde ich mich nur für meine un-absichtliche Lüge entschul-digen.
Es gibt jetzt ohne-hin Wichtige-res zu tun.

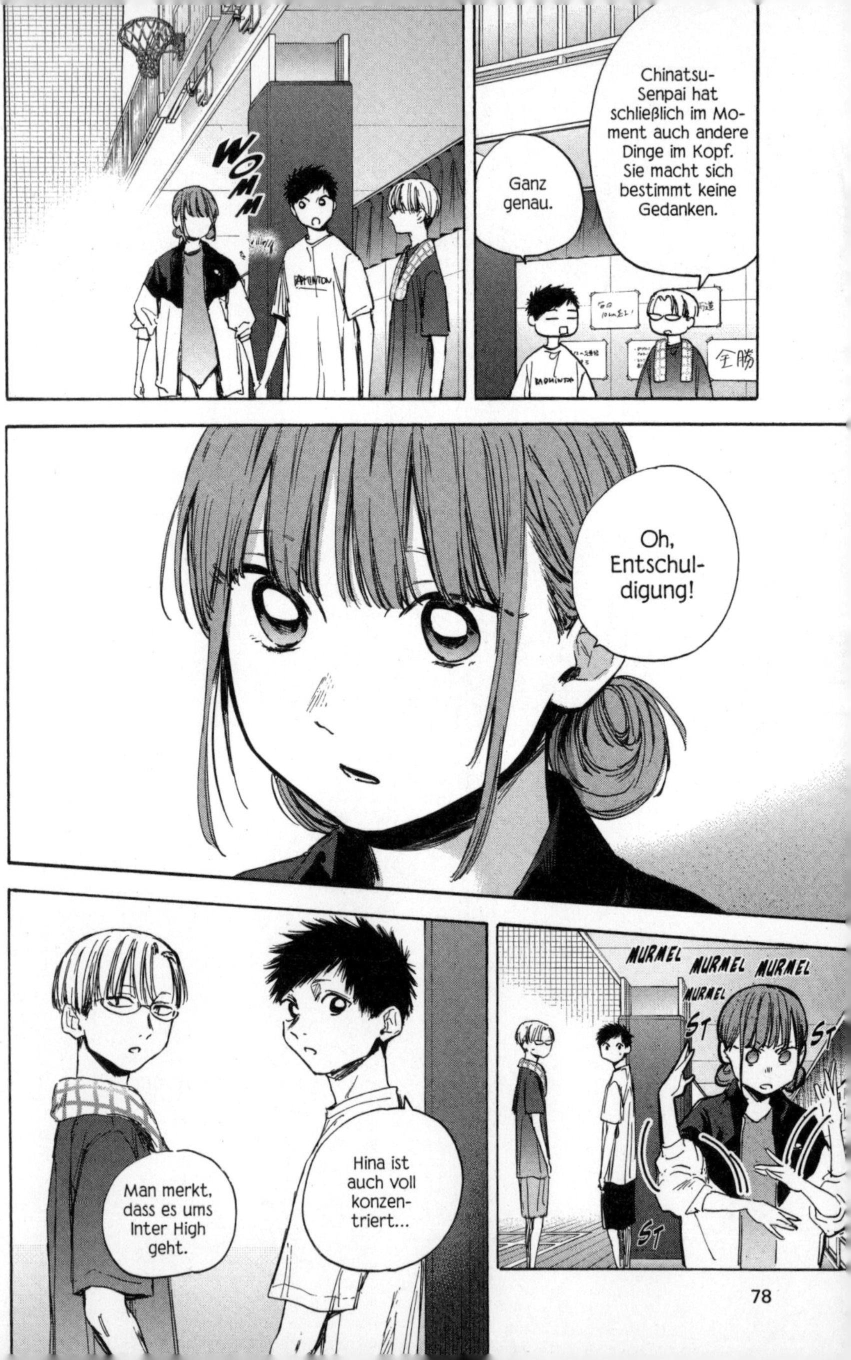

Chinatsu-Senpai hat schließlich im Moment auch andere Dinge im Kopf. Sie macht sich bestimmt keine Gedanken.
Ganz genau.
WOMM
Oh, Entschuldigung!
MURMEL MURMEL MURMEL MURMEL
ST ST ST
Hina ist auch voll konzentriert...
Man merkt, dass es ums Inter High geht.

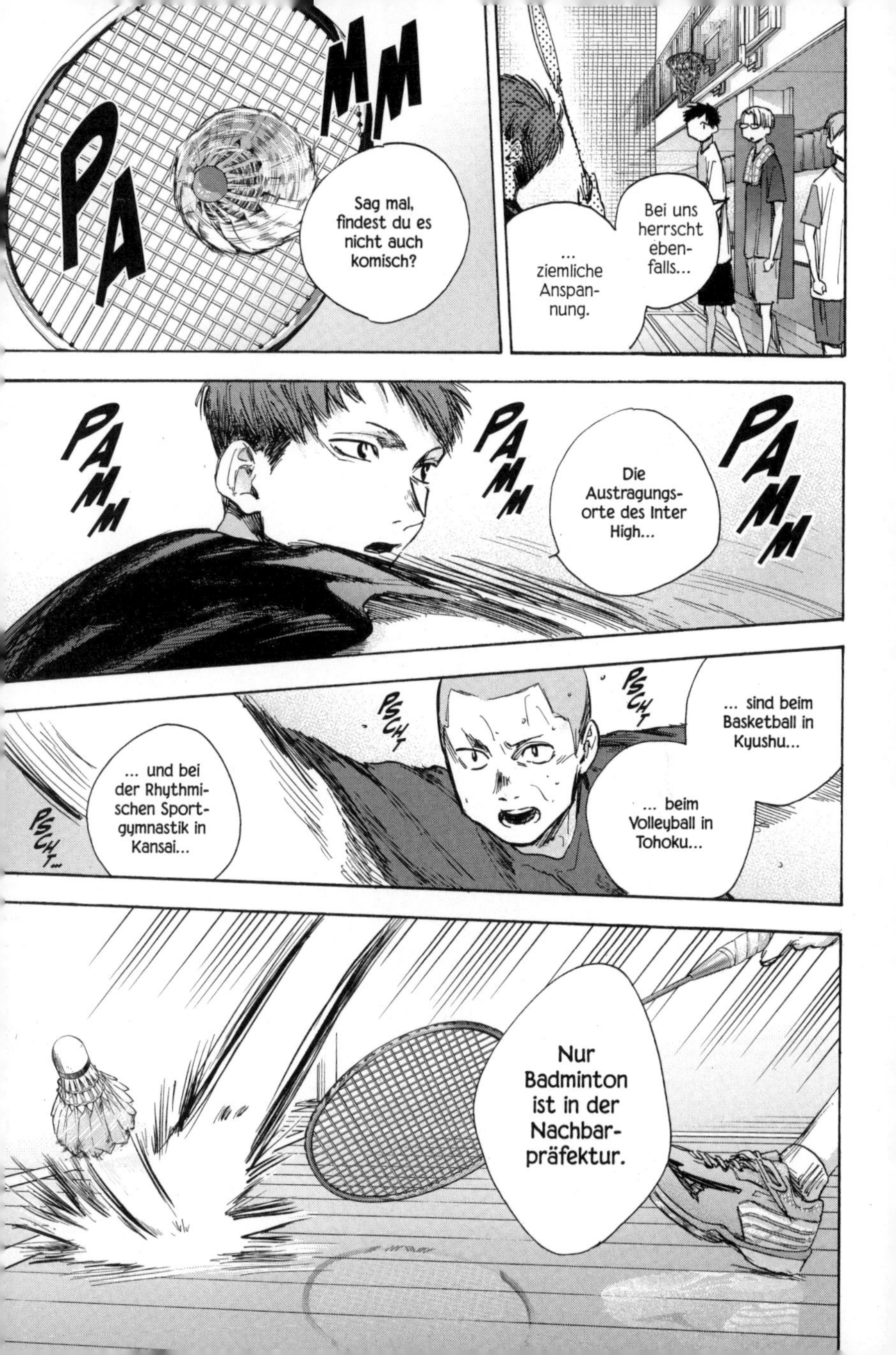
Bei uns herrscht ebenfalls...
... ziemliche Anspannung.
PAMM
Sag mal, findest du es nicht auch komisch?
PAMM
Die Austragungsorte des Inter High...
PAMM
PAMM
PSCHT
... sind beim Basketball in Kyushu...
... beim Volleyball in Tohoku...
PSCHT
... und bei der Rhythmischen Sportgymnastik in Kansai...
PSCHT...
Nur Badminton ist in der Nachbarpräfektur.

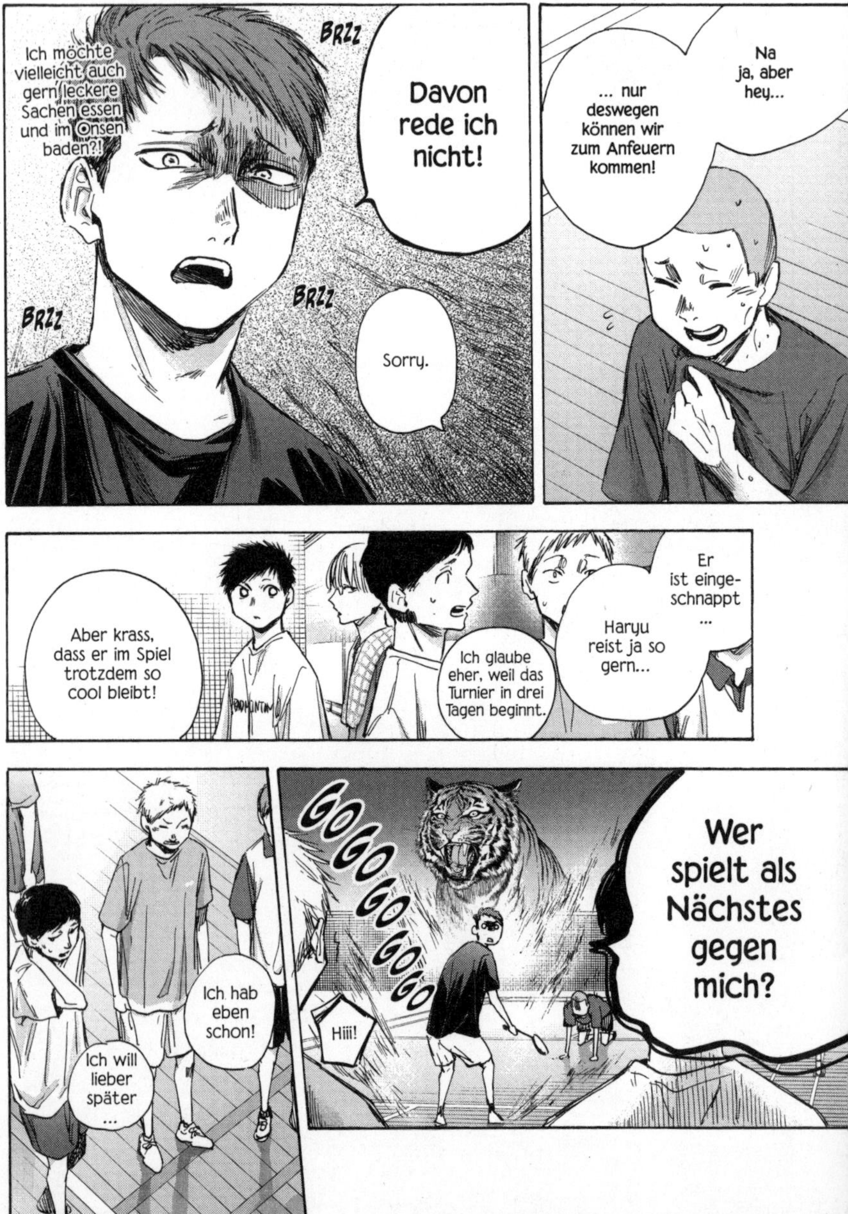
Na ja, aber hey...
... nur deswegen können wir zum Anfeuern kommen!
BRZZ
Davon rede ich nicht!
Ich möchte vielleicht auch gern leckere Sachen essen und im Onsen baden?!
BRZZ
BRZZ
Sorry.
Er ist einge-schnappt ...
Haryu reist ja so gern...
Ich glaube eher, weil das Turnier in drei Tagen beginnt.
Aber krass, dass er im Spiel trotzdem so cool bleibt!
Wer spielt als Nächstes gegen mich?
GOGOGOGOGOGO
Hiii!
Ich hab eben schon!
Ich will lieber später ...

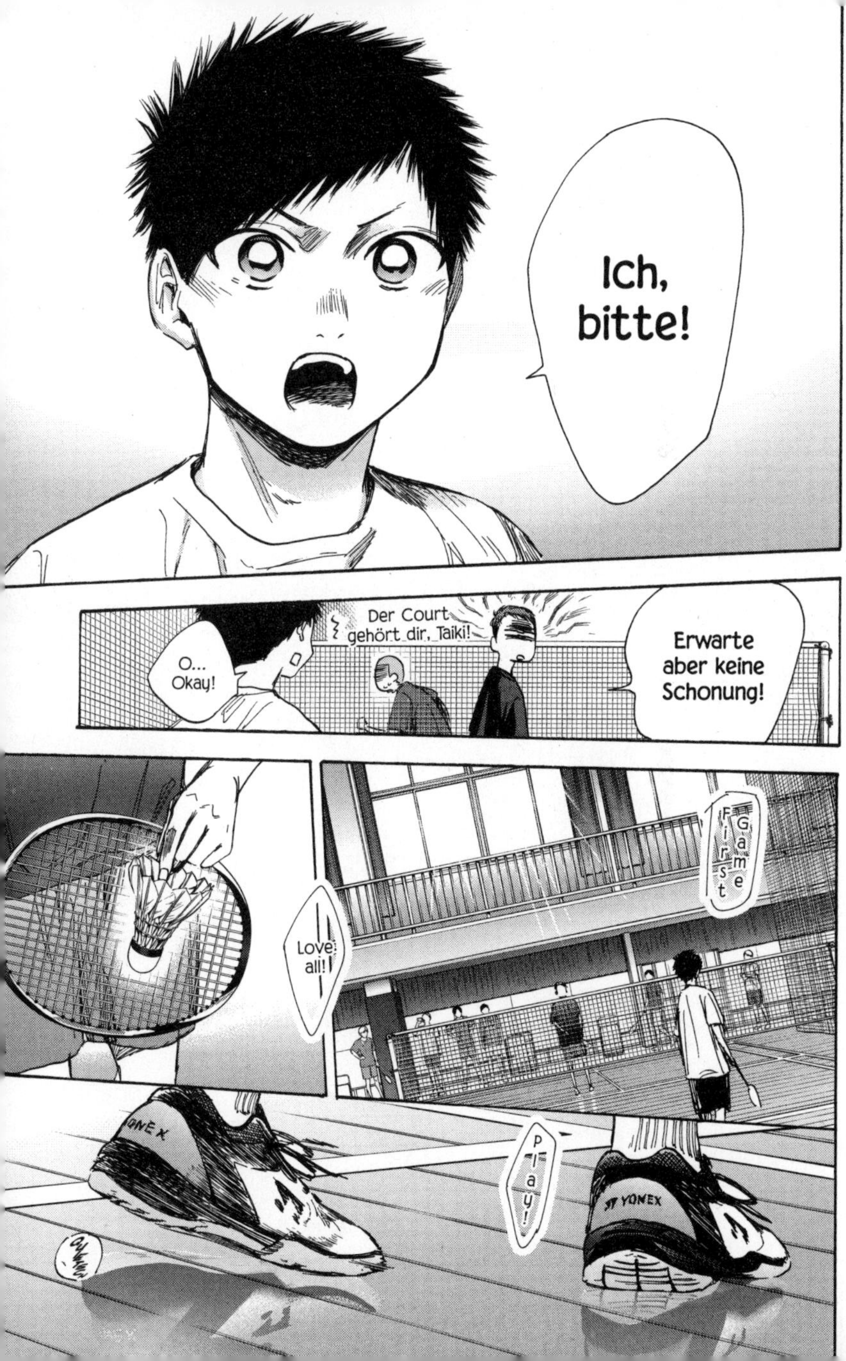
Ich, bitte!
Erwarte aber keine Schonung!
Der Court gehört dir, Taiki!
O... Okay!
First Game
Love all!
Play!

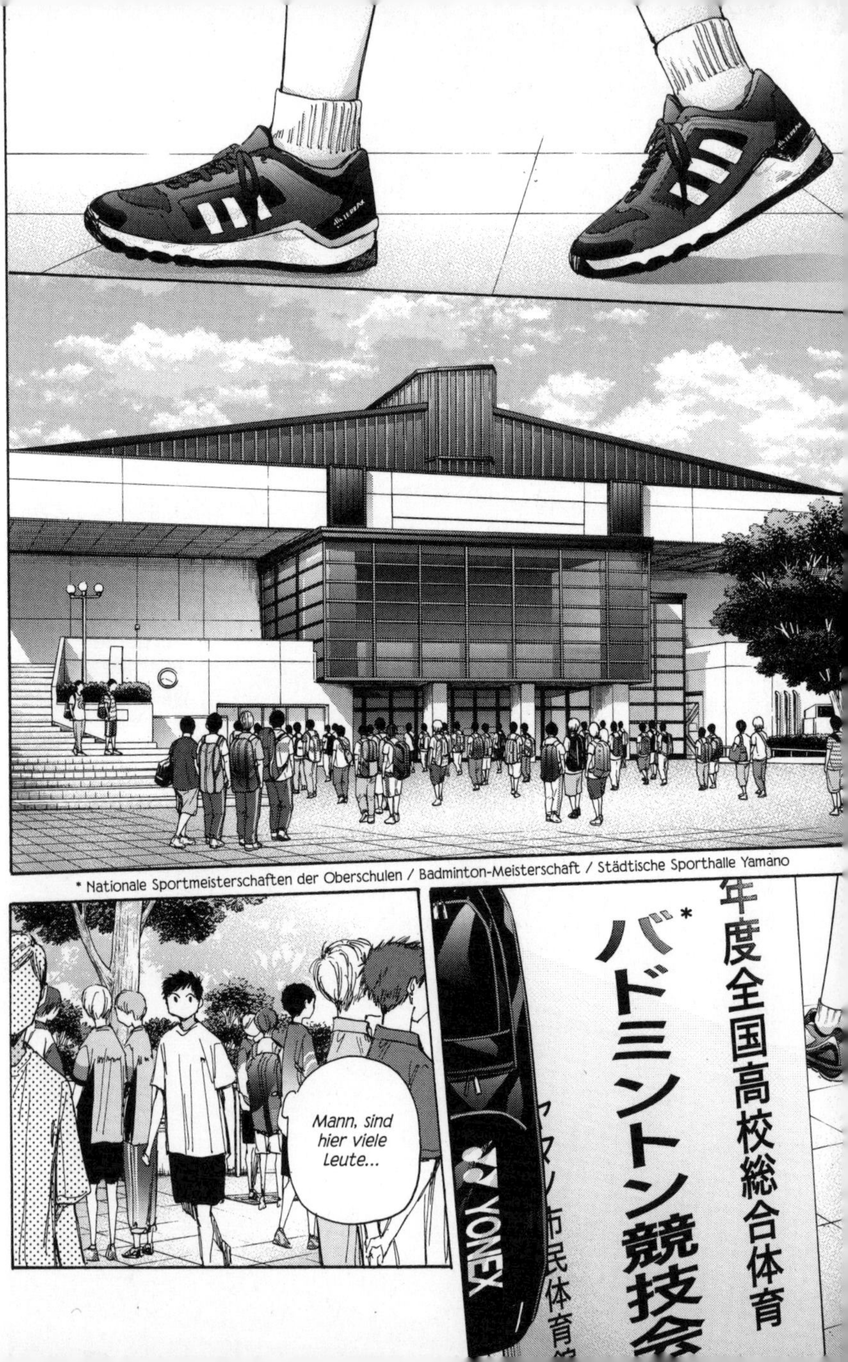

* Nationale Sportmeisterschaften der Oberschulen / Badminton-Meisterschaft / Städtische Sporthalle Yamano

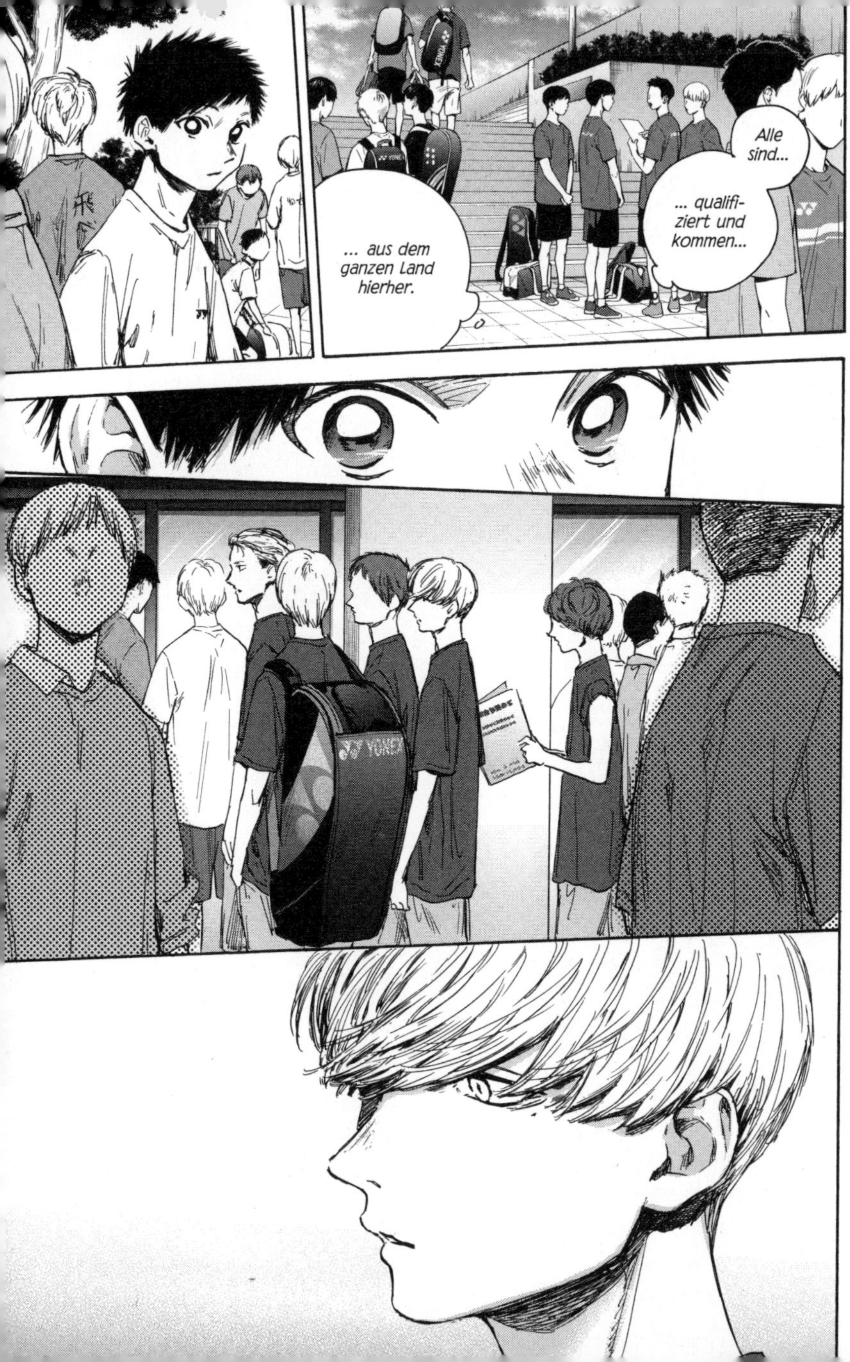
Alle sind...
... qualifiziert und kommen...
... aus dem ganzen Land hierher.

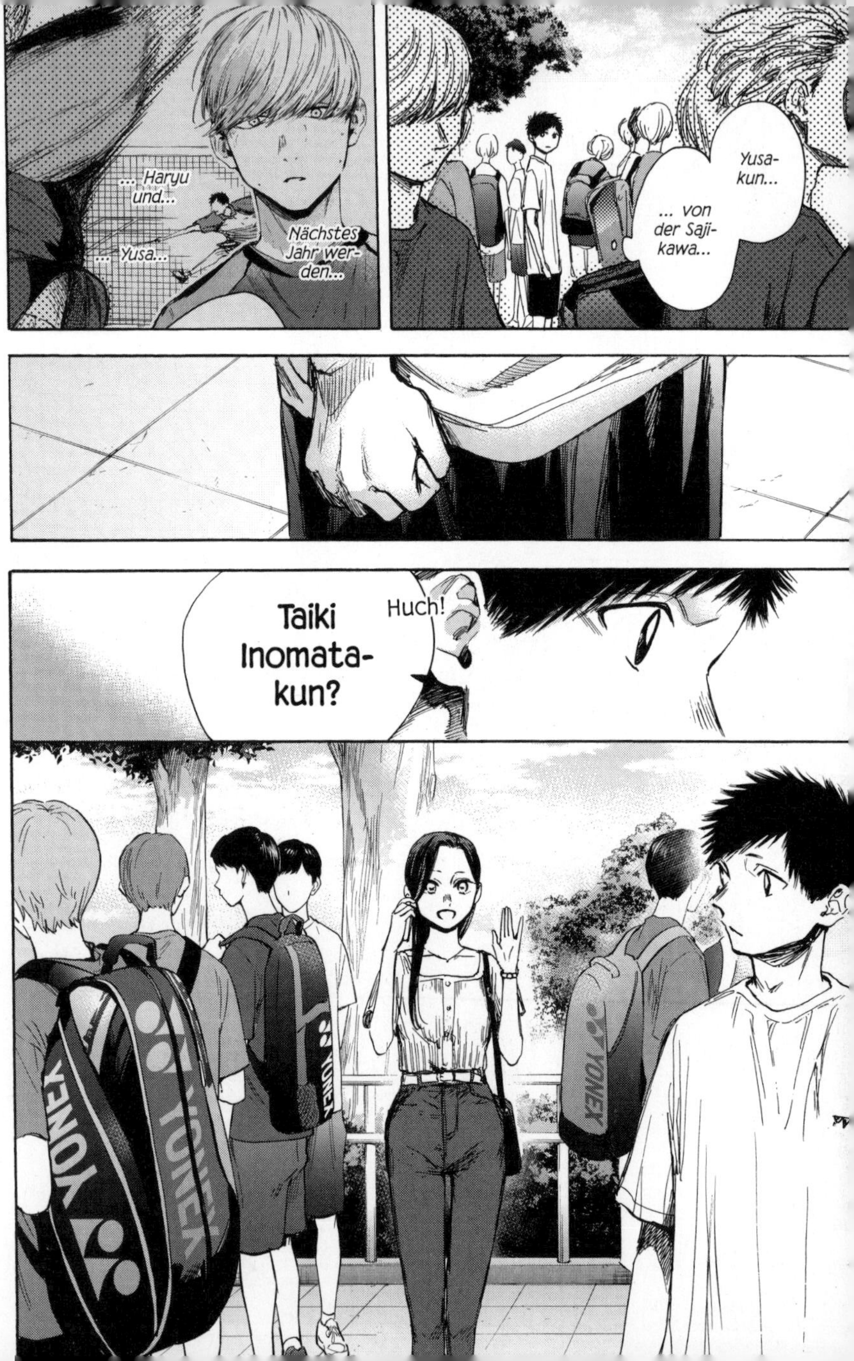
Yusa-kun...
... von der Saji-kawa...
... Haryu und...
... Yusa...
Nächstes Jahr werden...
Huch!
Taiki Inomata-kun?

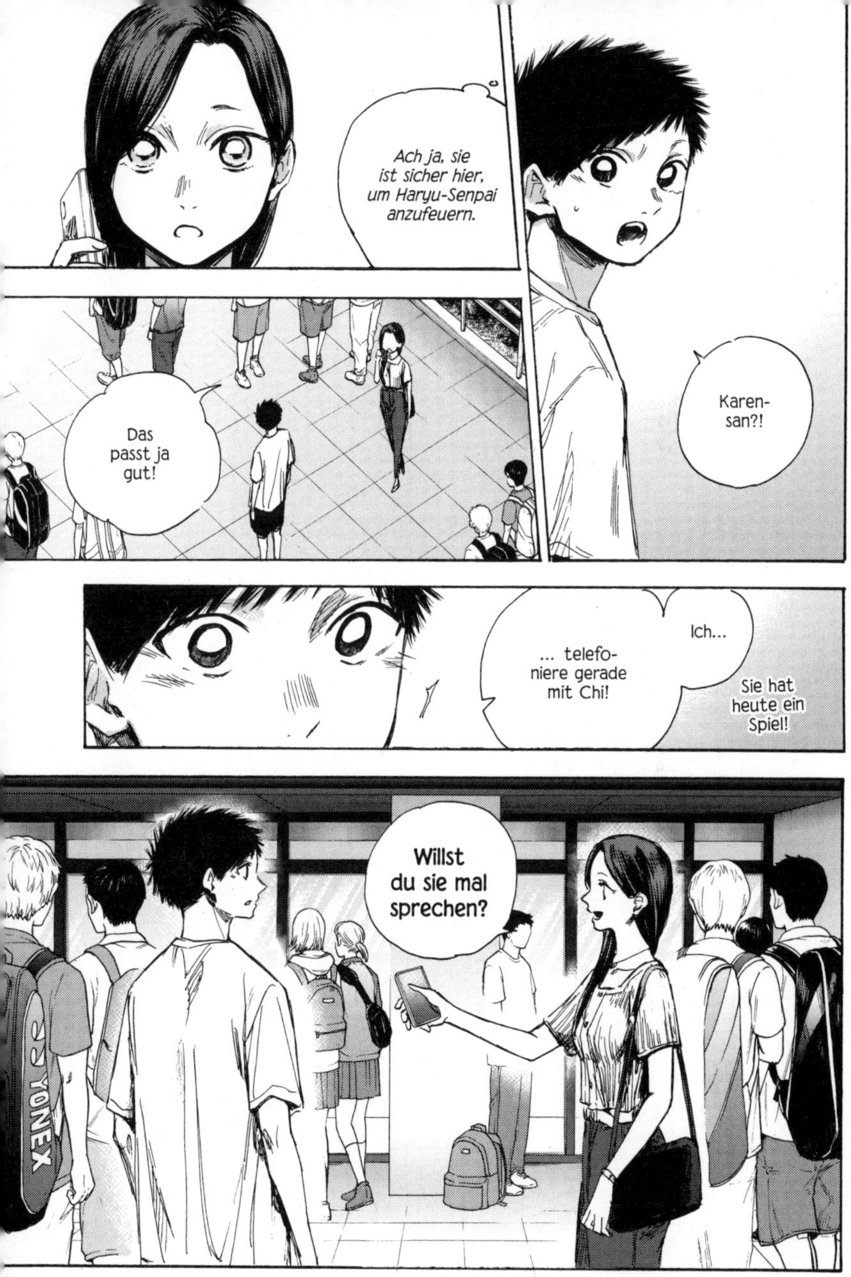
Karen-san?!
Ach ja, sie ist sicher hier, um Haryu-Senpai anzufeuern.
Das passt ja gut!
Ich...
... telefoniere gerade mit Chi!
Sie hat heute ein Spiel!
Willst du sie mal sprechen?
YONEX

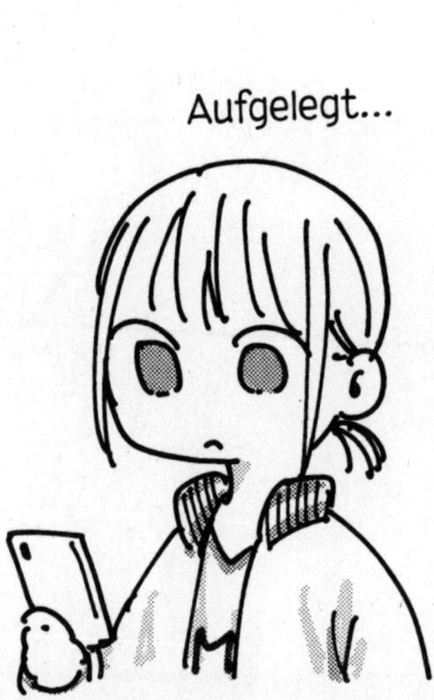
Aufgelegt...

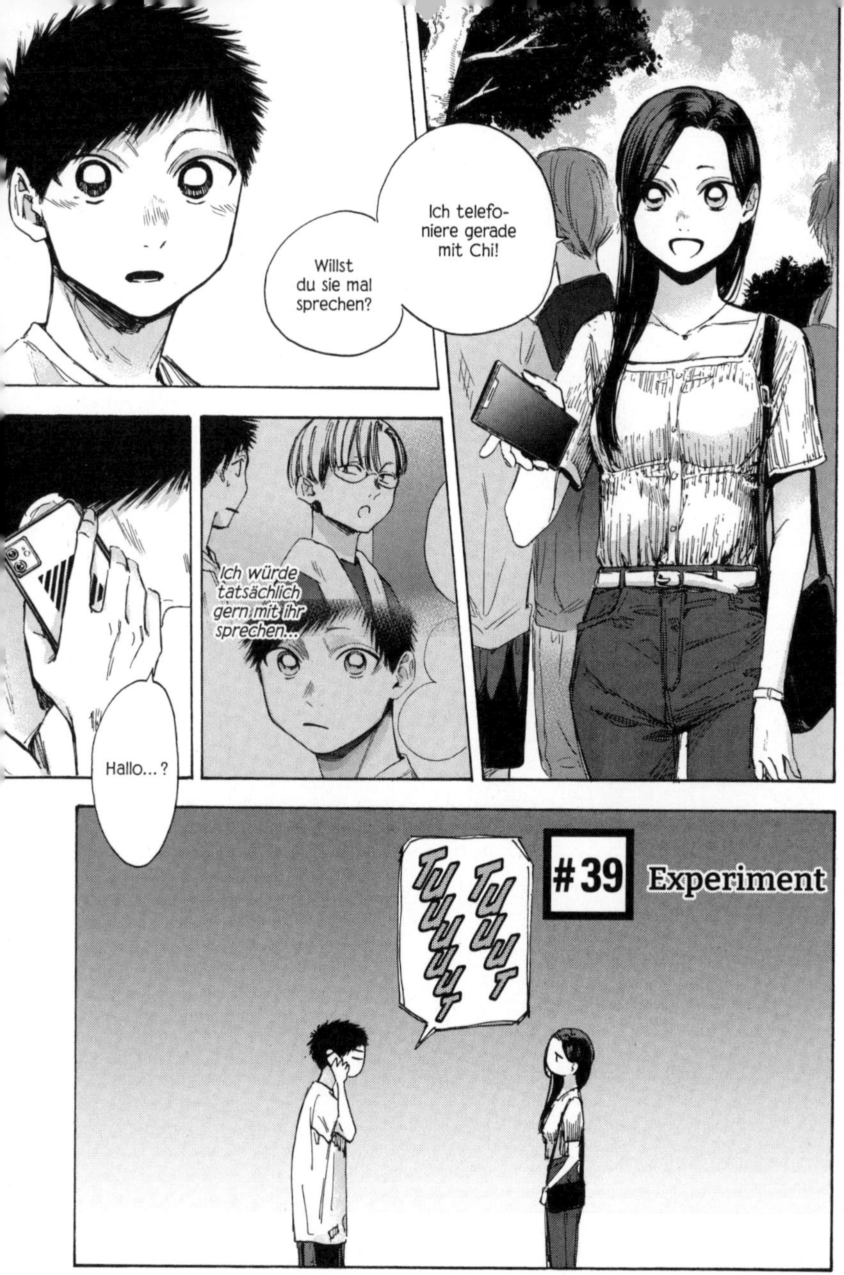
Ich telefoniere gerade mit Chi!
Willst du sie mal sprechen?
Ich würde tatsächlich gern mit ihr sprechen...
Hallo...?
#39 Experiment
TUUUT
TUUUUUT

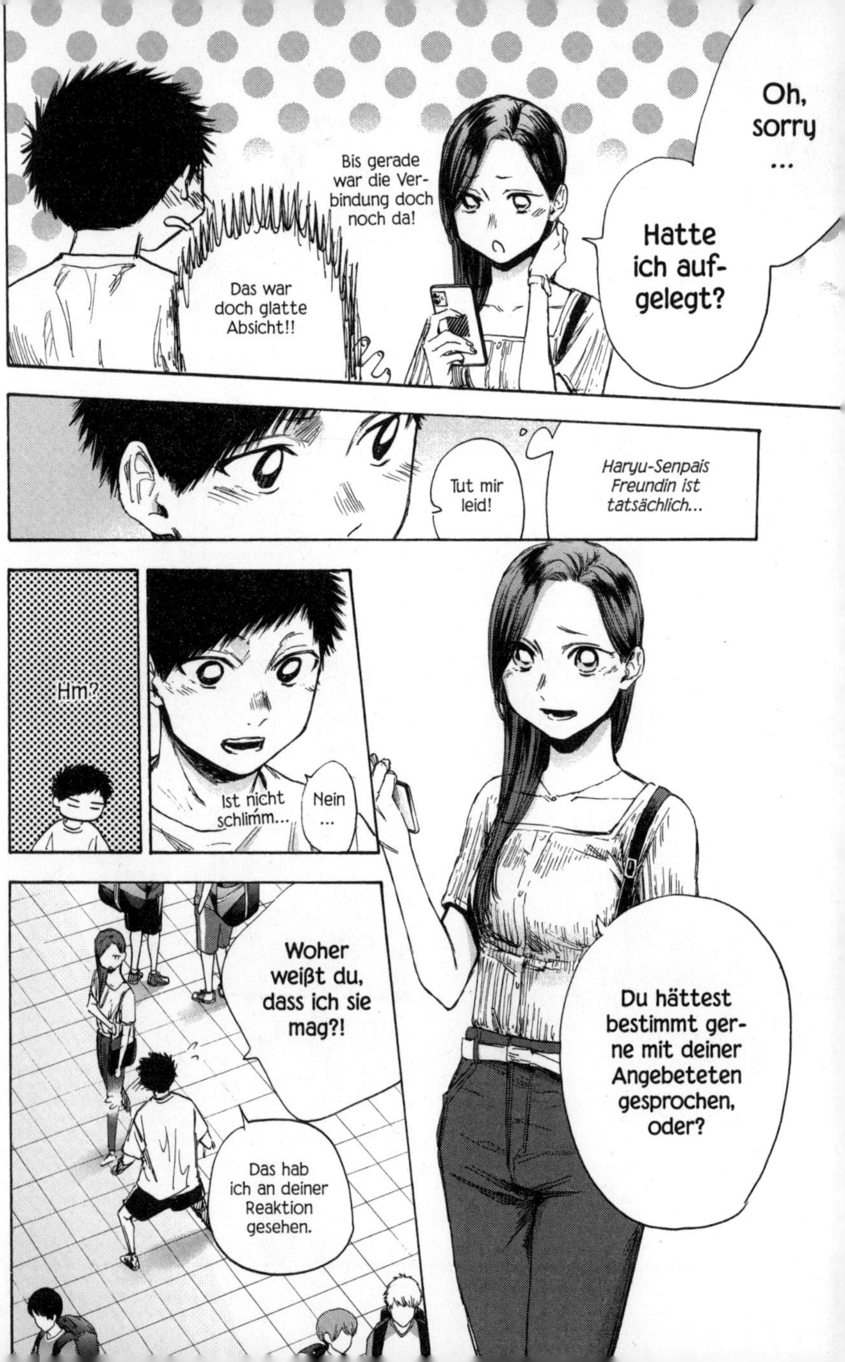
Oh, sorry ...
Hatte ich aufgelegt?
Bis gerade war die Verbindung doch noch da!
Das war doch glatte Absicht!!
Haryu-Senpais Freundin ist tatsächlich...
Tut mir leid!
Nein ...
Ist nicht schlimm...
Hm?
Du hättest bestimmt gerne mit deiner Angebeteten gesprochen, oder?
Woher weißt du, dass ich sie mag?!
Das hab ich an deiner Reaktion gesehen.

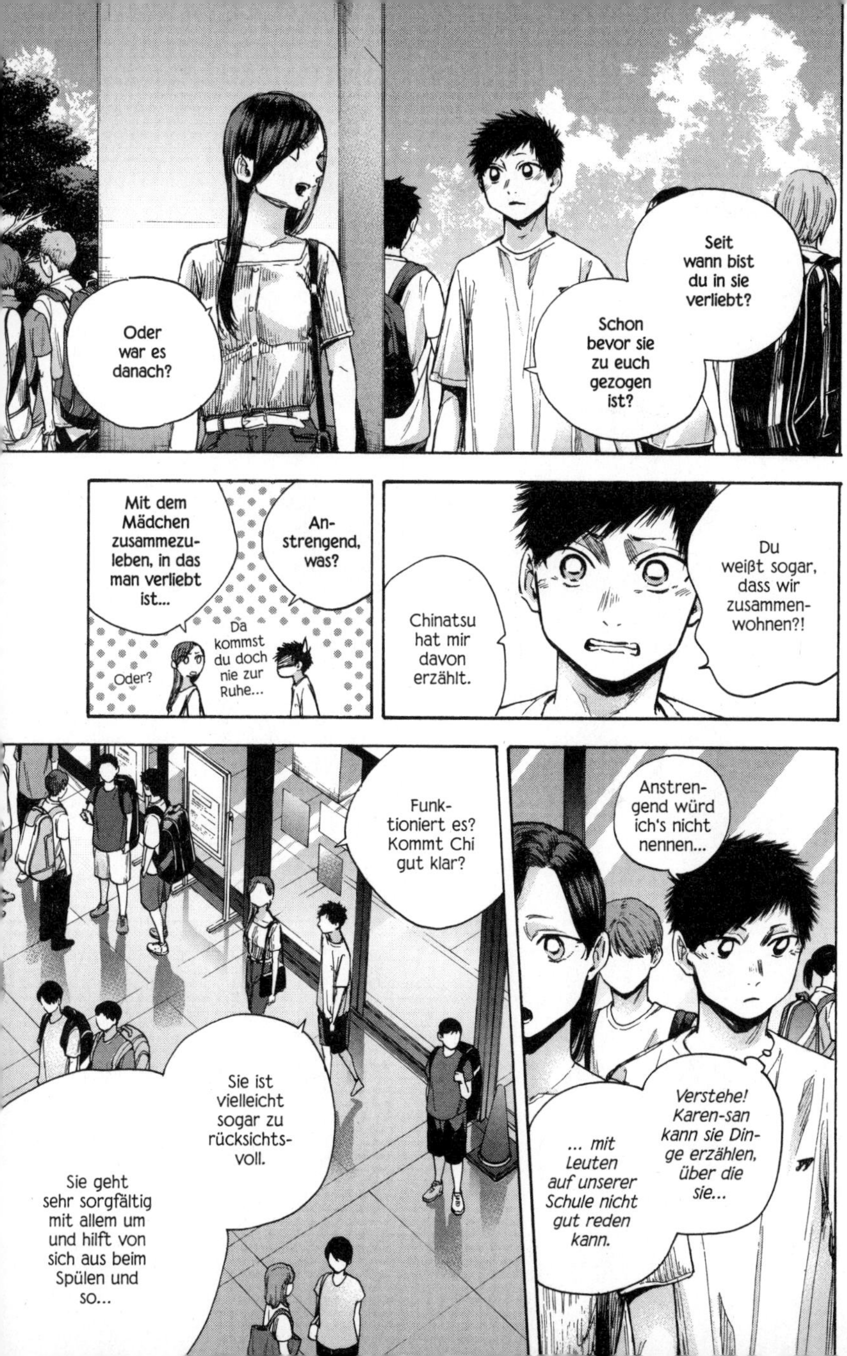

Seit wann bist du in sie verliebt?
Schon bevor sie zu euch gezogen ist?
Oder war es danach?
Du weißt sogar, dass wir zusammenwohnen?!
Chinatsu hat mir davon erzählt.
Anstrengend, was?
Mit dem Mädchen zusammezuleben, in das man verliebt ist...
Da kommst du doch nie zur Ruhe...
Oder?
Anstrengend würd ich's nicht nennen...
Verstehe! Karen-san kann sie Dinge erzählen, über die sie...
... mit Leuten auf unserer Schule nicht gut reden kann.
Funktioniert es? Kommt Chi gut klar?
Sie ist vielleicht sogar zu rücksichtsvoll.
Sie geht sehr sorgfältig mit allem um und hilft von sich aus beim Spülen und so...

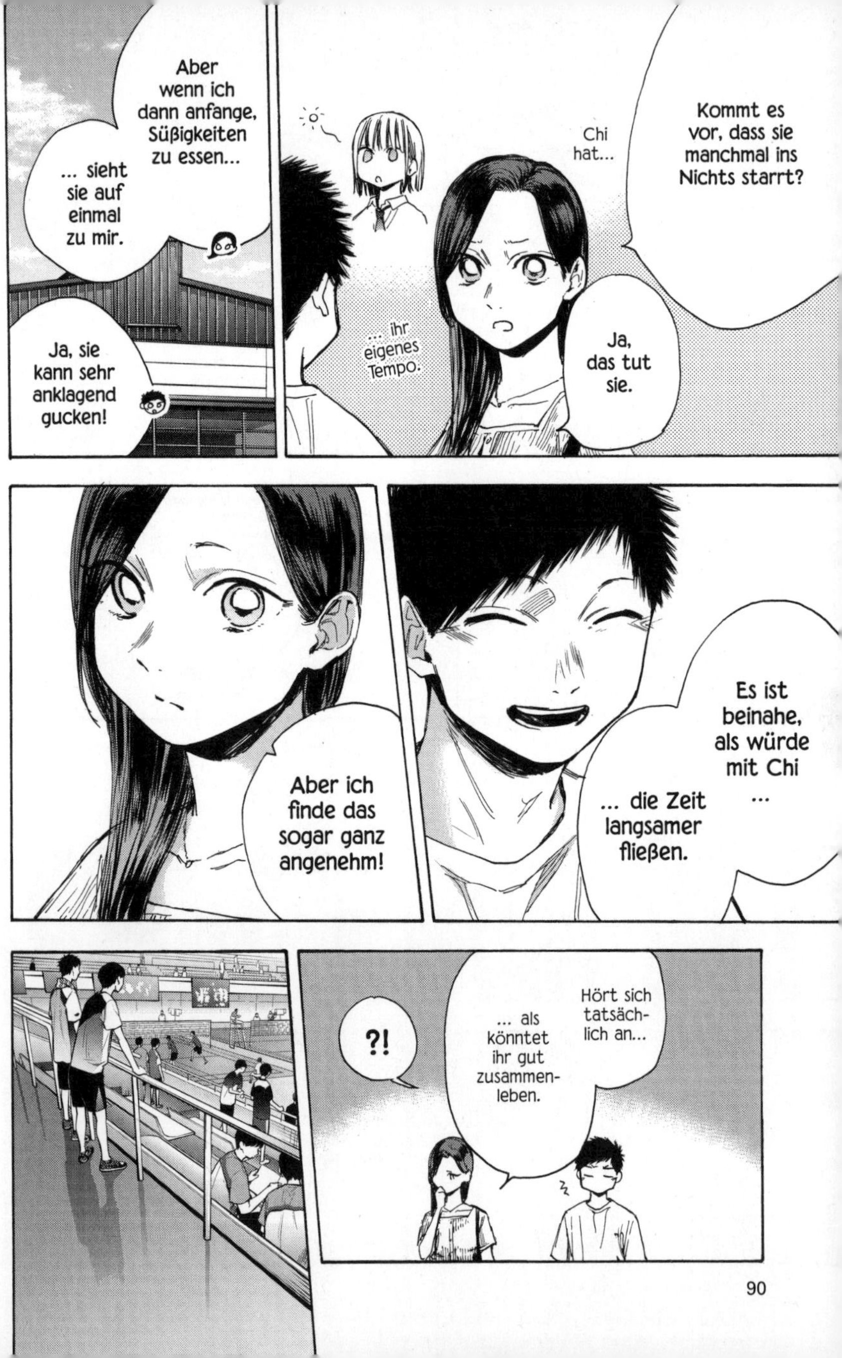
Kommt es vor, dass sie manchmal ins Nichts starrt?
Chi hat...
... ihr eigenes Tempo.
Ja, das tut sie.
Aber wenn ich dann anfange, Süßigkeiten zu essen...
... sieht sie auf einmal zu mir.
Ja, sie kann sehr anklagend gucken!
Es ist beinahe, als würde mit Chi ...
... die Zeit langsamer fließen.
Aber ich finde das sogar ganz angenehm!
Hört sich tatsächlich an...
... als könntet ihr gut zusammenleben.
?!

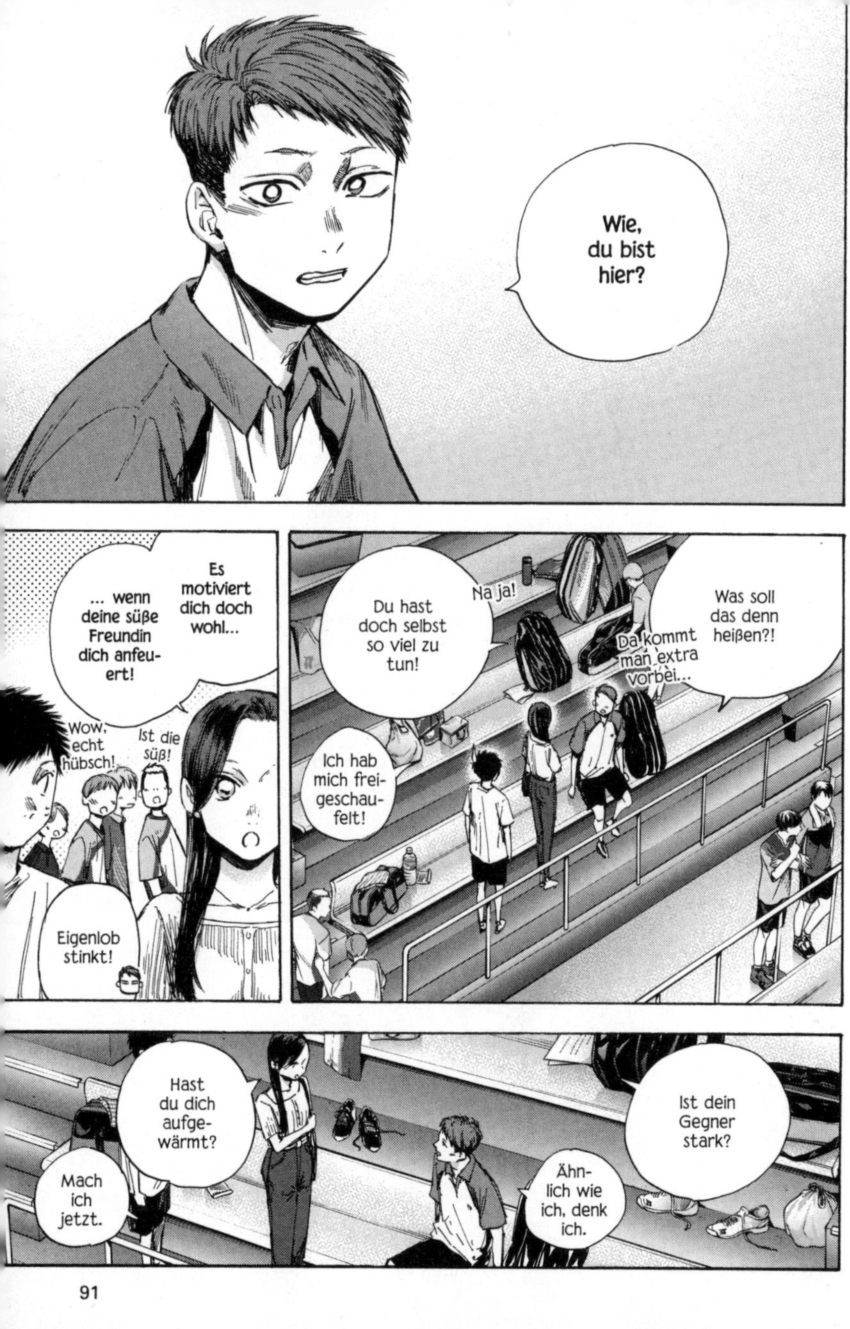
Wie, du bist hier?
Was soll das denn heißen?!
Da kommt man extra vorbei...
Na ja!
Du hast doch selbst so viel zu tun!
Ich hab mich freigeschaufelt!
Es motiviert dich doch wohl...
... wenn deine süße Freundin dich anfeuert!
Ist die süß!
Wow, echt hübsch!
Eigenlob stinkt!
Ist dein Gegner stark?
Ähnlich wie ich, denk ich.
Hast du dich aufgewärmt?
Mach ich jetzt.

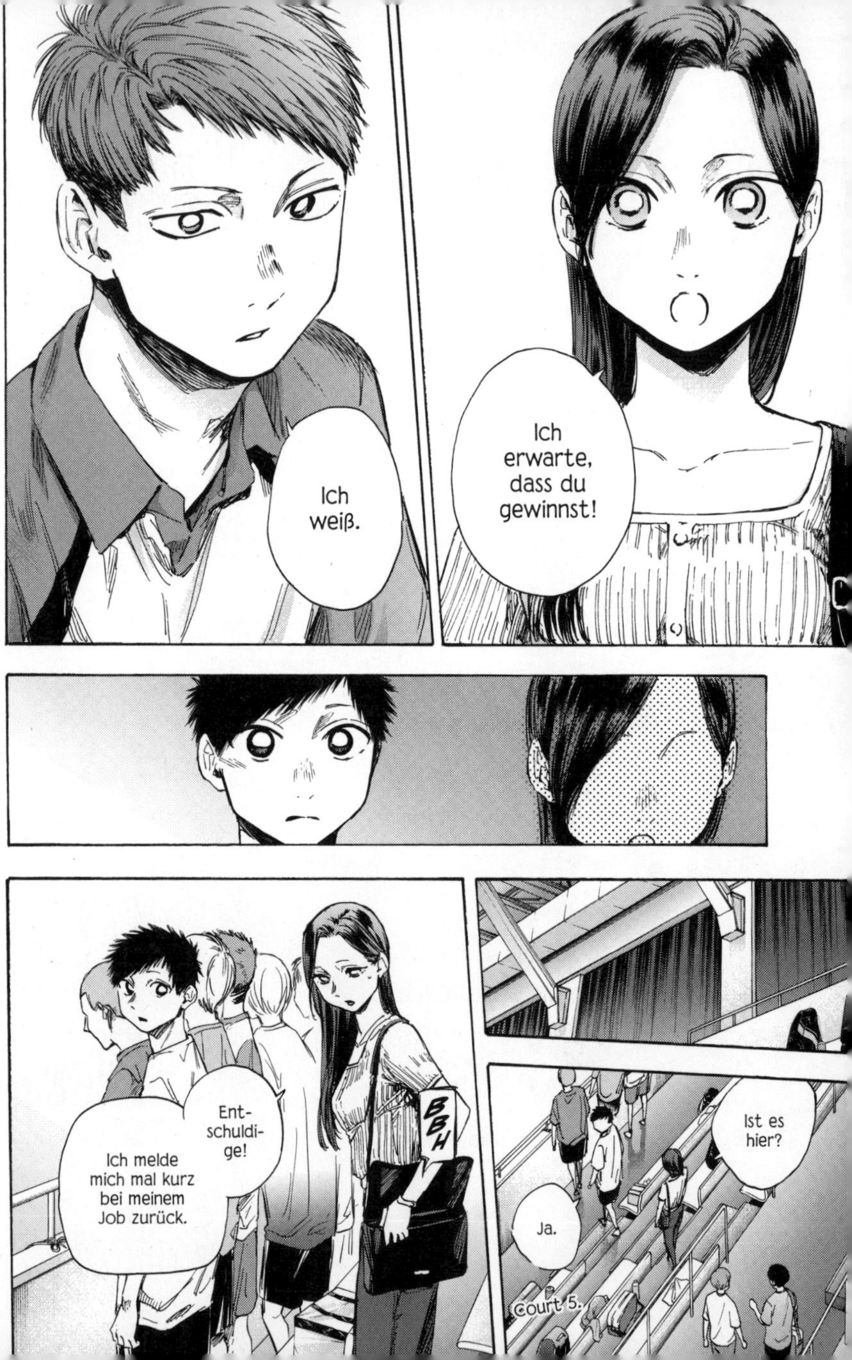
Ich erwarte, dass du gewinnst!
Ich weiß.
Ist es hier?
Ja.
Court 5.
BBH
Entschuldige!
Ich melde mich mal kurz bei meinem Job zurück.

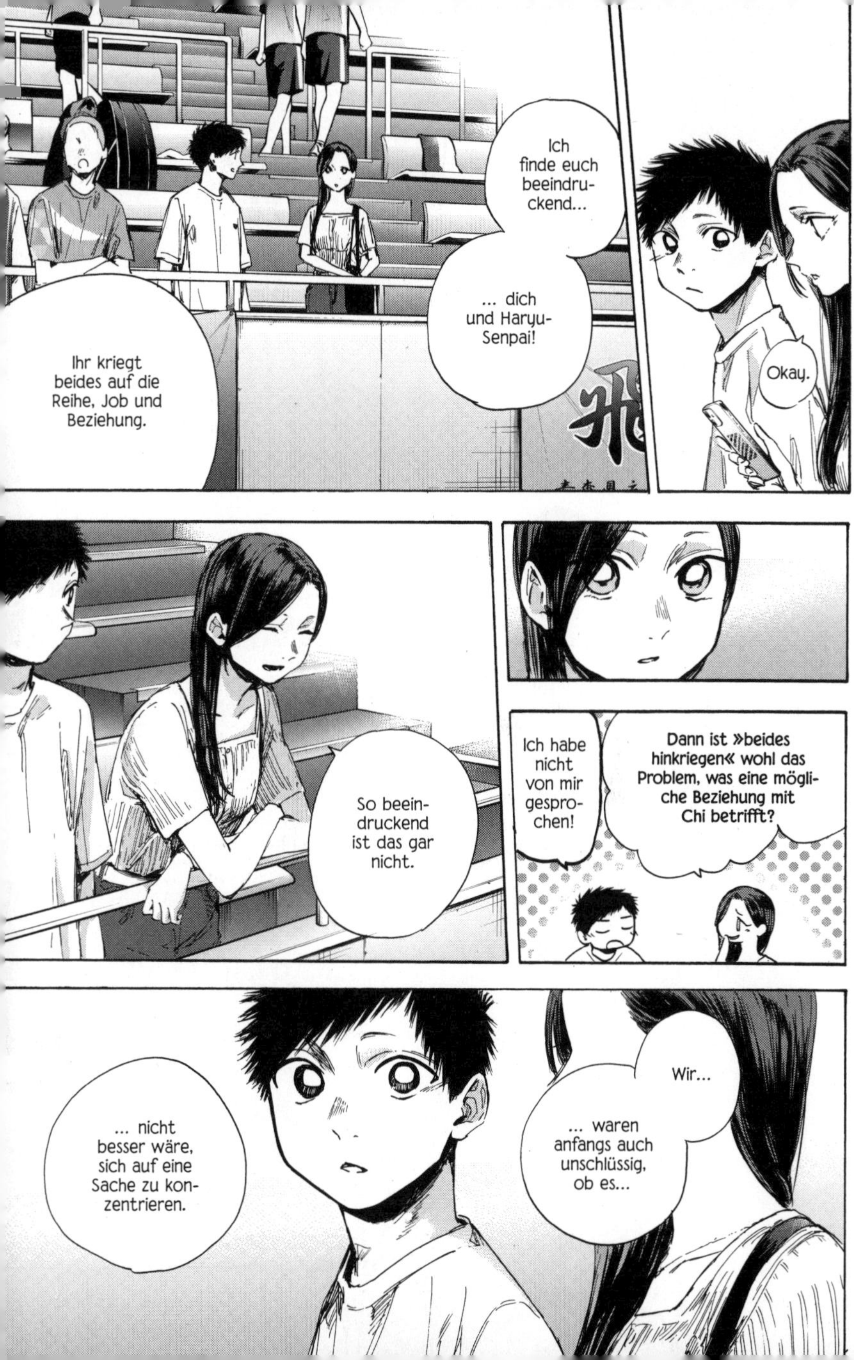
Okay.
Ich finde euch beeindruckend...
... dich und Haryu-Senpai!
Ihr kriegt beides auf die Reihe, Job und Beziehung.
So beeindruckend ist das gar nicht.
Dann ist »beides hinkriegen« wohl das Problem, was eine mögliche Beziehung mit Chi betrifft?
Ich habe nicht von mir gesprochen!
Wir...
... waren anfangs auch unschlüssig, ob es...
... nicht besser wäre, sich auf eine Sache zu konzentrieren.

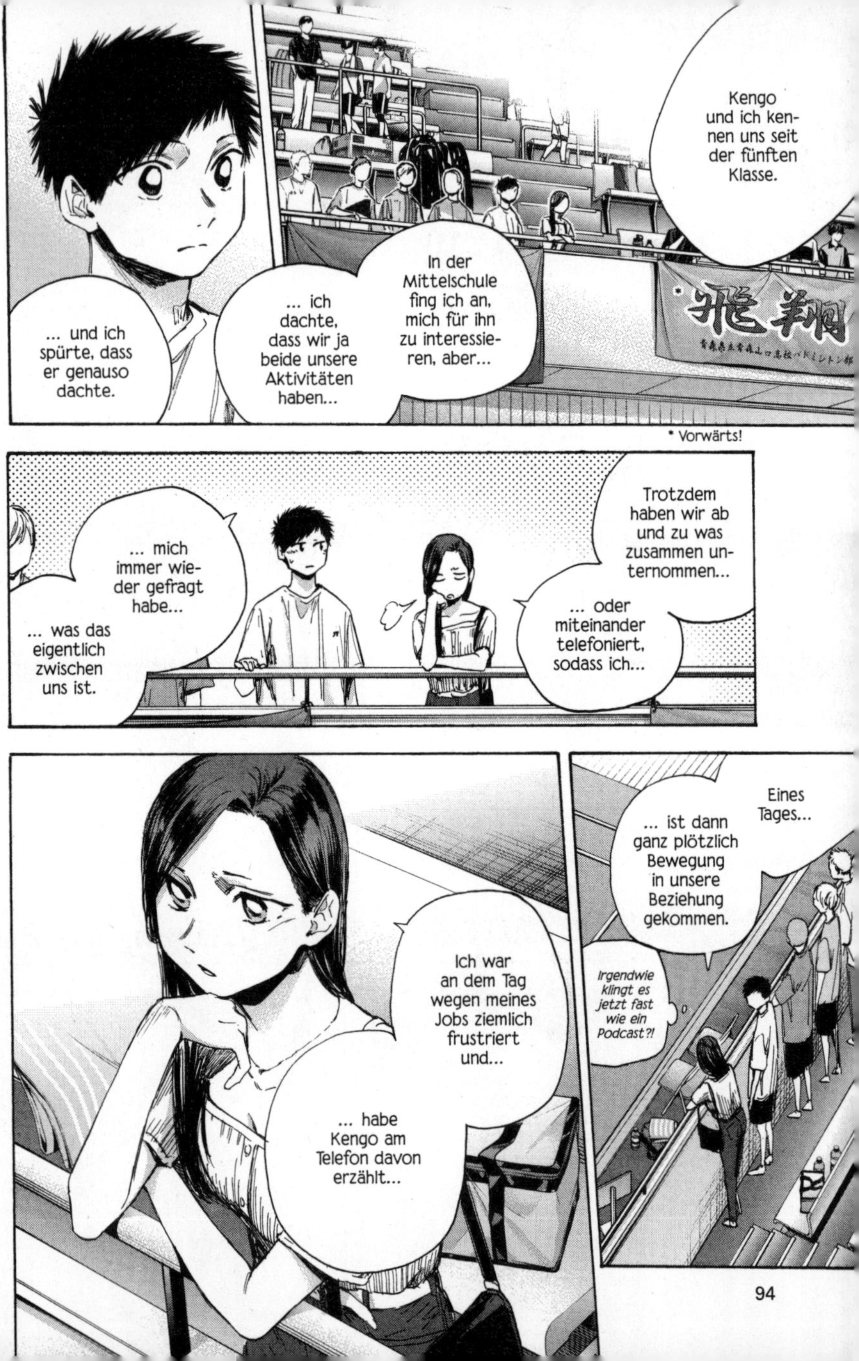
Kengo und ich kennen uns seit der fünften Klasse.
In der Mittelschule fing ich an, mich für ihn zu interessieren, aber...
... ich dachte, dass wir ja beide unsere Aktivitäten haben...
... und ich spürte, dass er genauso dachte.
* Vorwärts!
Trotzdem haben wir ab und zu was zusammen unternommen...
... oder miteinander telefoniert, sodass ich...
... mich immer wieder gefragt habe...
... was das eigentlich zwischen uns ist.
Eines Tages...
... ist dann ganz plötzlich Bewegung in unsere Beziehung gekommen.
Irgendwie klingt es jetzt fast wie ein Podcast?!
Ich war an dem Tag wegen meines Jobs ziemlich frustriert und...
... habe Kengo am Telefon davon erzählt...

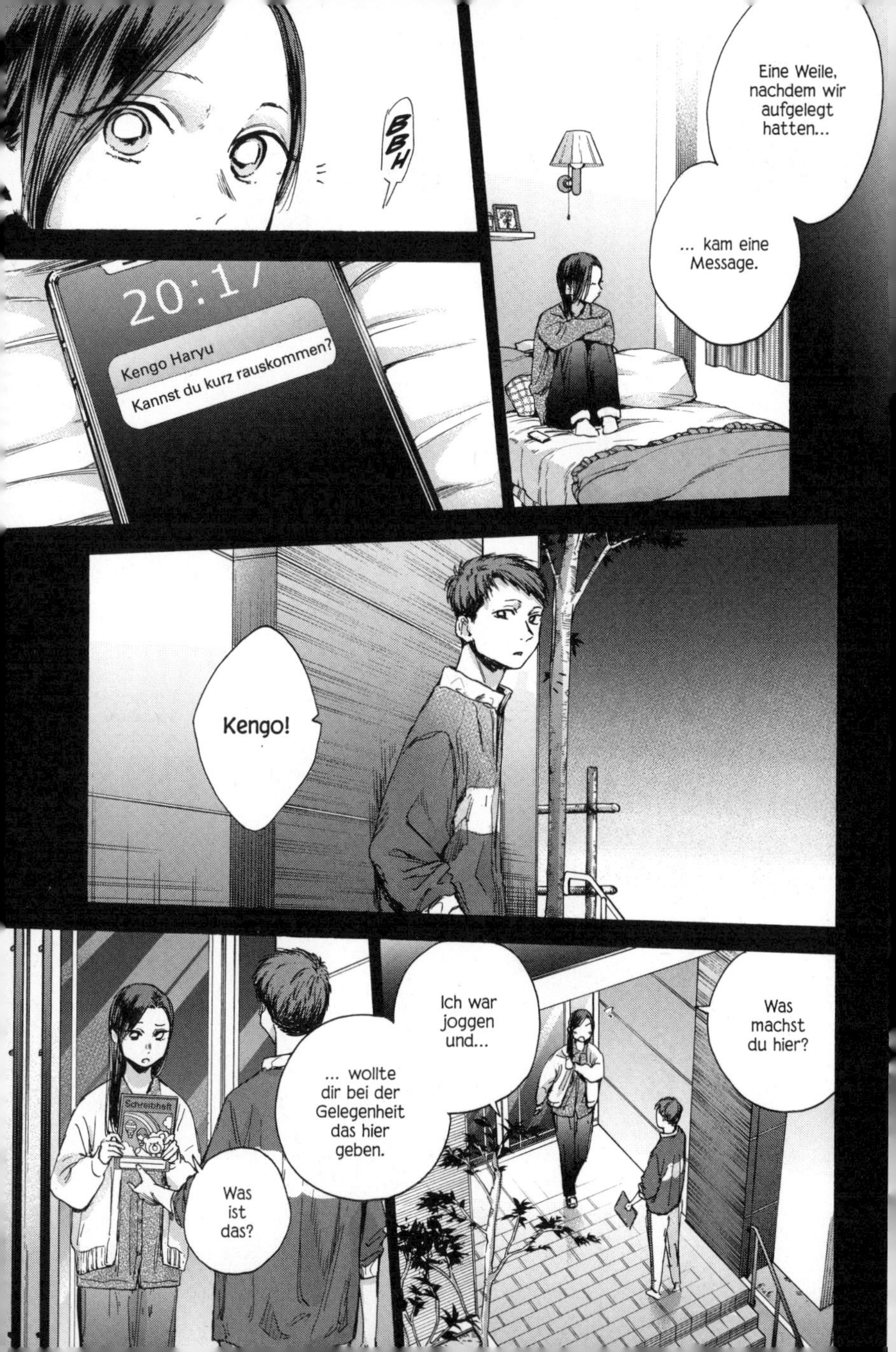
Eine Weile, nachdem wir aufgelegt hatten...
... kam eine Message.
BBH
20:17
Kengo Haryu
Kannst du kurz rauskommen?
Kengo!
Was machst du hier?
Ich war joggen und...
... wollte dir bei der Gelegenheit das hier geben.
Schreibheft
Was ist das?

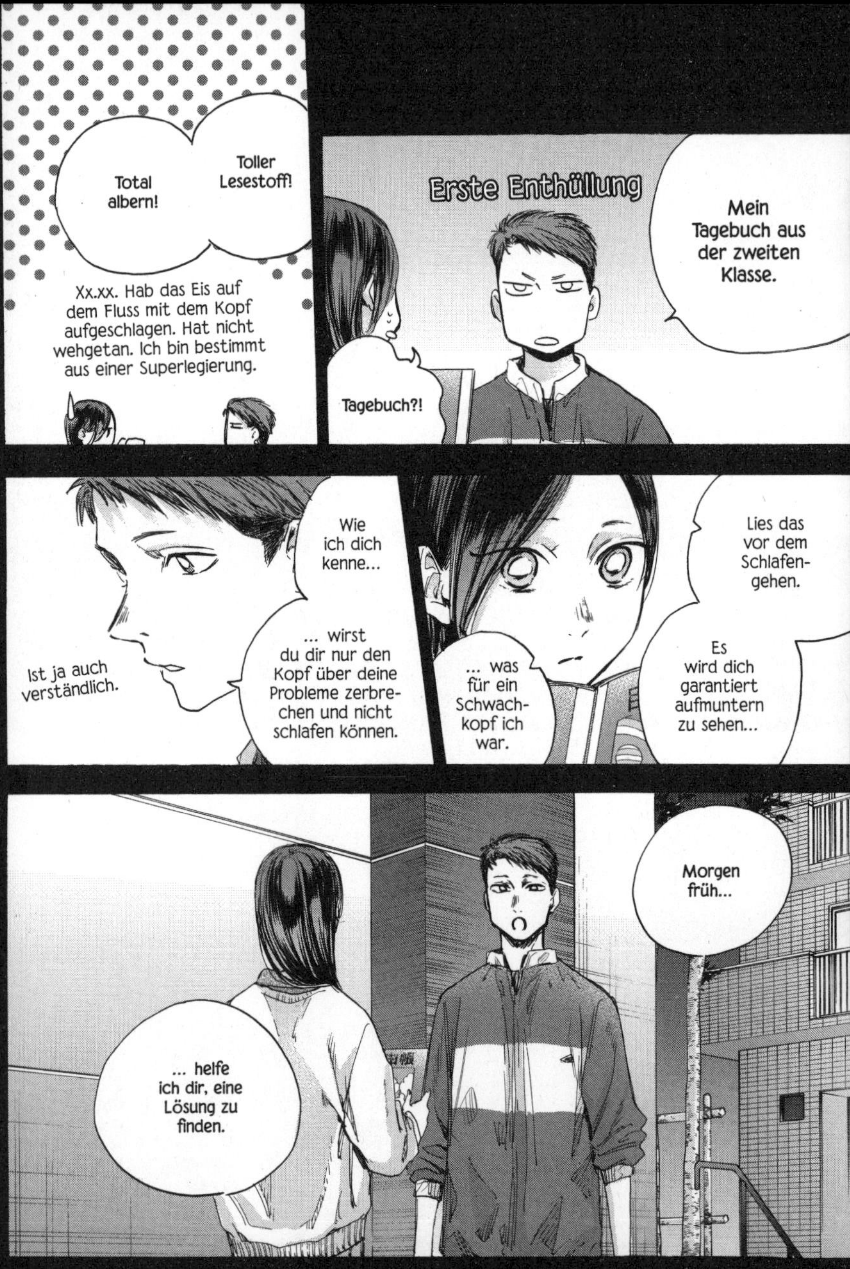
Erste Enthüllung
Mein Tagebuch aus der zweiten Klasse.
Tagebuch?!
Toller Lesestoff!
Total albern!
Xx.xx. Hab das Eis auf dem Fluss mit dem Kopf aufgeschlagen. Hat nicht wehgetan. Ich bin bestimmt aus einer Superlegierung.
Lies das vor dem Schlafengehen.
Es wird dich garantiert aufmuntern zu sehen...
... was für ein Schwachkopf ich war.
Wie ich dich kenne...
... wirst du dir nur den Kopf über deine Probleme zerbrechen und nicht schlafen können.
Ist ja auch verständlich.
Morgen früh...
... helfe ich dir, eine Lösung zu finden.

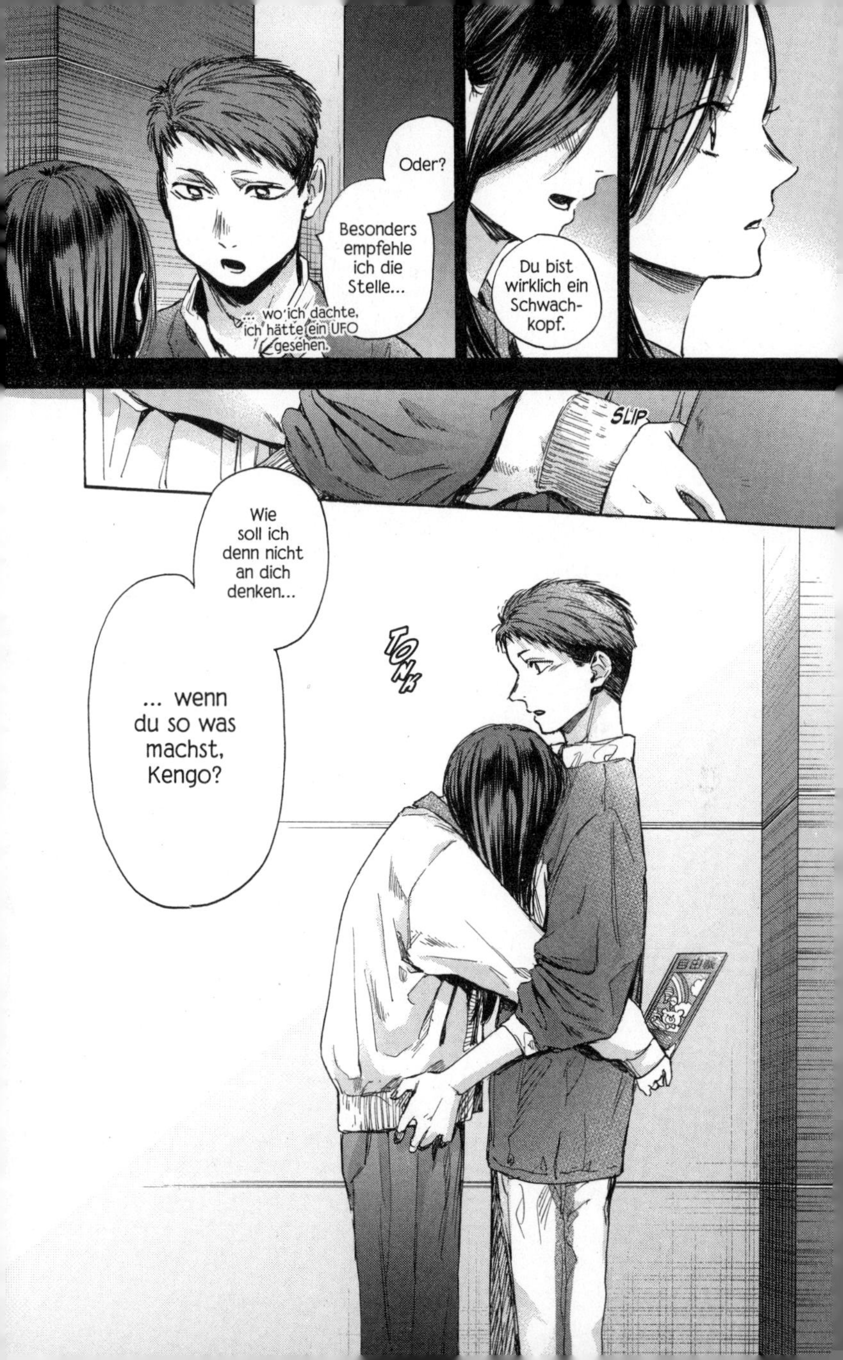
Du bist wirklich ein Schwachkopf.
Oder?
Besonders empfehle ich die Stelle...
... wo ich dachte, ich hätte ein UFO gesehen.
SLIP
Wie soll ich denn nicht an dich denken...
... wenn du so was machst, Kengo?
TONK

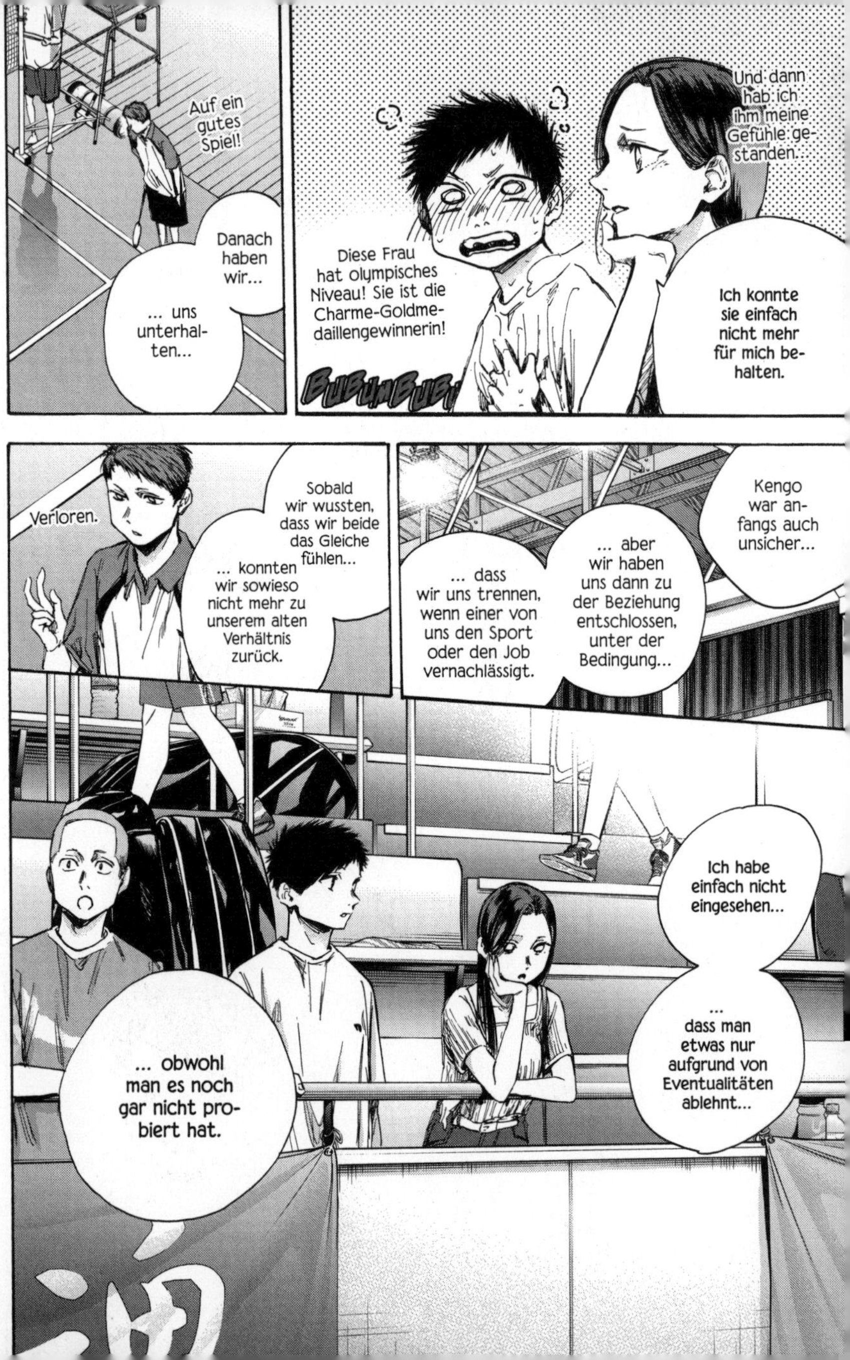
Und dann hab ich ihm meine Gefühle gestanden.
Ich konnte sie einfach nicht mehr für mich behalten.
Diese Frau hat olympisches Niveau! Sie ist die Charme-Goldmedaillengewinnerin!
Auf ein gutes Spiel!
Danach haben wir...
... uns unterhalten...
Kengo war anfangs auch unsicher...
... aber wir haben uns dann zu der Beziehung entschlossen, unter der Bedingung...
... dass wir uns trennen, wenn einer von uns den Sport oder den Job vernachlässigt.
Sobald wir wussten, dass wir beide das Gleiche fühlen...
... konnten wir sowieso nicht mehr zu unserem alten Verhältnis zurück.
Verloren.
Ich habe einfach nicht eingesehen...
... dass man etwas nur aufgrund von Eventualitäten ablehnt...
... obwohl man es noch gar nicht probiert hat.

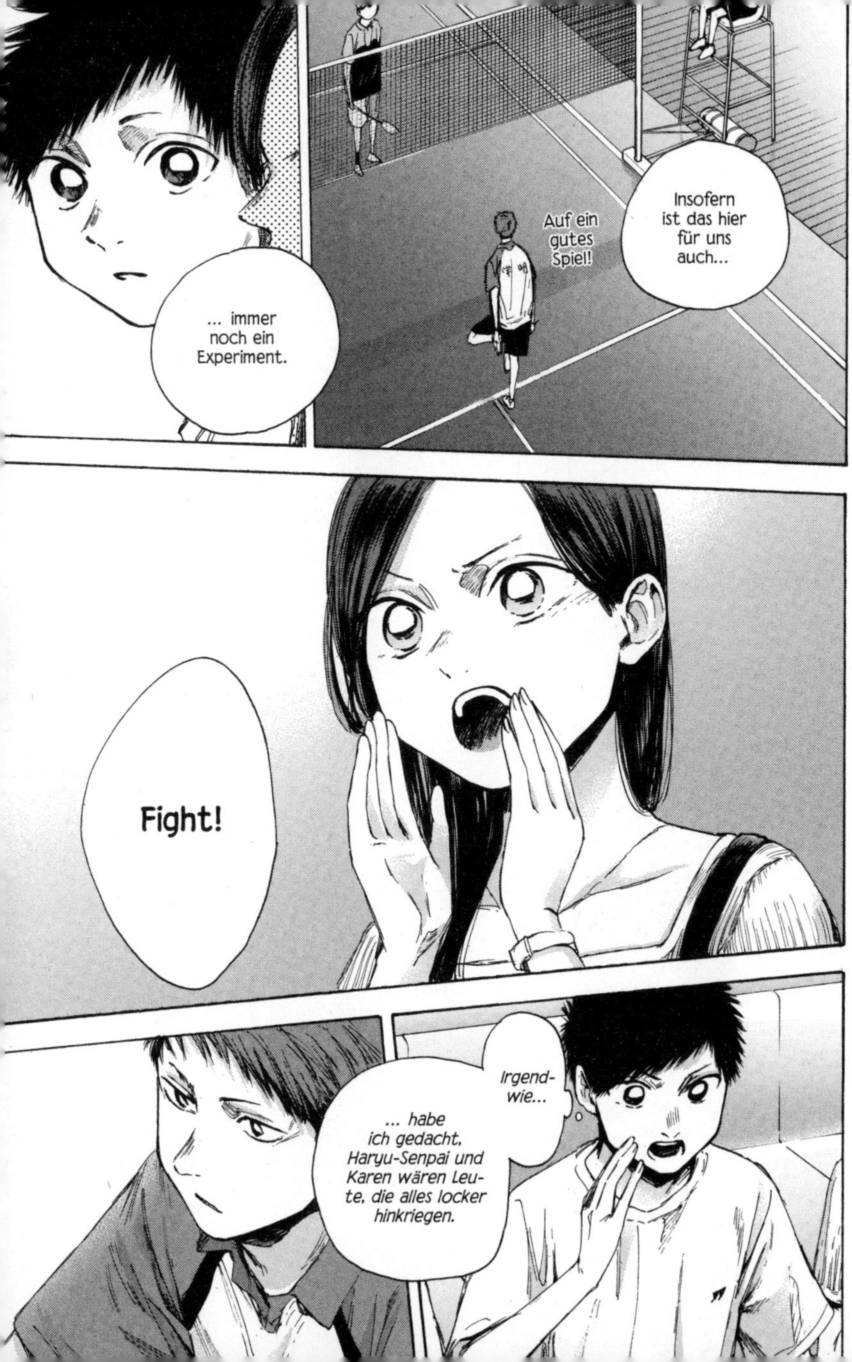
Insofern ist das hier für uns auch...
Auf ein gutes Spiel!
... immer noch ein Experiment.
Fight!
Irgend-wie...
... habe ich gedacht, Haryu-Senpai und Karen wären Leu-te, die alles locker hinkriegen.

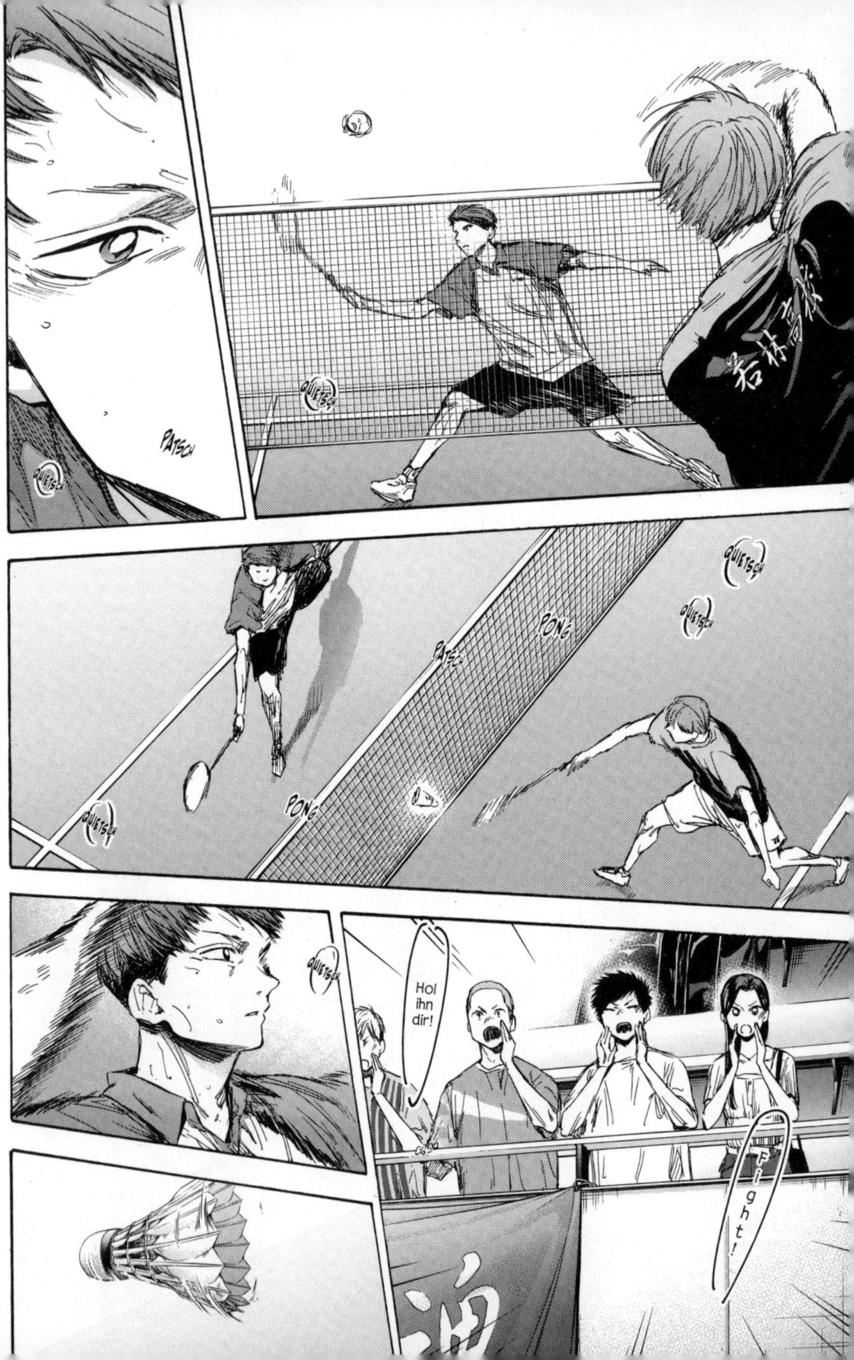

QUIETSCH
PATSCH
QUIETSCH
QUIETSCH
QUIETSCH
PONG
PATSCH
PONG
QUIETSCH
QUIETSCH
Hol ihn dir!
Fight!

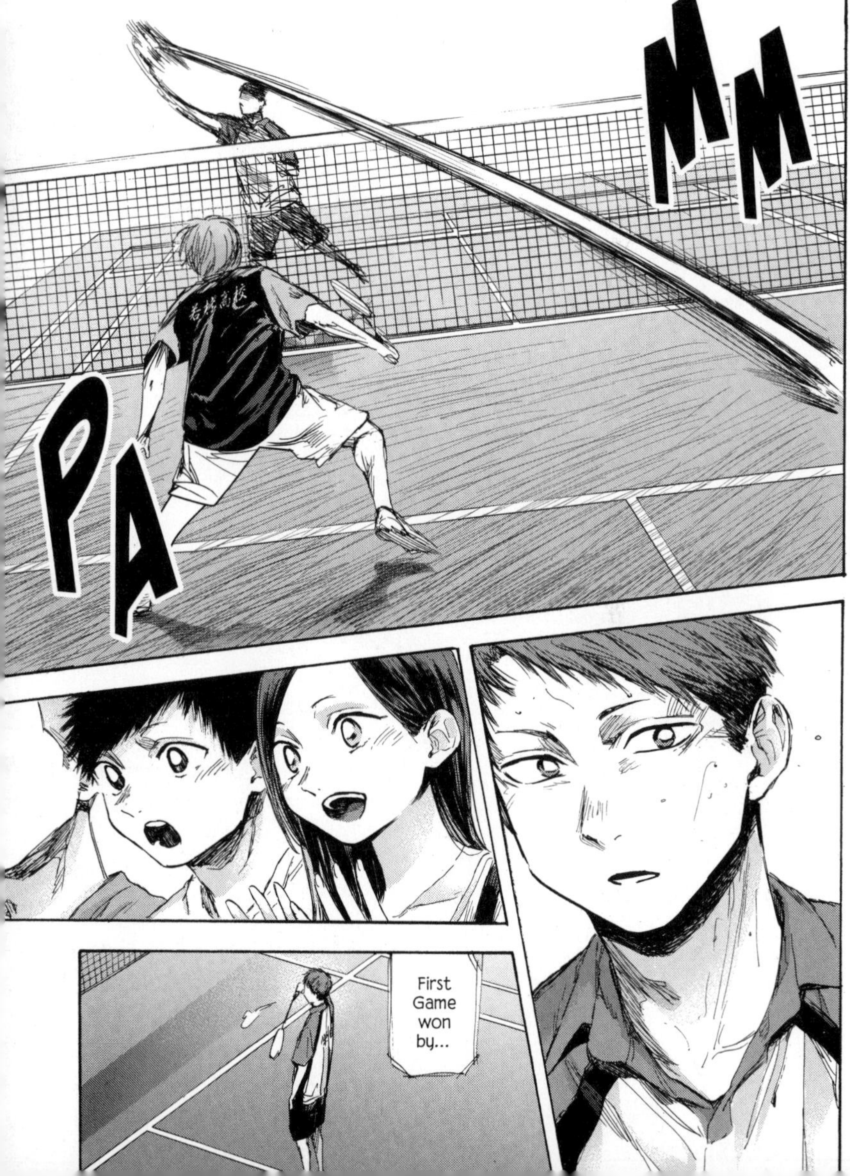
MM
PA
First Game won by...

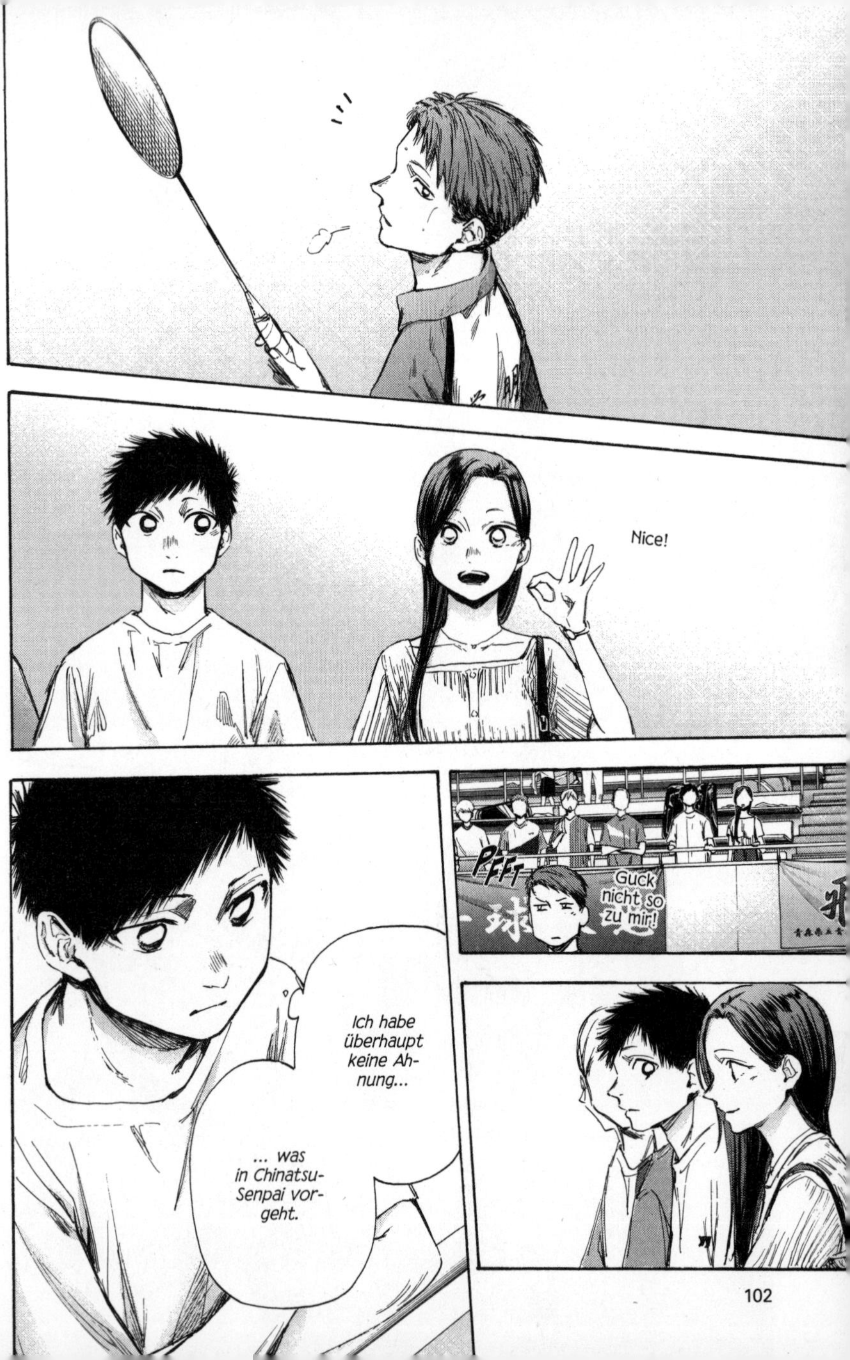
Nice!
PFFT
Guck nicht so zu mir!
Ich habe überhaupt keine Ahnung...
... was in Chinatsu-Senpai vorgeht.

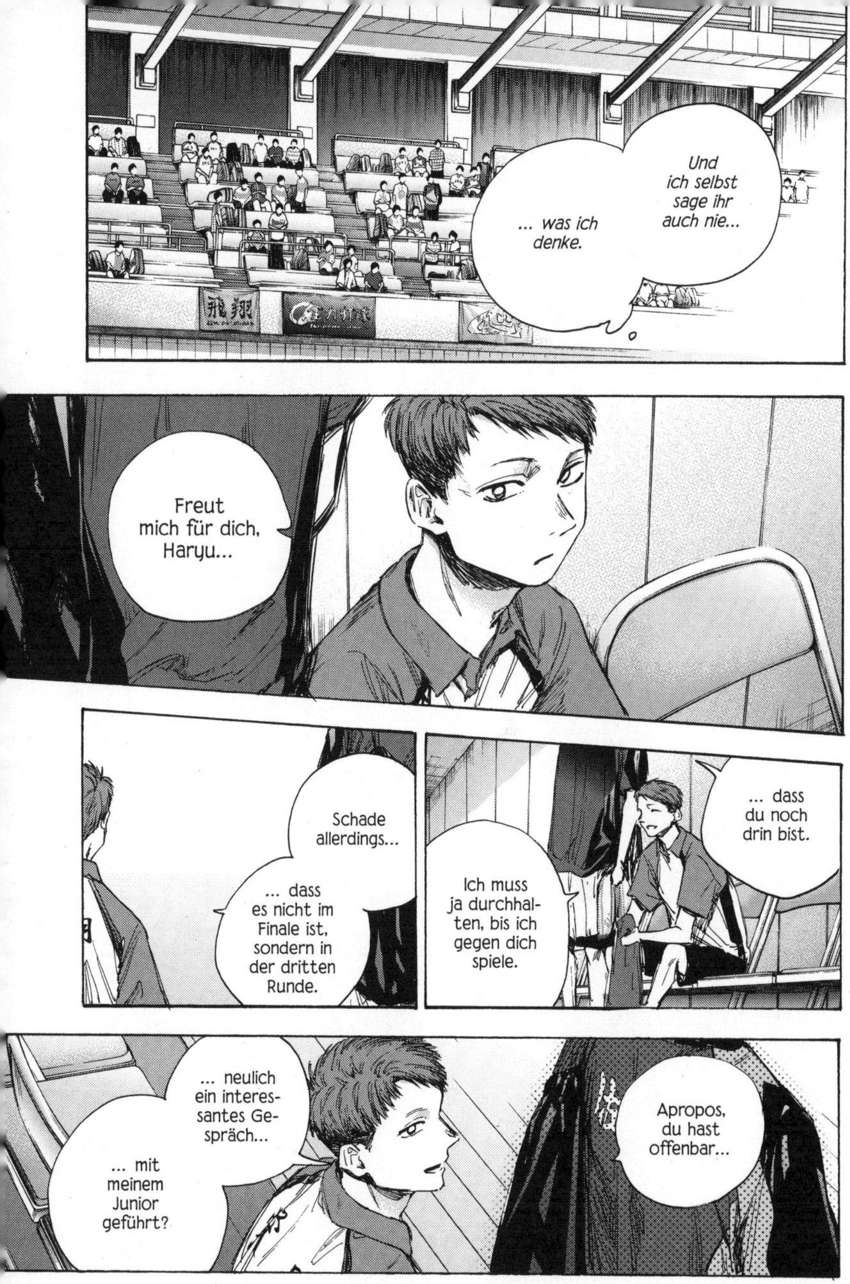
Und ich selbst sage ihr auch nie...
... was ich denke.
Freut mich für dich, Haryu...
... dass du noch drin bist.
Ich muss ja durchhalten, bis ich gegen dich spiele.
Schade allerdings...
... dass es nicht im Finale ist, sondern in der dritten Runde.
Apropos, du hast offenbar...
... neulich ein interessantes Gespräch...
... mit meinem Junior geführt?

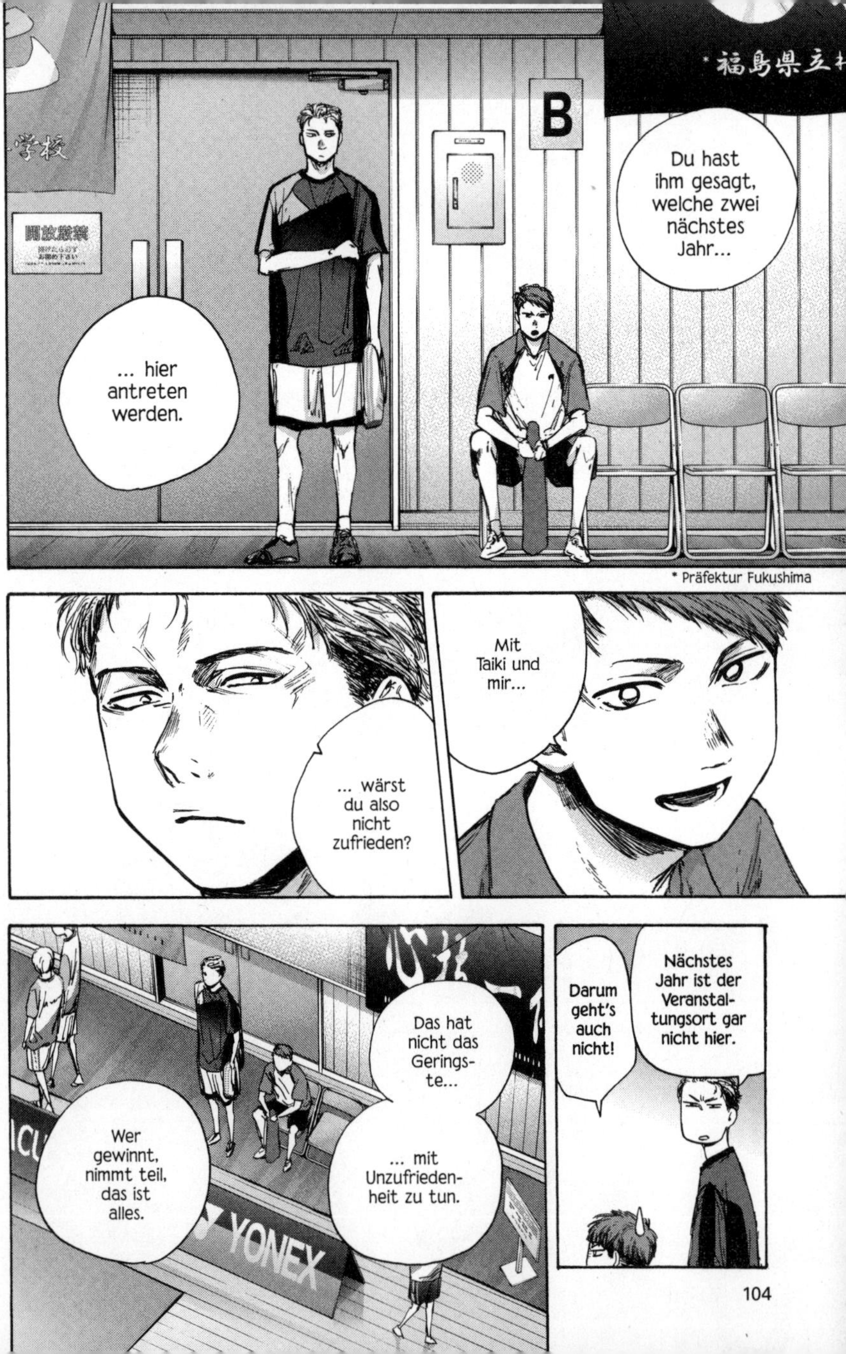
Du hast ihm gesagt, welche zwei nächstes Jahr...
... hier antreten werden.
* Präfektur Fukushima
Mit Taiki und mir...
... wärst du also nicht zufrieden?
Nächstes Jahr ist der Veranstal-tungsort gar nicht hier.
Darum geht's auch nicht!
Das hat nicht das Gerings-te...
... mit Unzufrieden-heit zu tun.
Wer gewinnt, nimmt teil, das ist alles.
YONEX

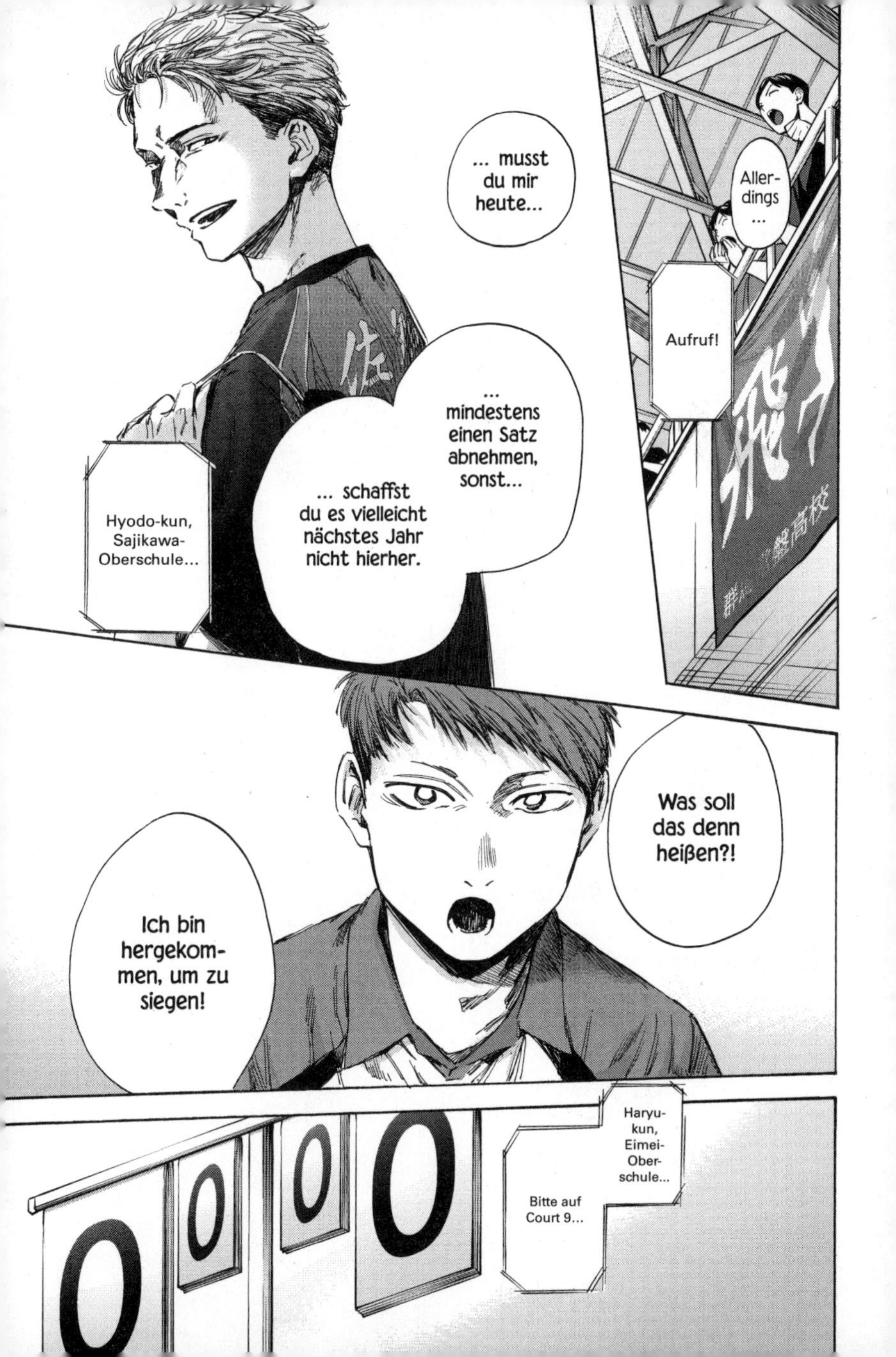

Aller-dings ...
Aufruf!
... musst du mir heute...
... mindestens einen Satz abnehmen, sonst...
... schaffst du es vielleicht nächstes Jahr nicht hierher.
Hyodo-kun, Sajikawa-Oberschule...
Was soll das denn heißen?!
Ich bin hergekom-men, um zu siegen!
Haryu-kun, Eimei-Ober-schule...
Bitte auf Court 9...

»Poster zur Feier des Valentinstags«, Beilage in Ausgabe 11, WJ 2022 (Japan)

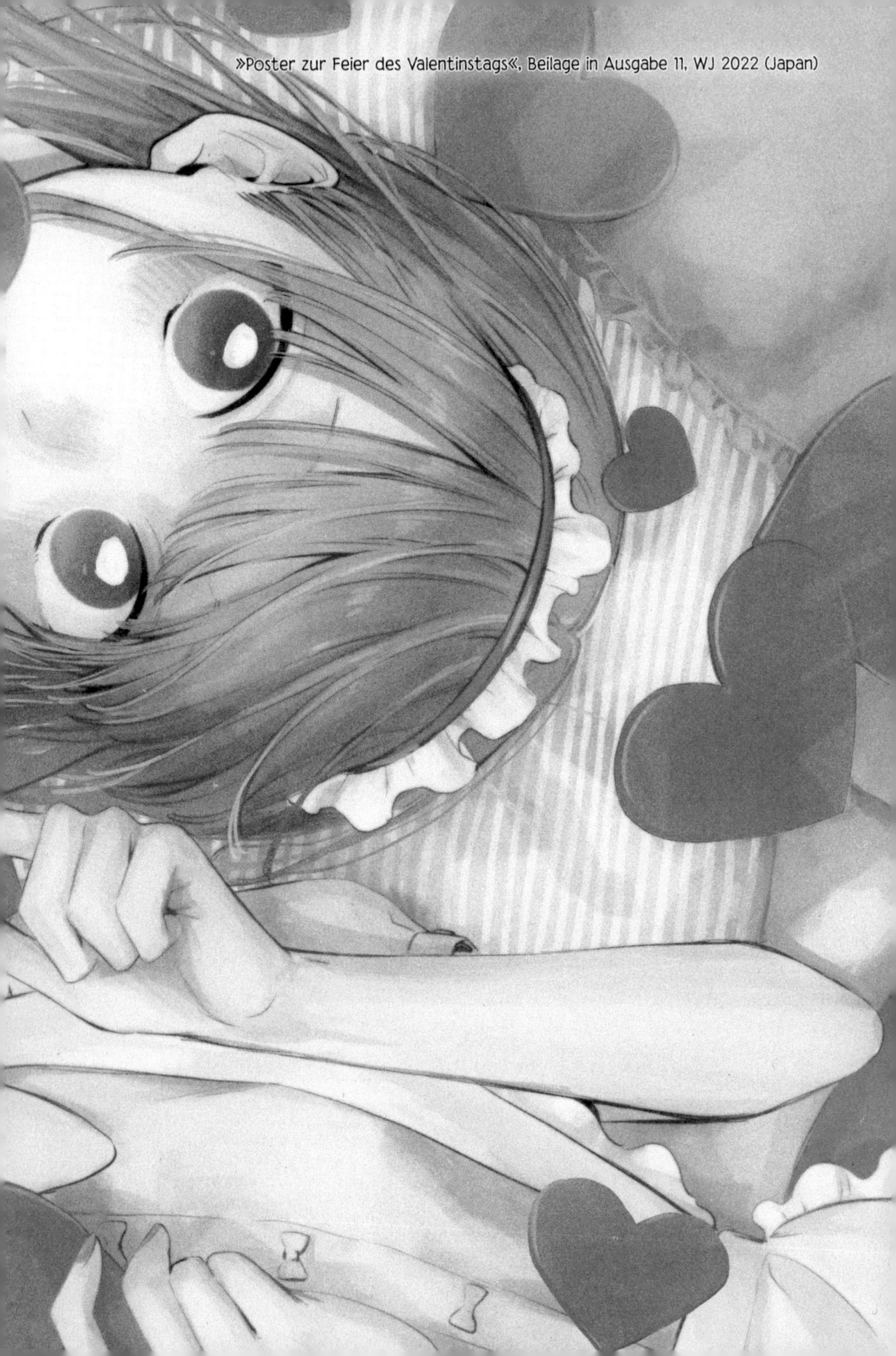

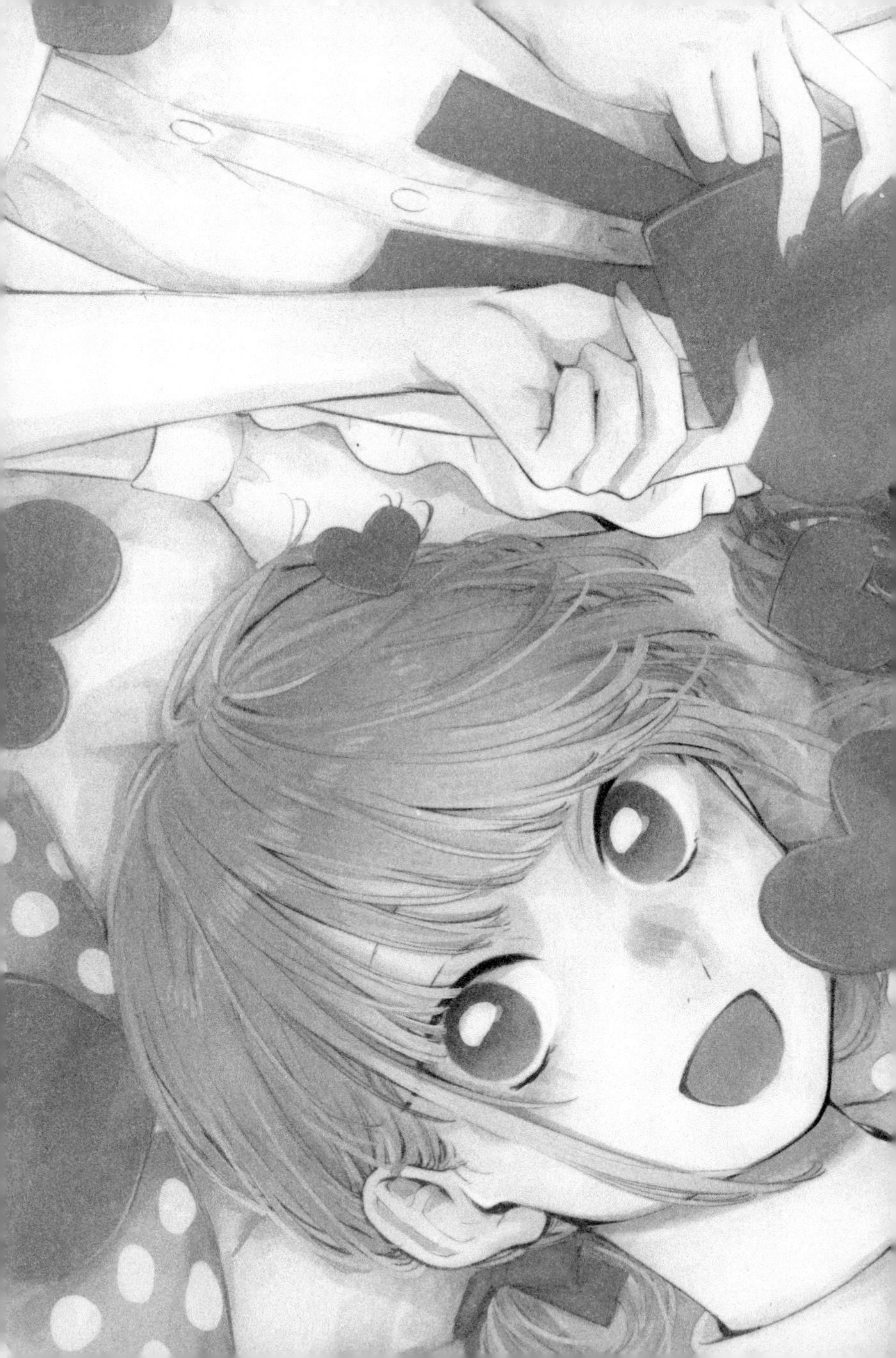

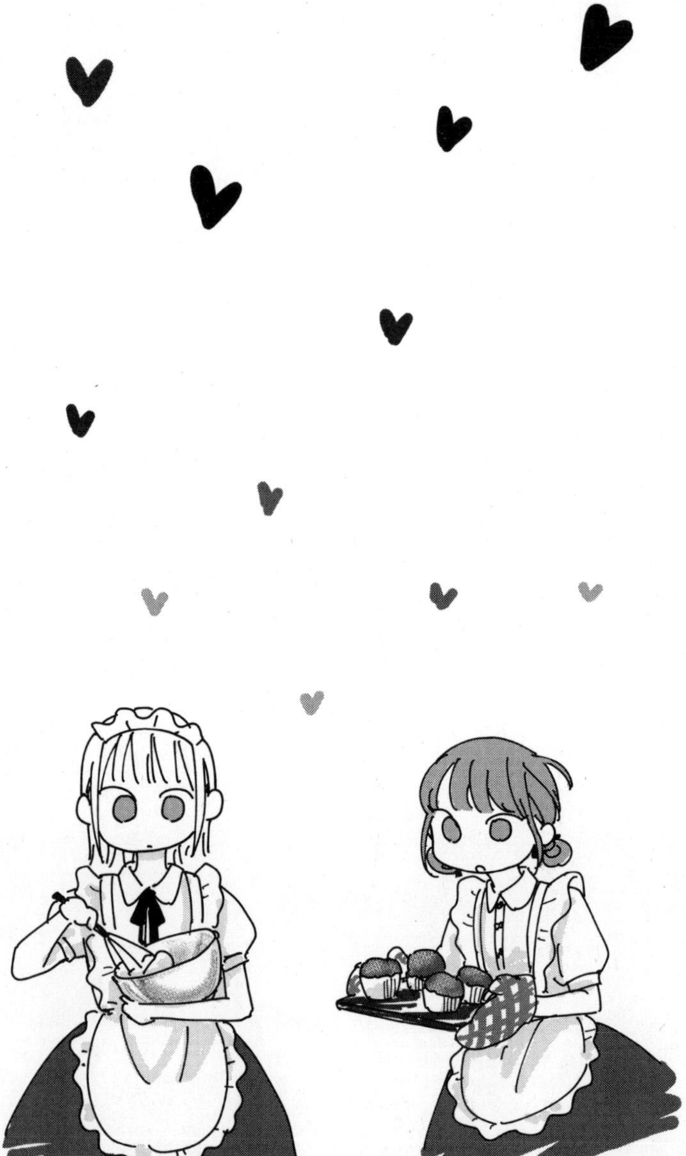

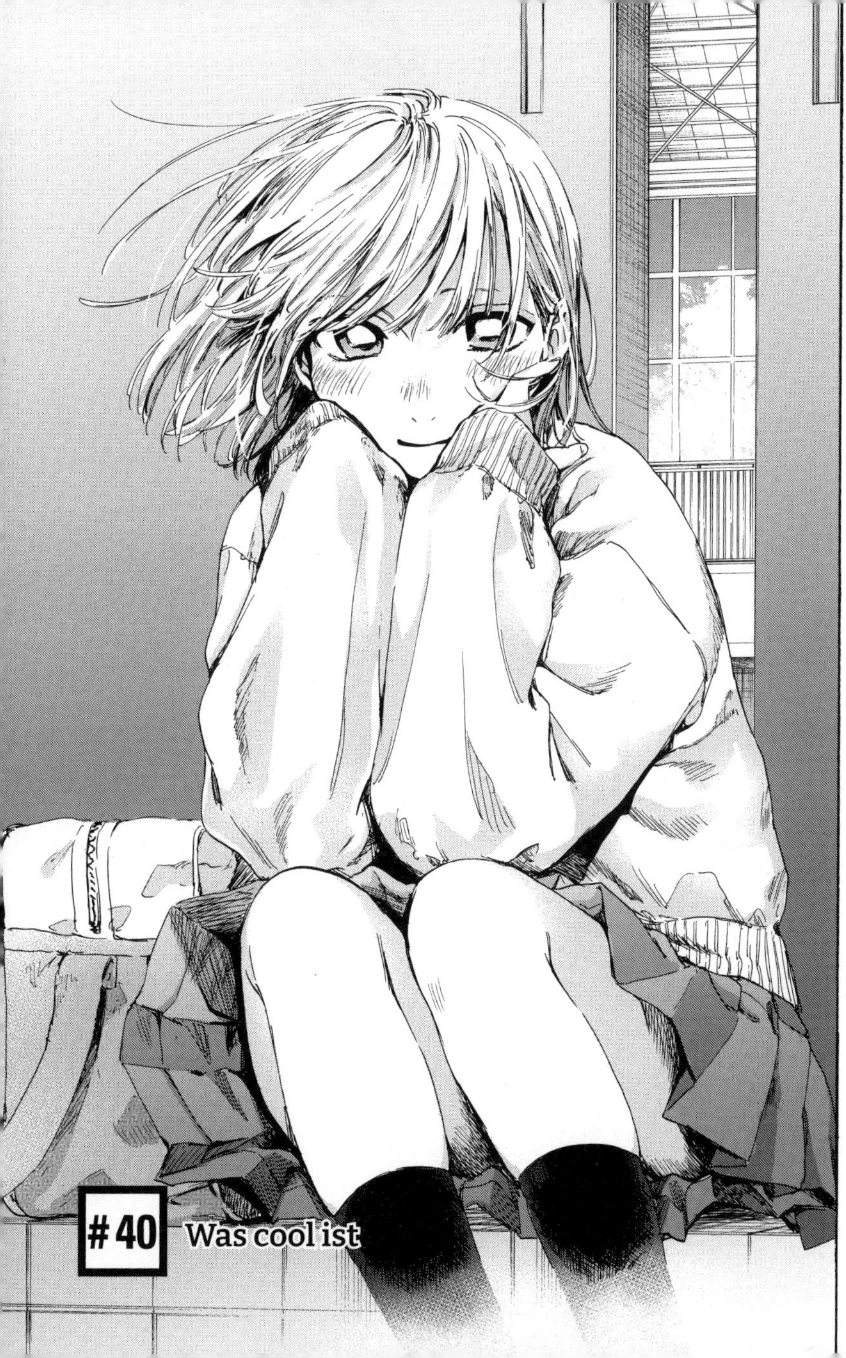
#40
Was cool ist

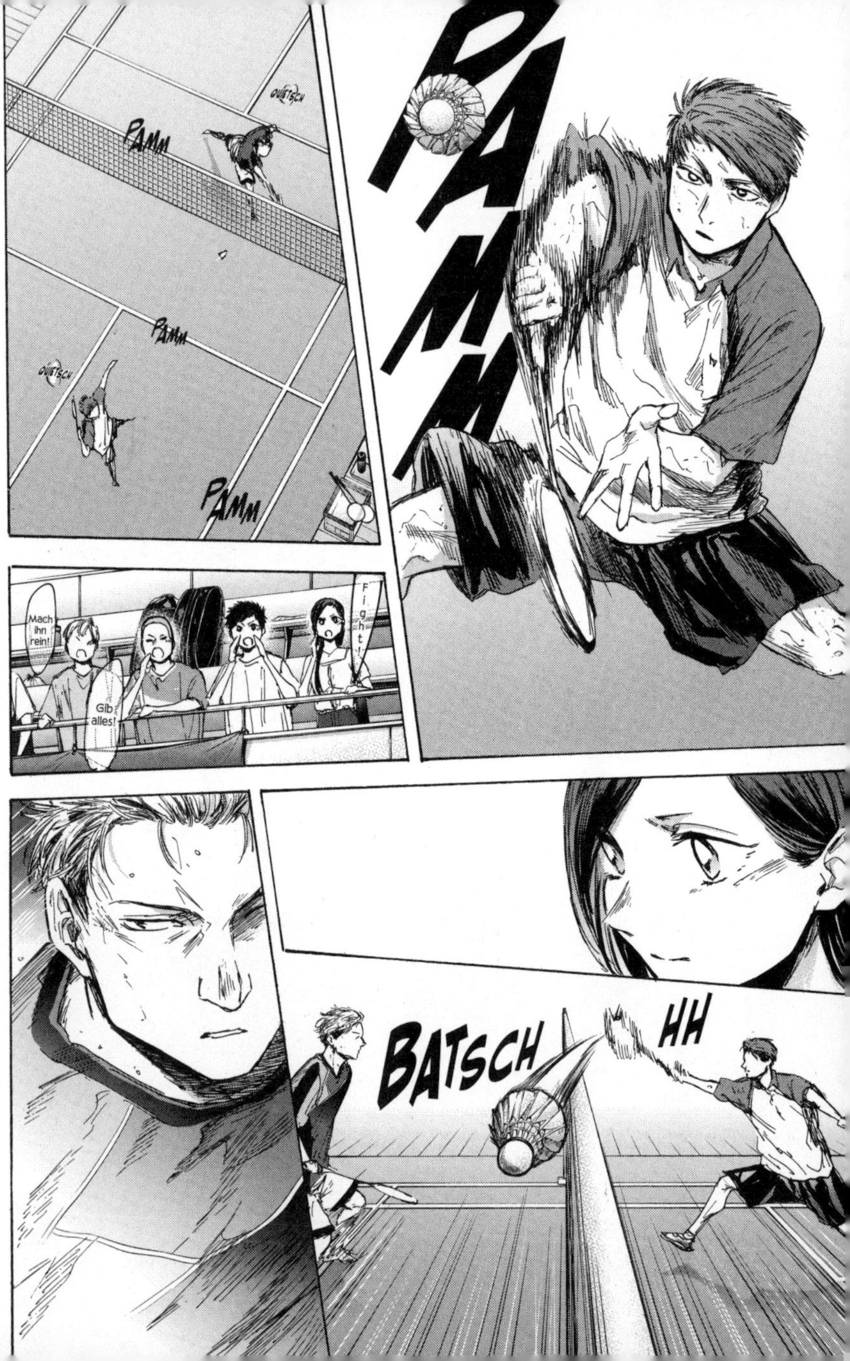
PAMM
PAMM
QUIETSCH
PAMM
QUIETSCH
PAMM
Fight!
Gib alles!
Mach ihn rein!
BATSCH
HH

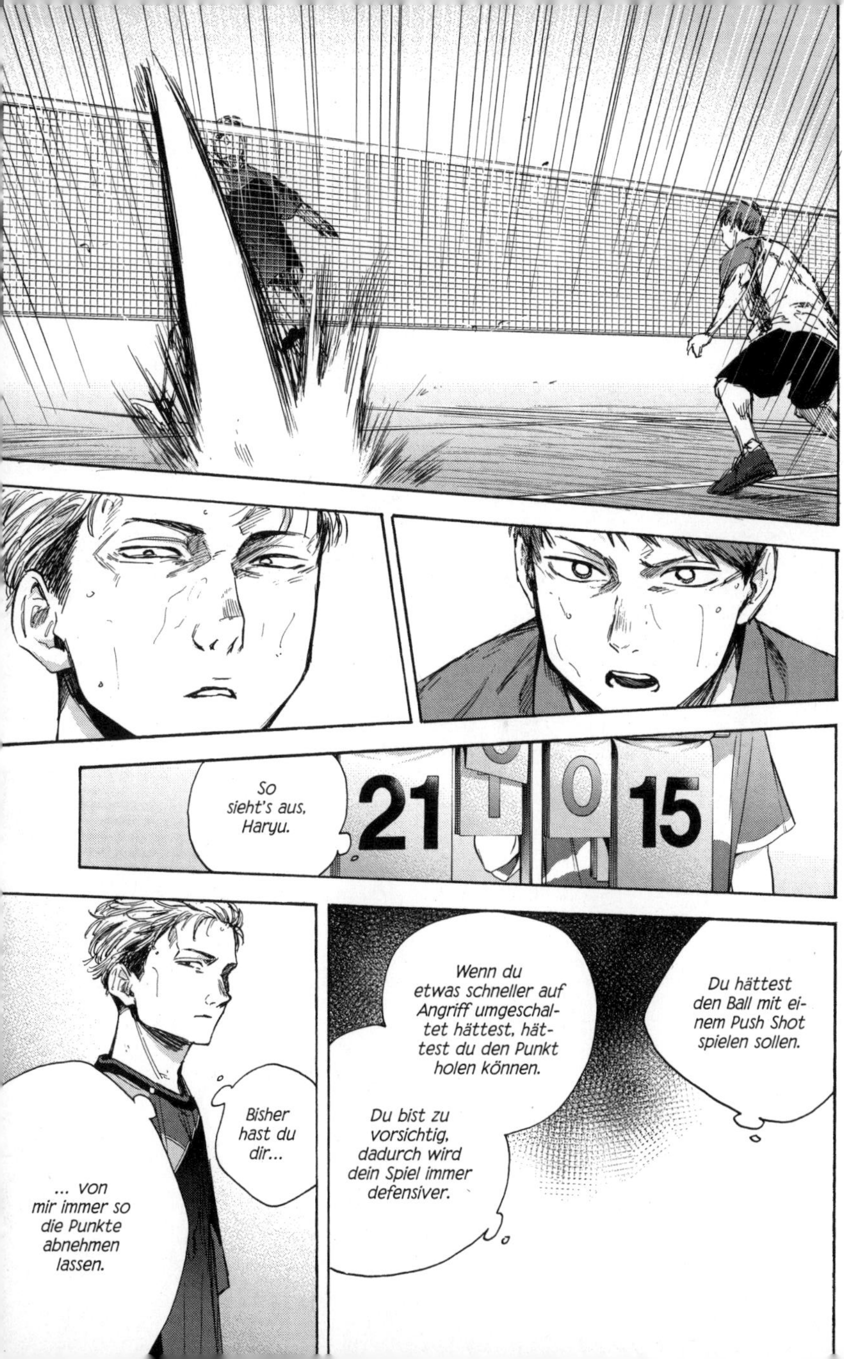

21
15
So sieht's aus, Haryu.
Du hättest den Ball mit einem Push Shot spielen sollen.
Wenn du etwas schneller auf Angriff umgeschaltet hättest, hättest du den Punkt holen können.
Du bist zu vorsichtig, dadurch wird dein Spiel immer defensiver.
Bisher hast du dir...
... von mir immer so die Punkte abnehmen lassen.

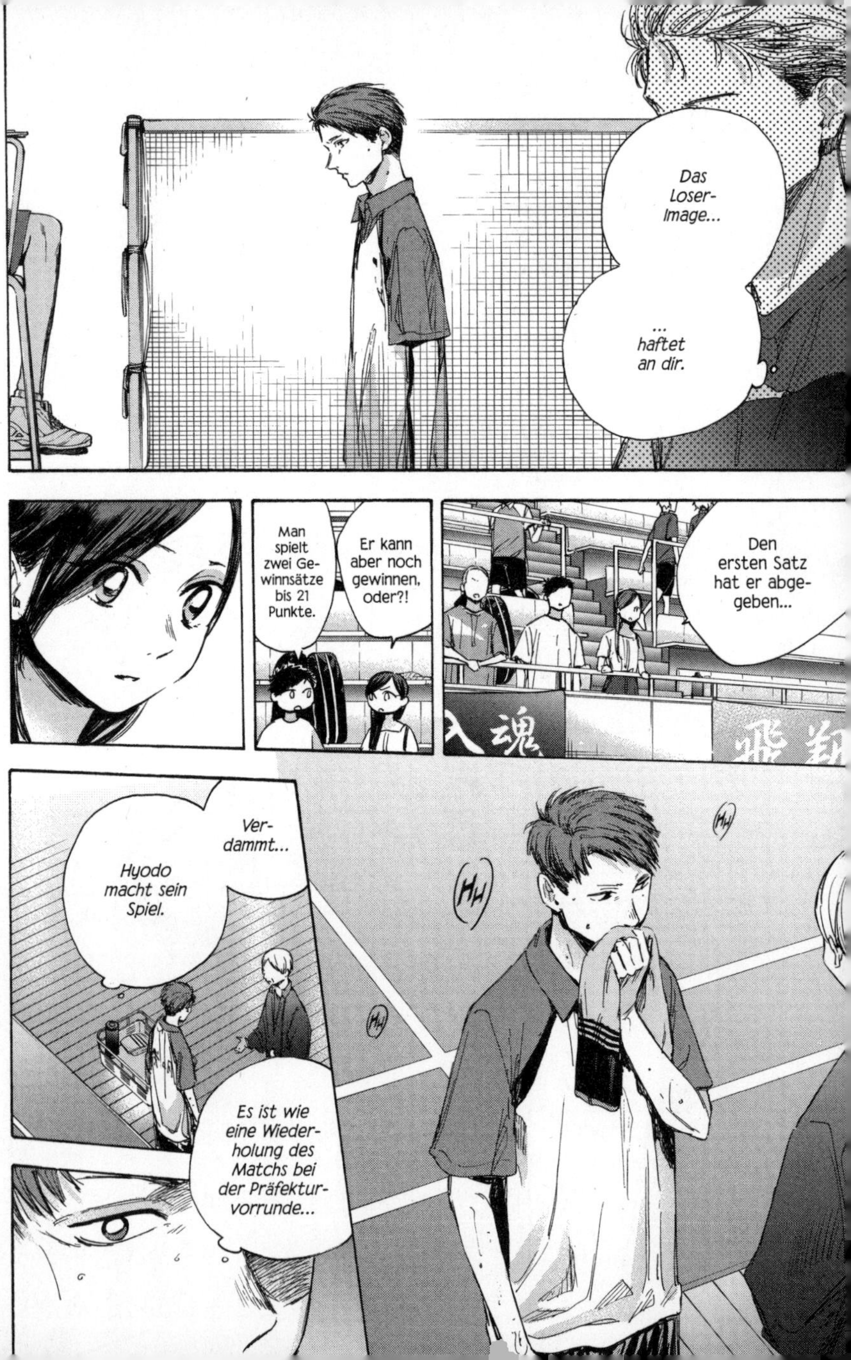
Das Loser-Image...
... haftet an dir.
Den ersten Satz hat er abgegeben...
Er kann aber noch gewinnen, oder?!
Man spielt zwei Gewinnsätze bis 21 Punkte.
Ver-dammt...
Hyodo macht sein Spiel.
Es ist wie eine Wiederholung des Matchs bei der Präfekturvorrunde...

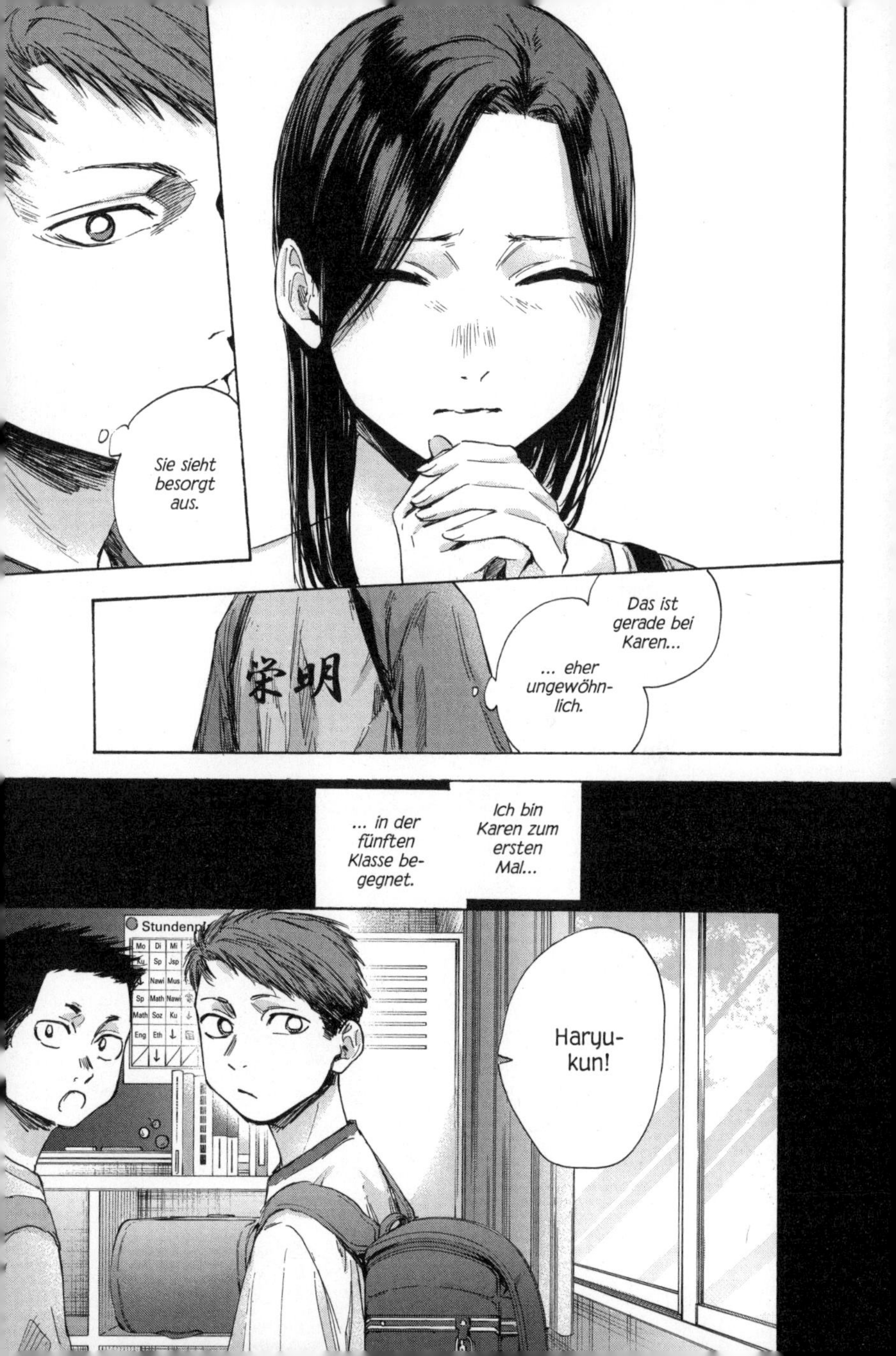
Sie sieht besorgt aus.
Das ist gerade bei Karen...
... eher ungewöhnlich.
Ich bin Karen zum ersten Mal...
... in der fünften Klasse begegnet.
Haryu-kun!
Stundenpl
Mo Di Mi
Ku Sp Jsp
Nawi Mus
Sp Math Nawi
Math Soz Ku
Eng Eth

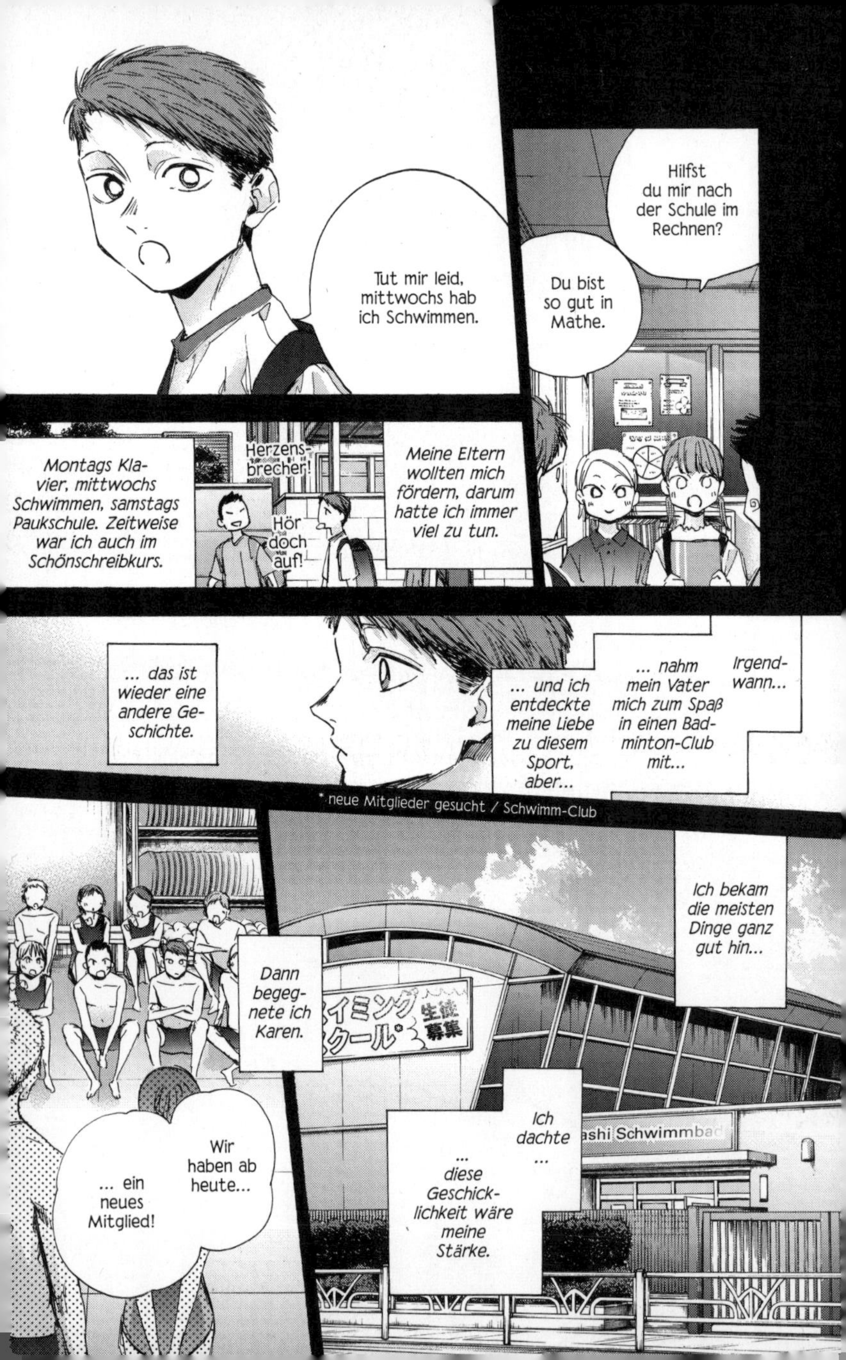
Hilfst du mir nach der Schule im Rechnen?
Du bist so gut in Mathe.
Tut mir leid, mittwochs hab ich Schwimmen.
Meine Eltern wollten mich fördern, darum hatte ich immer viel zu tun.
Herzensbrecher!
Hör doch auf!
Montags Klavier, mittwochs Schwimmen, samstags Paukschule. Zeitweise war ich auch im Schönschreibkurs.
Irgendwann...
... nahm mein Vater mich zum Spaß in einen Badminton-Club mit...
... und ich entdeckte meine Liebe zu diesem Sport, aber...
... das ist wieder eine andere Geschichte.
* neue Mitglieder gesucht / Schwimm-Club
Ich bekam die meisten Dinge ganz gut hin...
Ich dachte ...
... diese Geschicklichkeit wäre meine Stärke.
ashi Schwimmbad
イミング
スクール*
生徒募集
Dann begegnete ich Karen.
Wir haben ab heute...
... ein neues Mitglied!

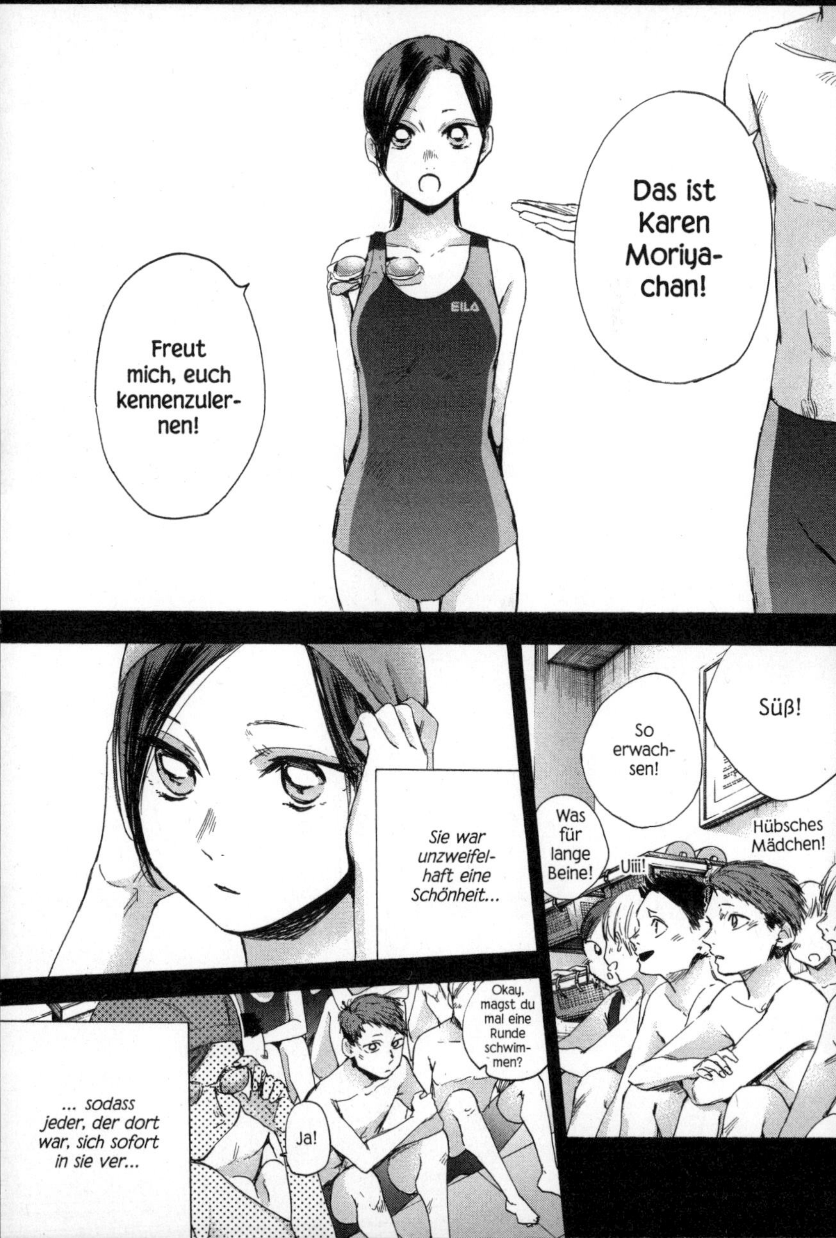
Das ist Karen Moriya-chan!
Freut mich, euch kennenzulernen!
Süß!
So erwachsen!
Hübsches Mädchen!
Was für lange Beine!
Uiii!
Sie war unzweifelhaft eine Schönheit...
Okay, magst du mal eine Runde schwimmen?
Ja!
... sodass jeder, der dort war, sich sofort in sie ver...

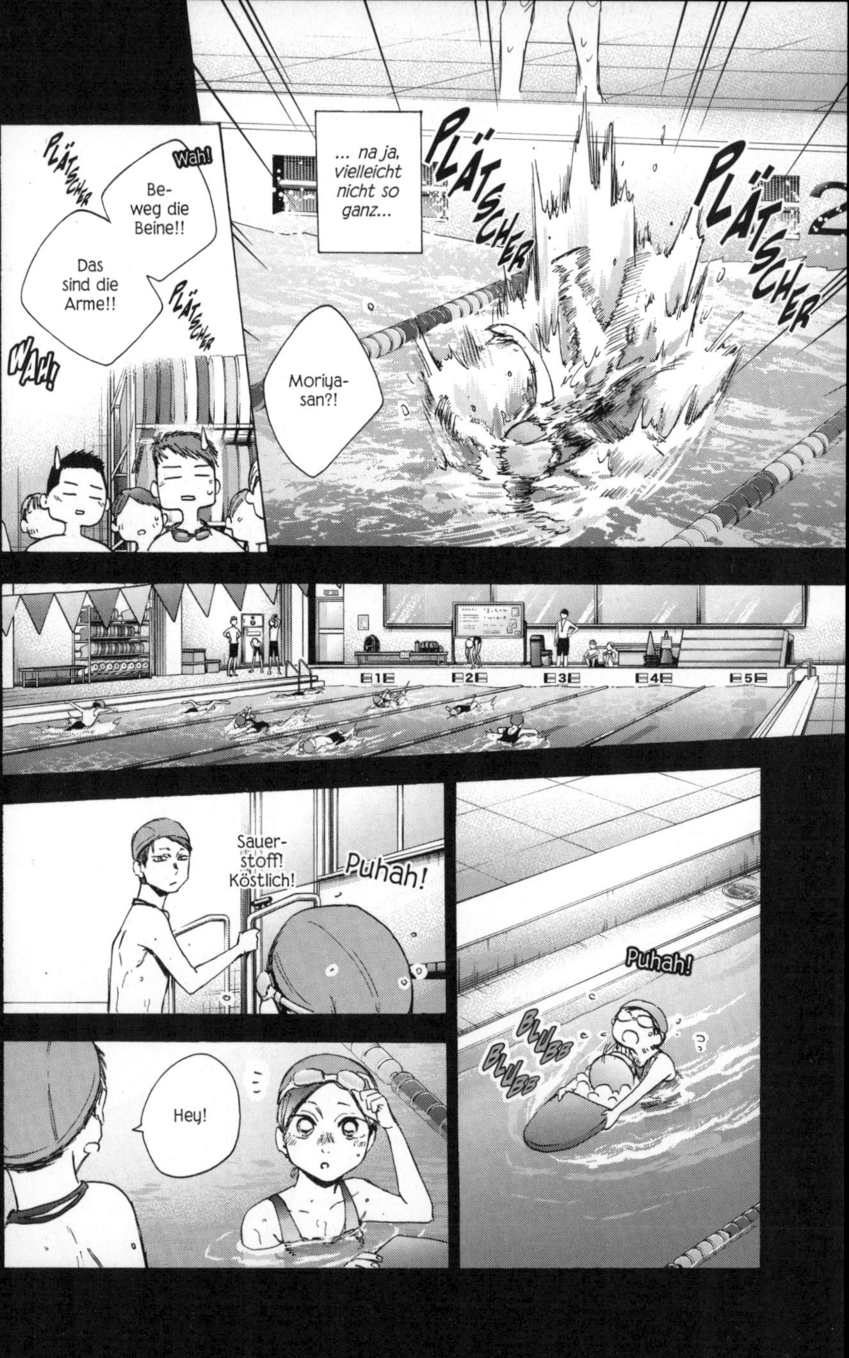
PLÄTSCHER
PLÄTSCHER
... na ja, vielleicht nicht so ganz...
Moriya-san?!
Wah!
Be-weg die Beine!!
Das sind die Arme!!
PLÄTSCHER
PLÄTSCHER
WAH!
1
2
3
4
5
Puhah!
BLUBB
BLUBB
Sauer-stoff! Köstlich!
Puhah!
Hey!

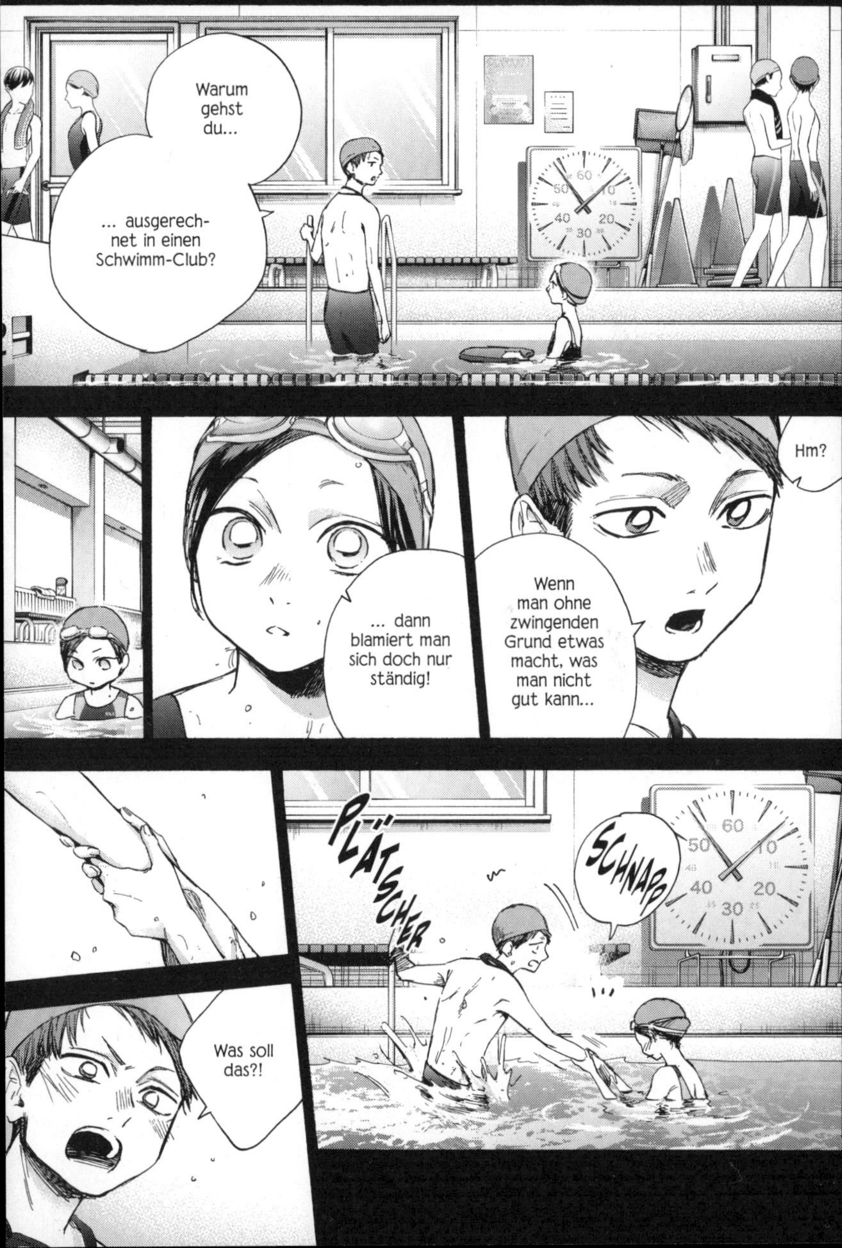
Warum gehst du...
... ausgerechnet in einen Schwimm-Club?
Hm?
Wenn man ohne zwingenden Grund etwas macht, was man nicht gut kann...
... dann blamiert man sich doch nur ständig!
SCHNAPP
PLÄTSCHER
Was soll das?!

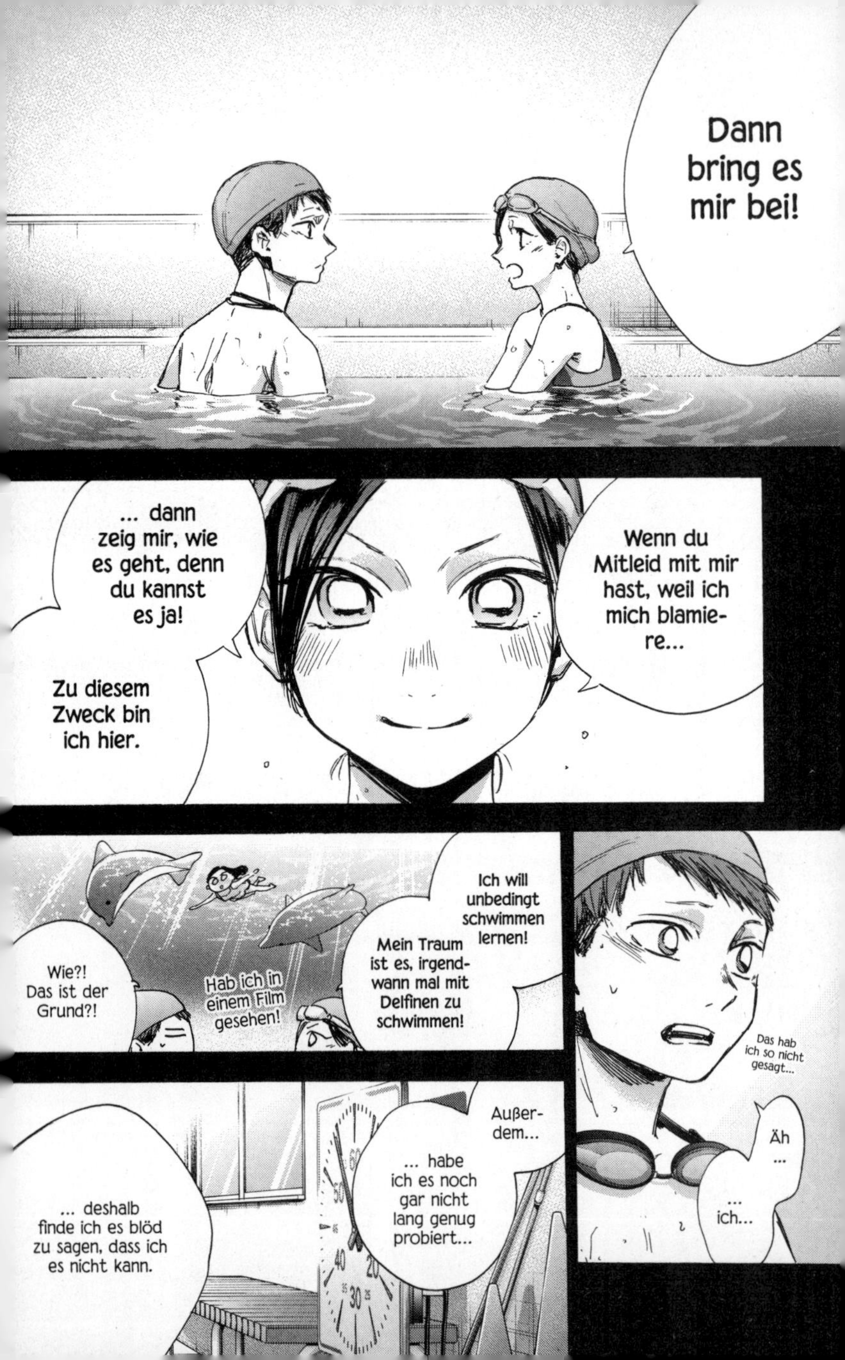
Dann bring es mir bei!
Wenn du Mitleid mit mir hast, weil ich mich blamiere...
... dann zeig mir, wie es geht, denn du kannst es ja!
Zu diesem Zweck bin ich hier.
Ich will unbedingt schwimmen lernen!
Mein Traum ist es, irgendwann mal mit Delfinen zu schwimmen!
Hab ich in einem Film gesehen!
Wie?! Das ist der Grund?!
Außerdem...
... habe ich es noch gar nicht lang genug probiert...
... deshalb finde ich es blöd zu sagen, dass ich es nicht kann.
Das hab ich so nicht gesagt...
Äh ...
... ich...

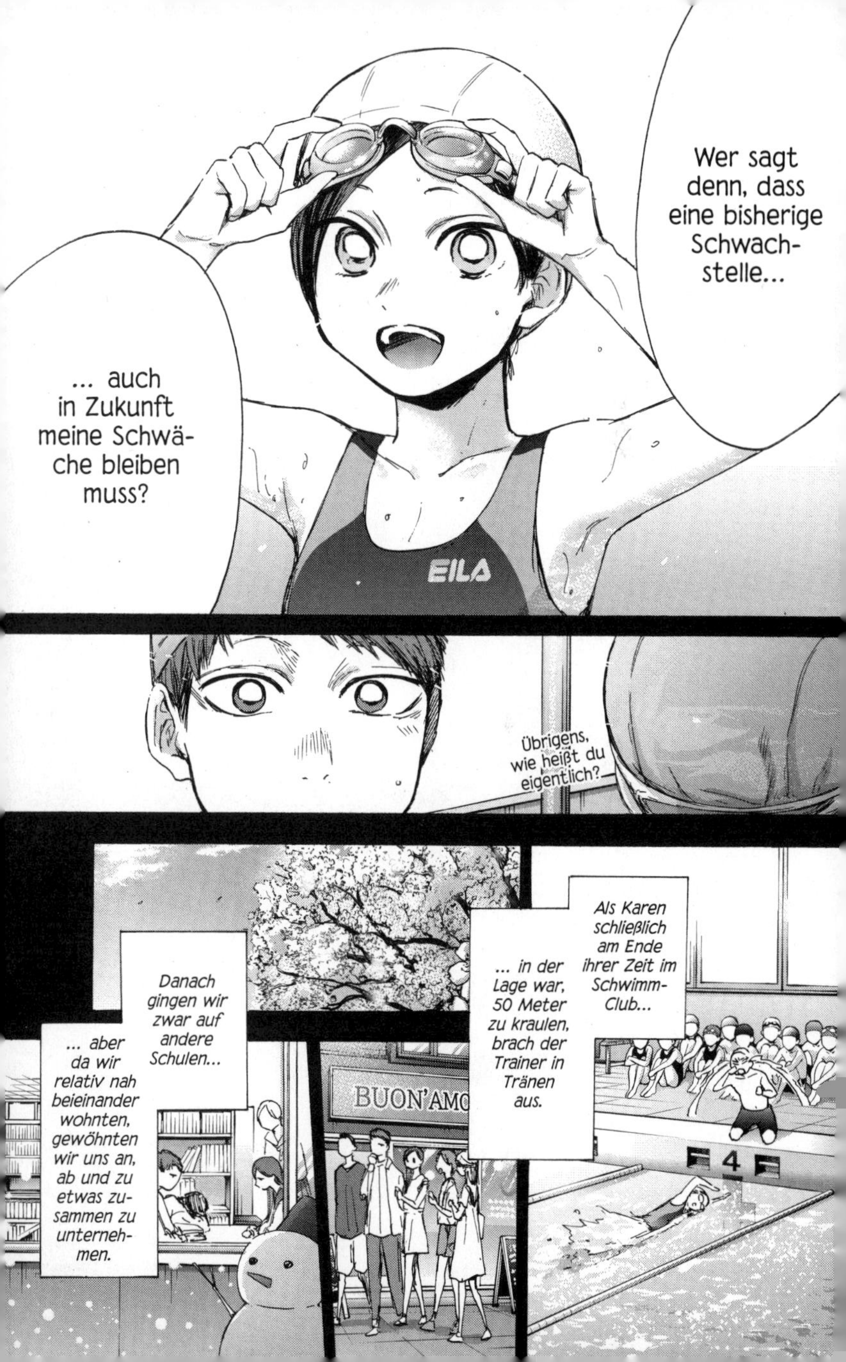
Wer sagt denn, dass eine bisherige Schwach-stelle...
... auch in Zukunft meine Schwä-che bleiben muss?
EILA
Übrigens, wie heißt du eigentlich?
Als Karen schließlich am Ende ihrer Zeit im Schwimm-Club...
... in der Lage war, 50 Meter zu kraulen, brach der Trainer in Tränen aus.
4
Danach gingen wir zwar auf andere Schulen...
... aber da wir relativ nah beieinander wohnten, gewöhnten wir uns an, ab und zu etwas zu-sammen zu unterneh-men.
BUON'AMO

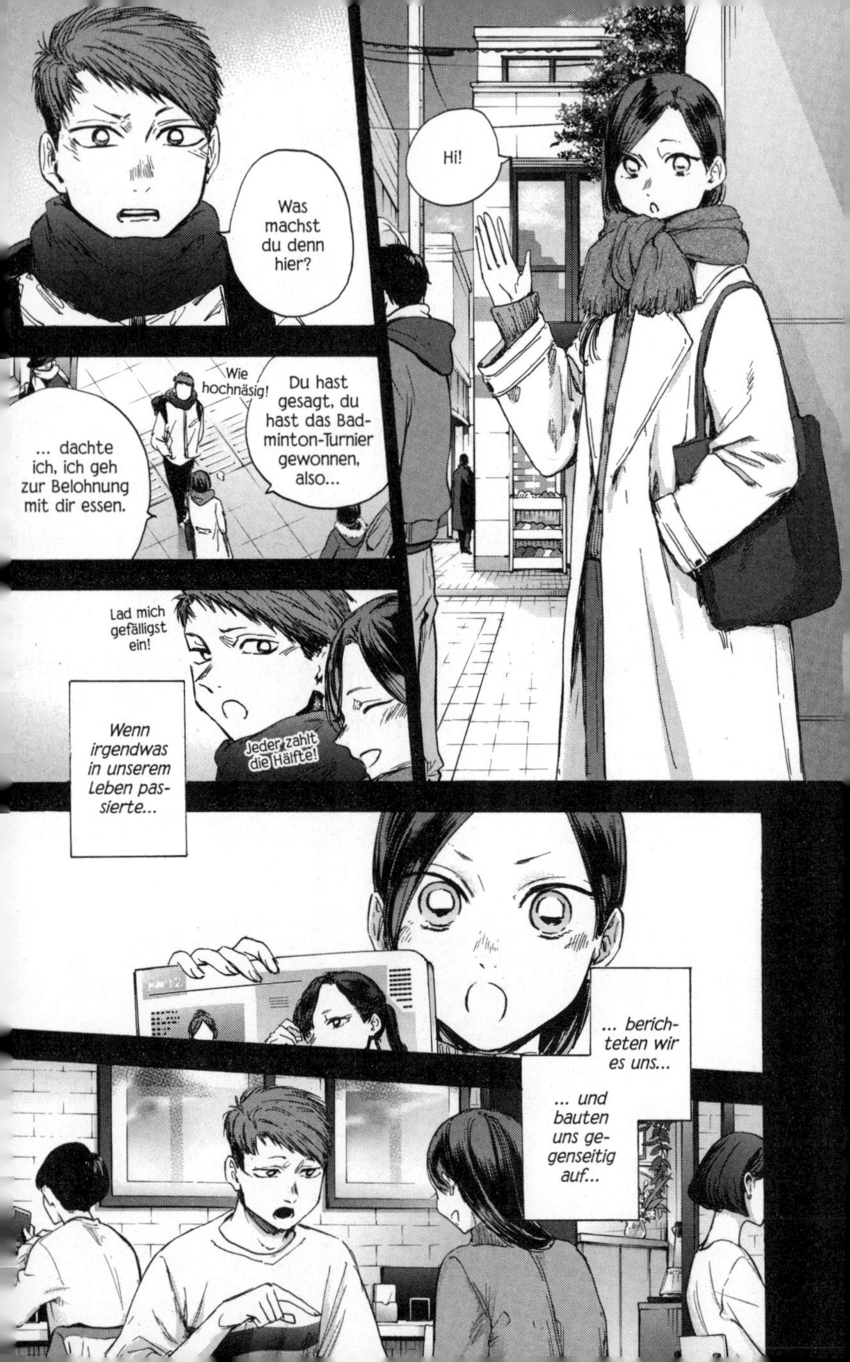
Hi!
Was machst du denn hier?
Du hast gesagt, du hast das Badminton-Turnier gewonnen, also...
Wie hochnäsig!
... dachte ich, ich geh zur Belohnung mit dir essen.
Lad mich gefälligst ein!
Jeder zahlt die Hälfte!
Wenn irgendwas in unserem Leben passierte...
... berichteten wir es uns...
... und bauten uns gegenseitig auf...

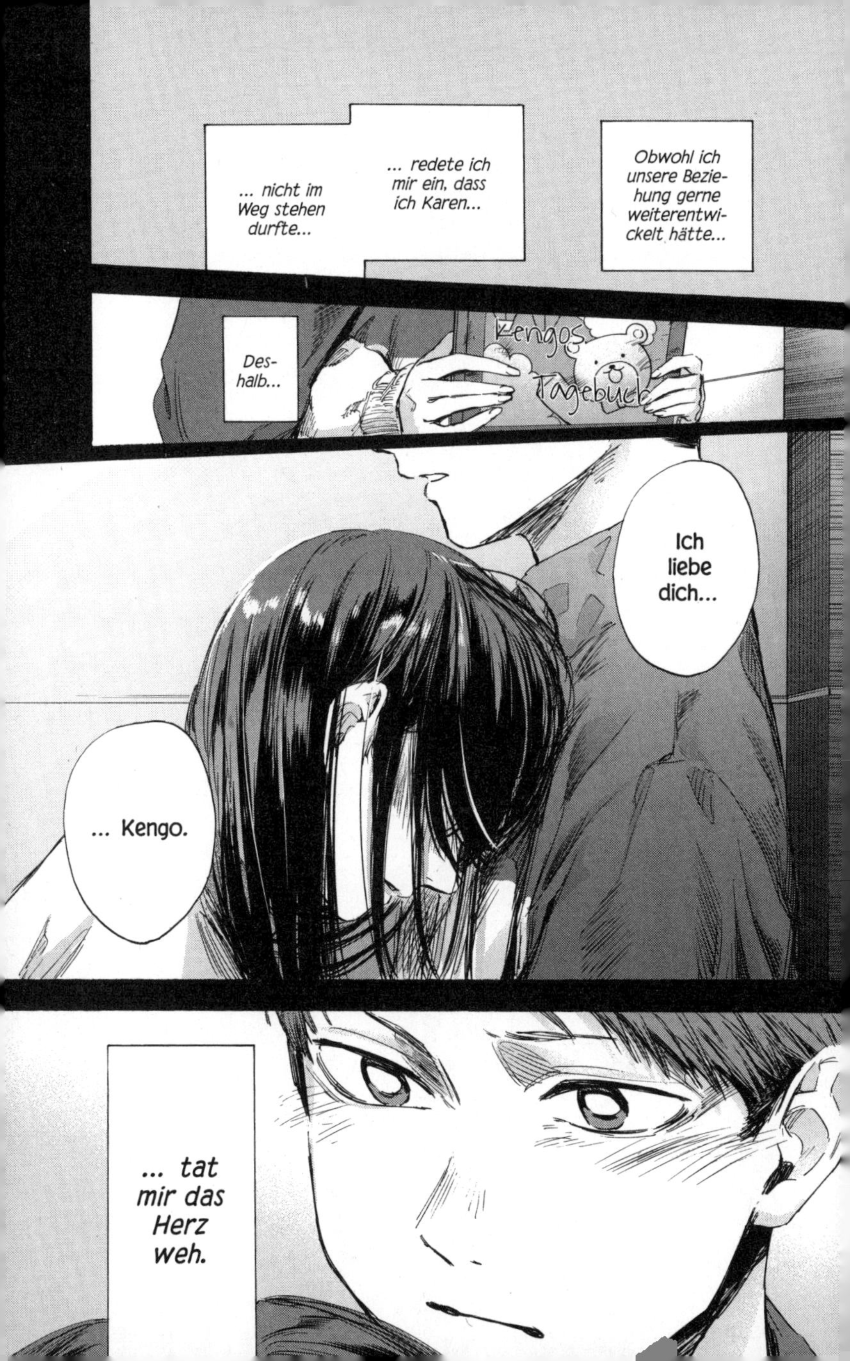
Obwohl ich unsere Beziehung gerne weiterentwickelt hätte...
... redete ich mir ein, dass ich Karen...
... nicht im Weg stehen durfte...
Kengos Tagebuch
Deshalb...
Ich liebe dich...
... Kengo.
... tat mir das Herz weh.

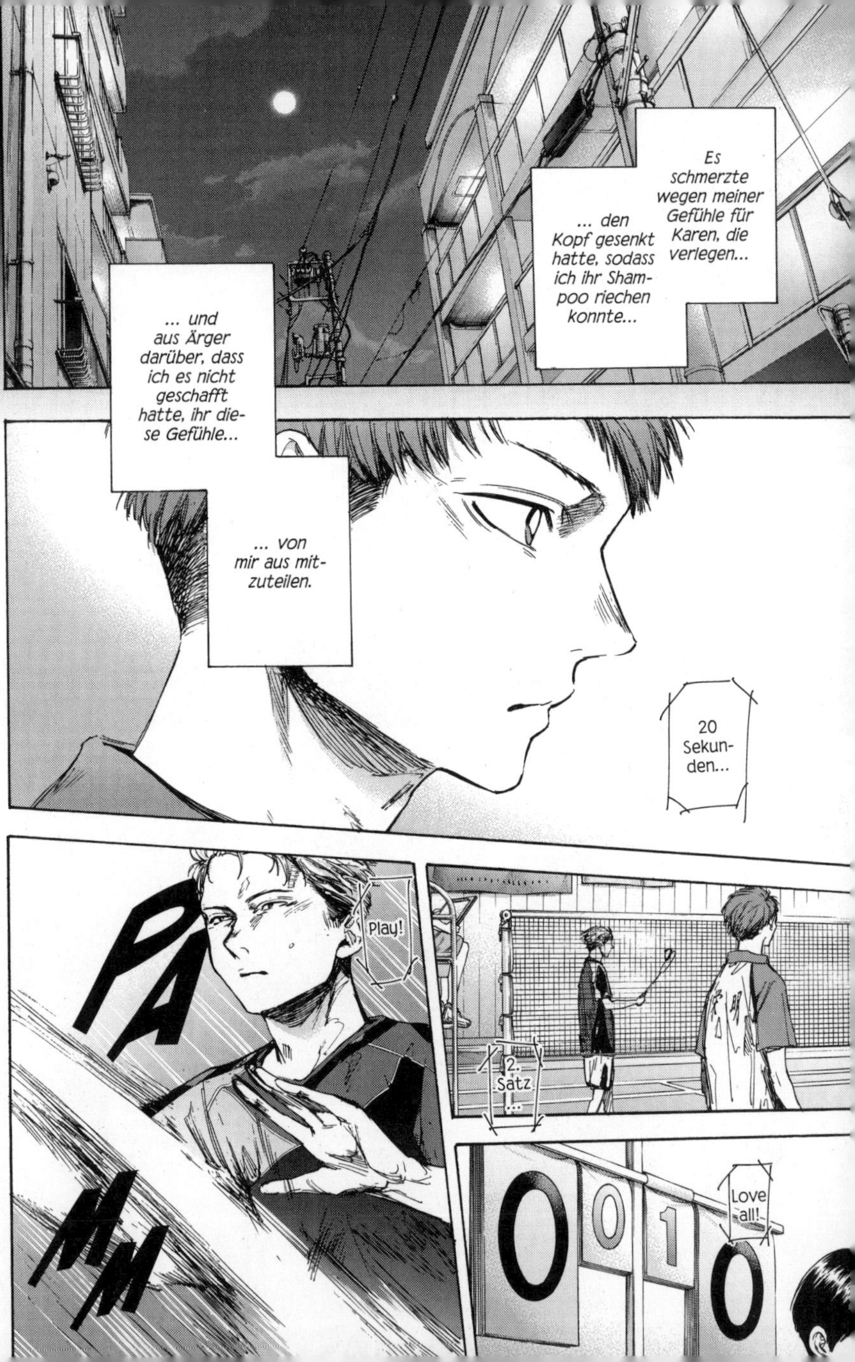
Es schmerzte wegen meiner Gefühle für Karen, die verlegen...
... den Kopf gesenkt hatte, sodass ich ihr Shampoo riechen konnte...
... und aus Ärger darüber, dass ich es nicht geschafft hatte, ihr diese Gefühle...
... von mir aus mitzuteilen.
20 Sekunden...
2. Satz ...
Play!
PAMM
Love all!
0 0 1 0

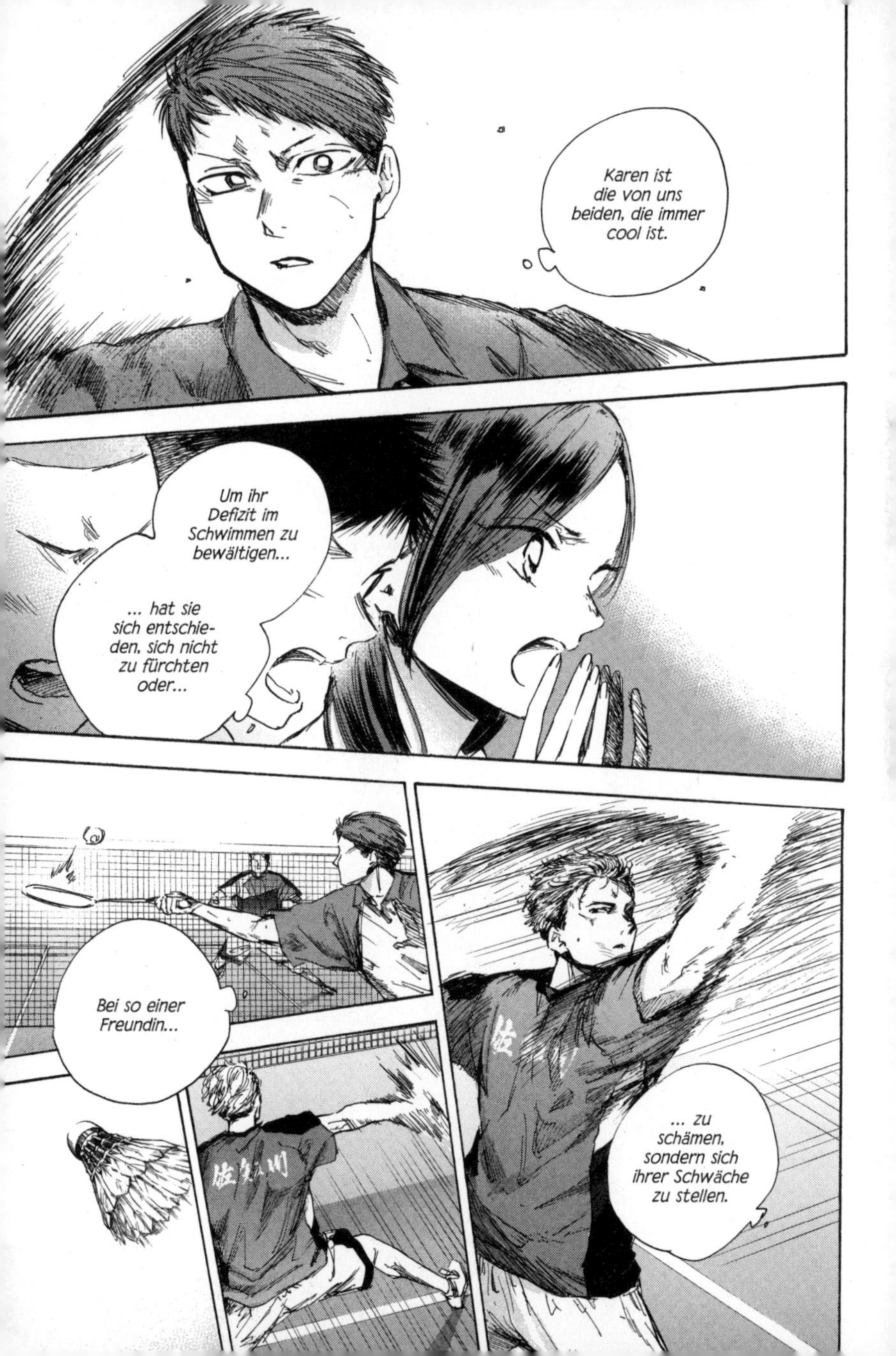
Karen ist die von uns beiden, die immer cool ist.
Um ihr Defizit im Schwimmen zu bewältigen...
... hat sie sich entschieden, sich nicht zu fürchten oder...
Bei so einer Freundin...
... zu schämen, sondern sich ihrer Schwäche zu stellen.

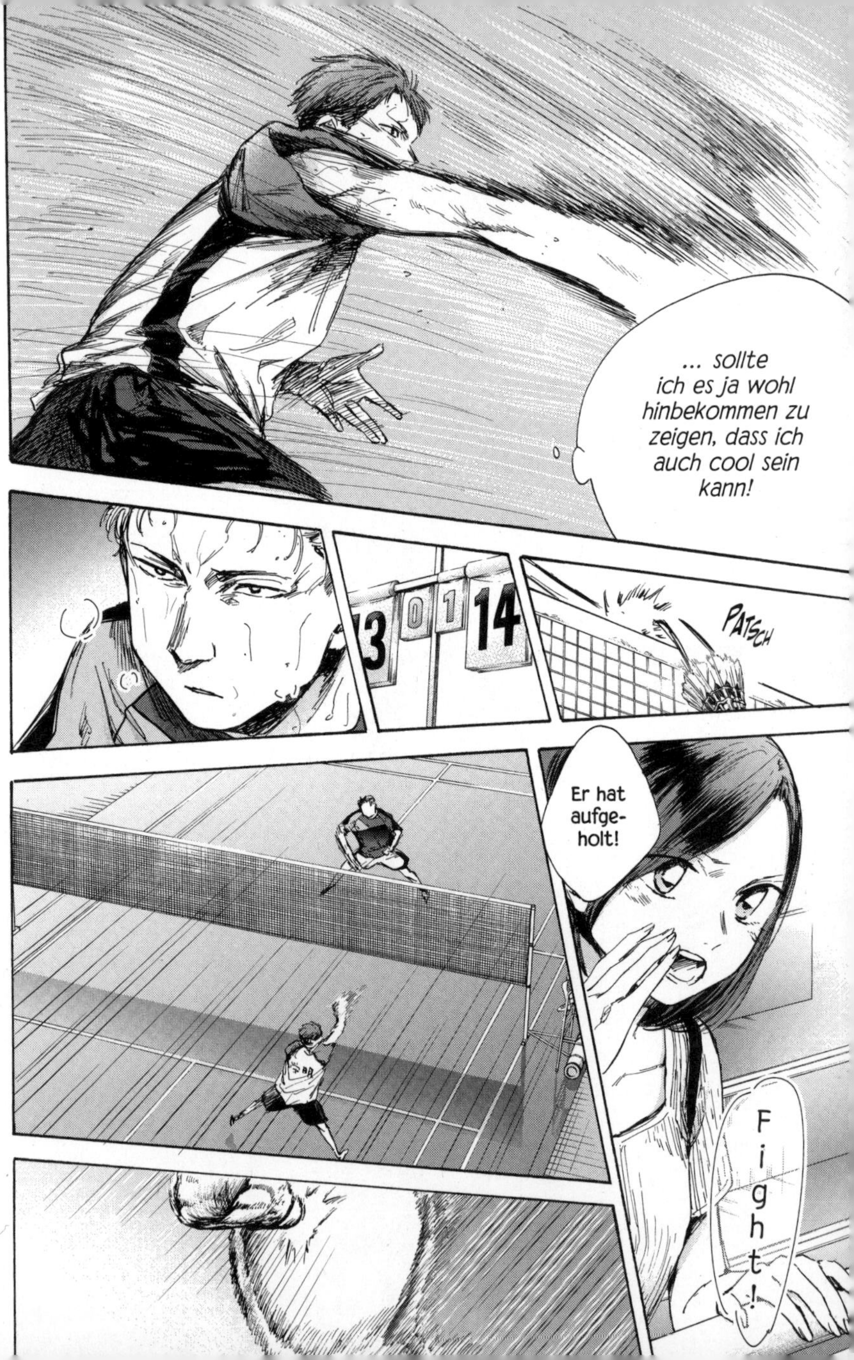
... sollte ich es ja wohl hinbekommen zu zeigen, dass ich auch cool sein kann!
13 0 1 14
PATSCH
Er hat aufgeholt!
Fight!

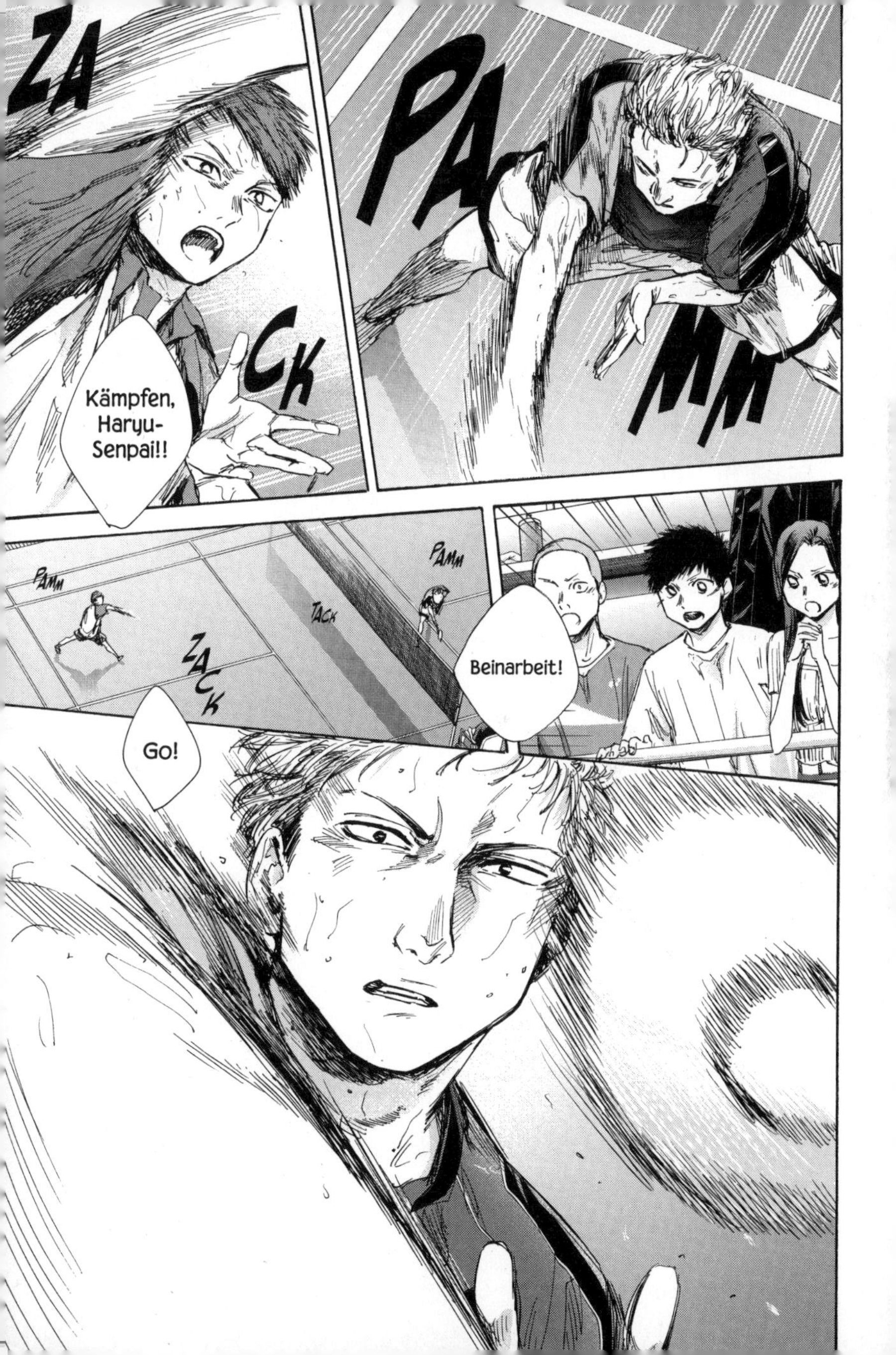

PA
MM
ZA
CK
Kämpfen, Haryu-Senpai!!
Beinarbeit!
PAMM
TACK
ZACK
PAMM
Go!

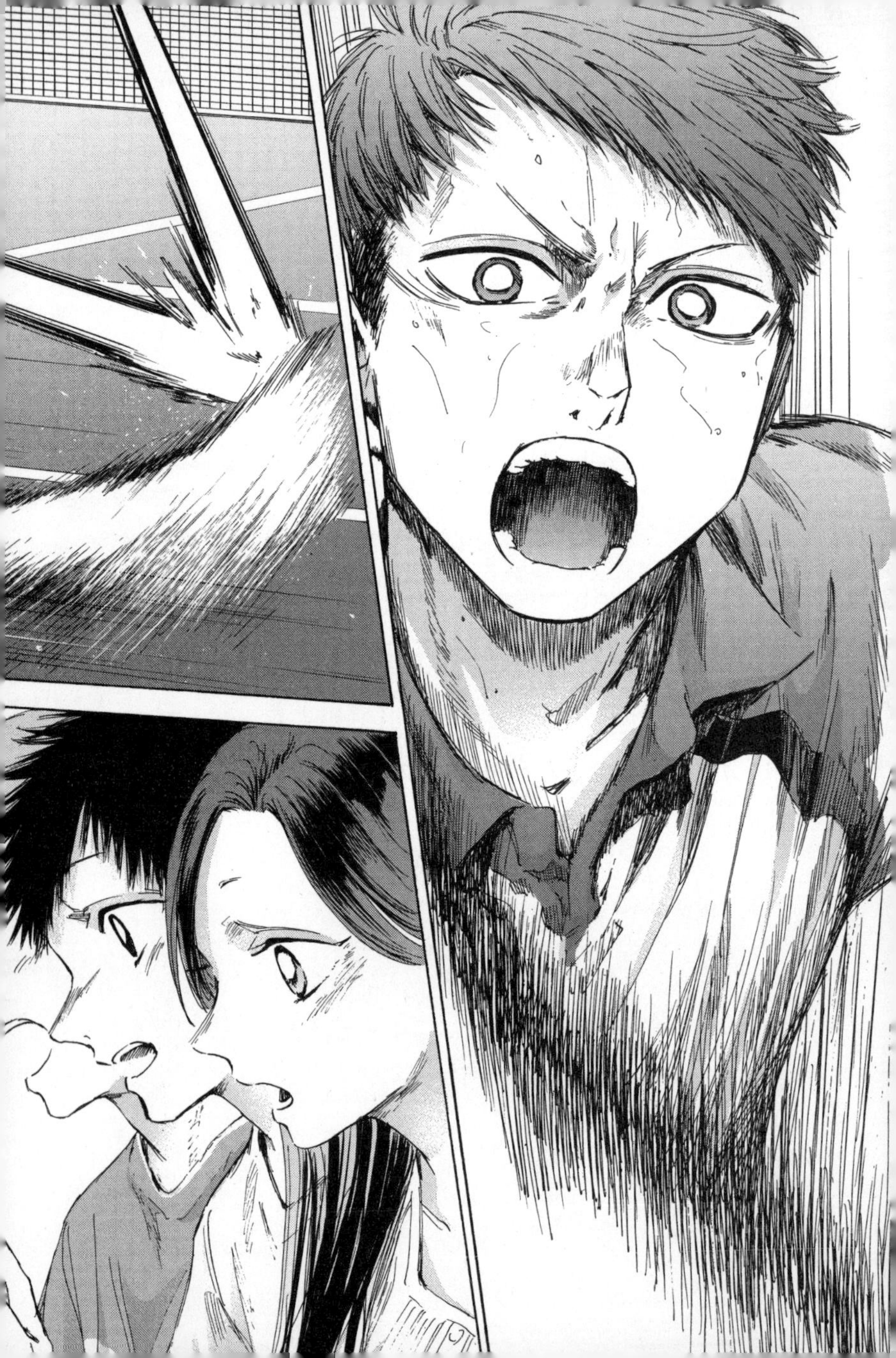

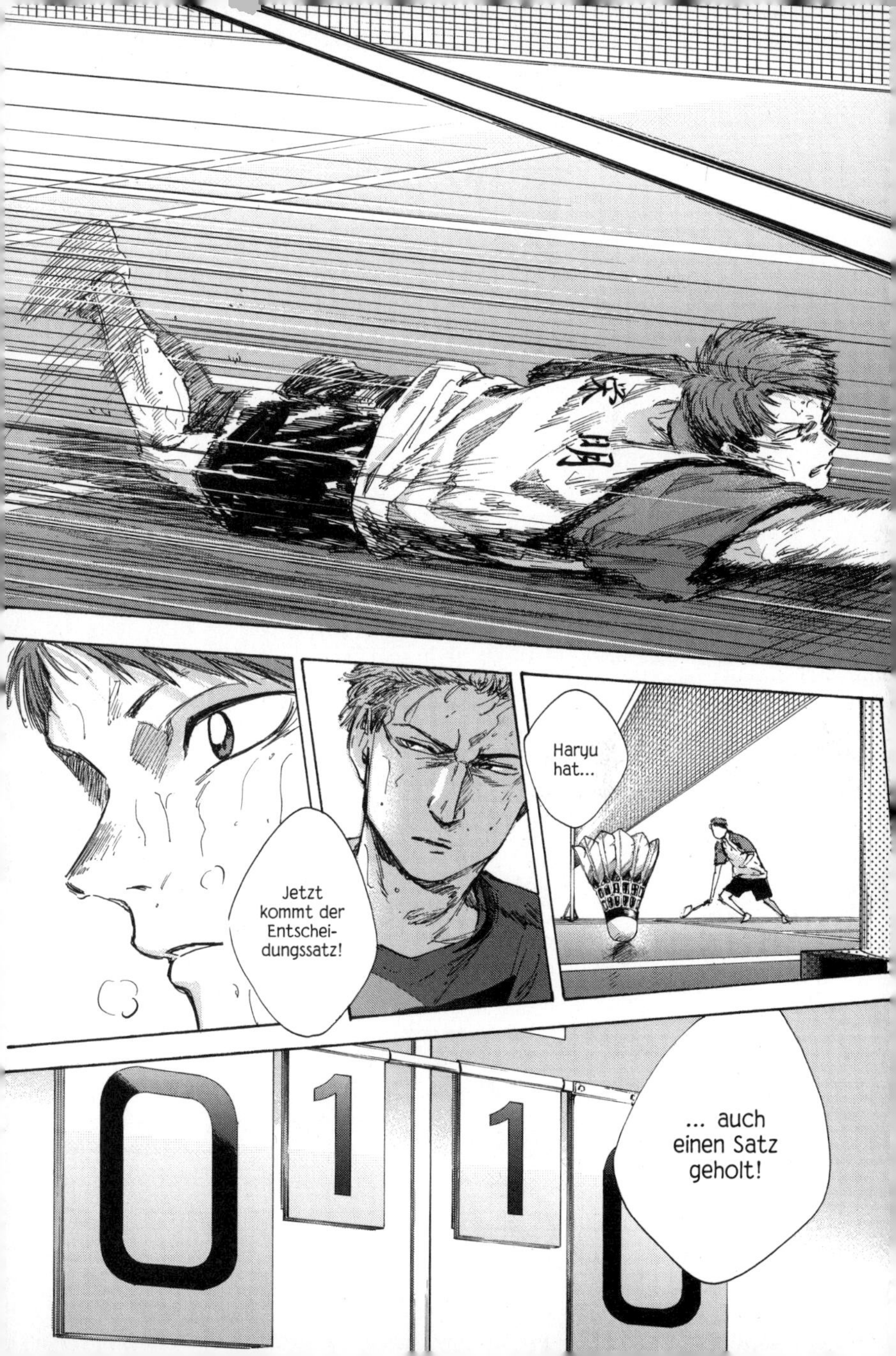
Haryu hat...
Jetzt kommt der Entschei-dungssatz!
... auch einen Satz geholt!
0
1
1
0

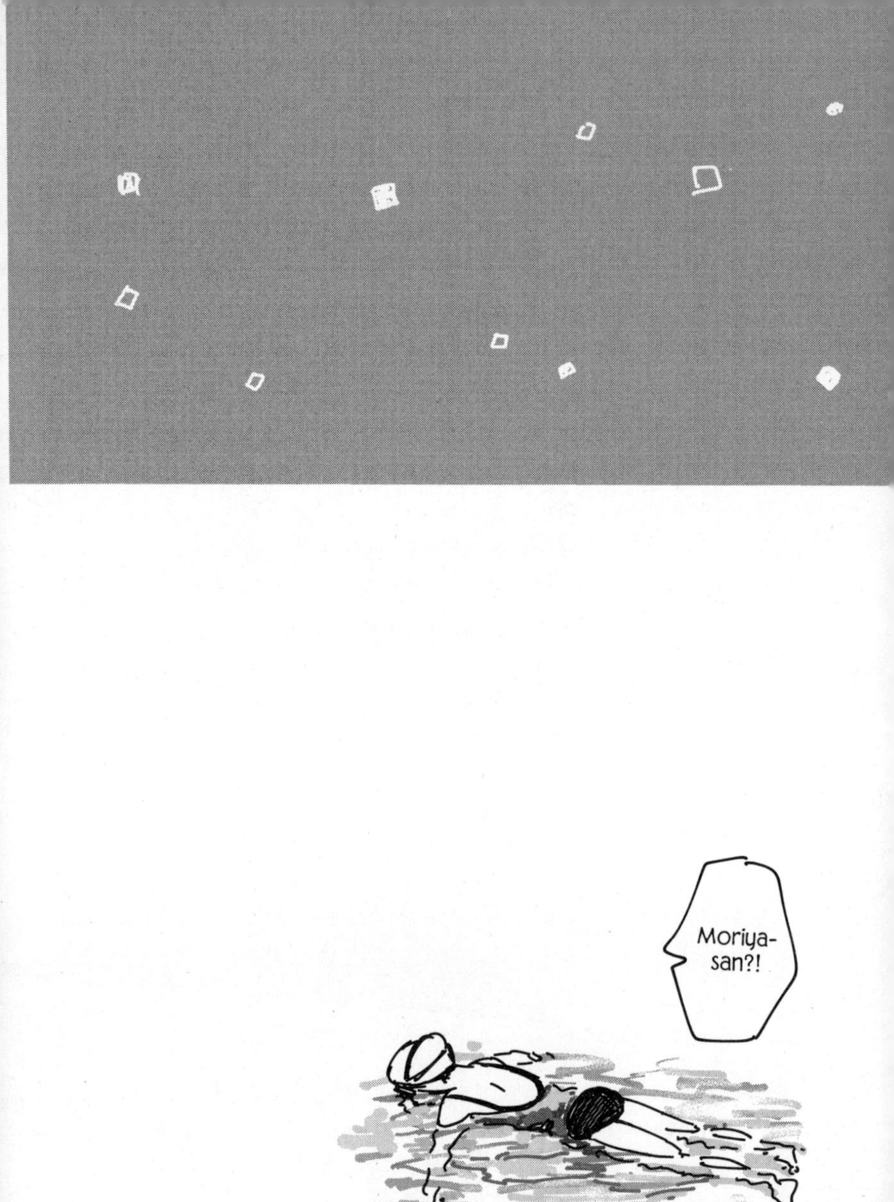
Moriya-
san?!

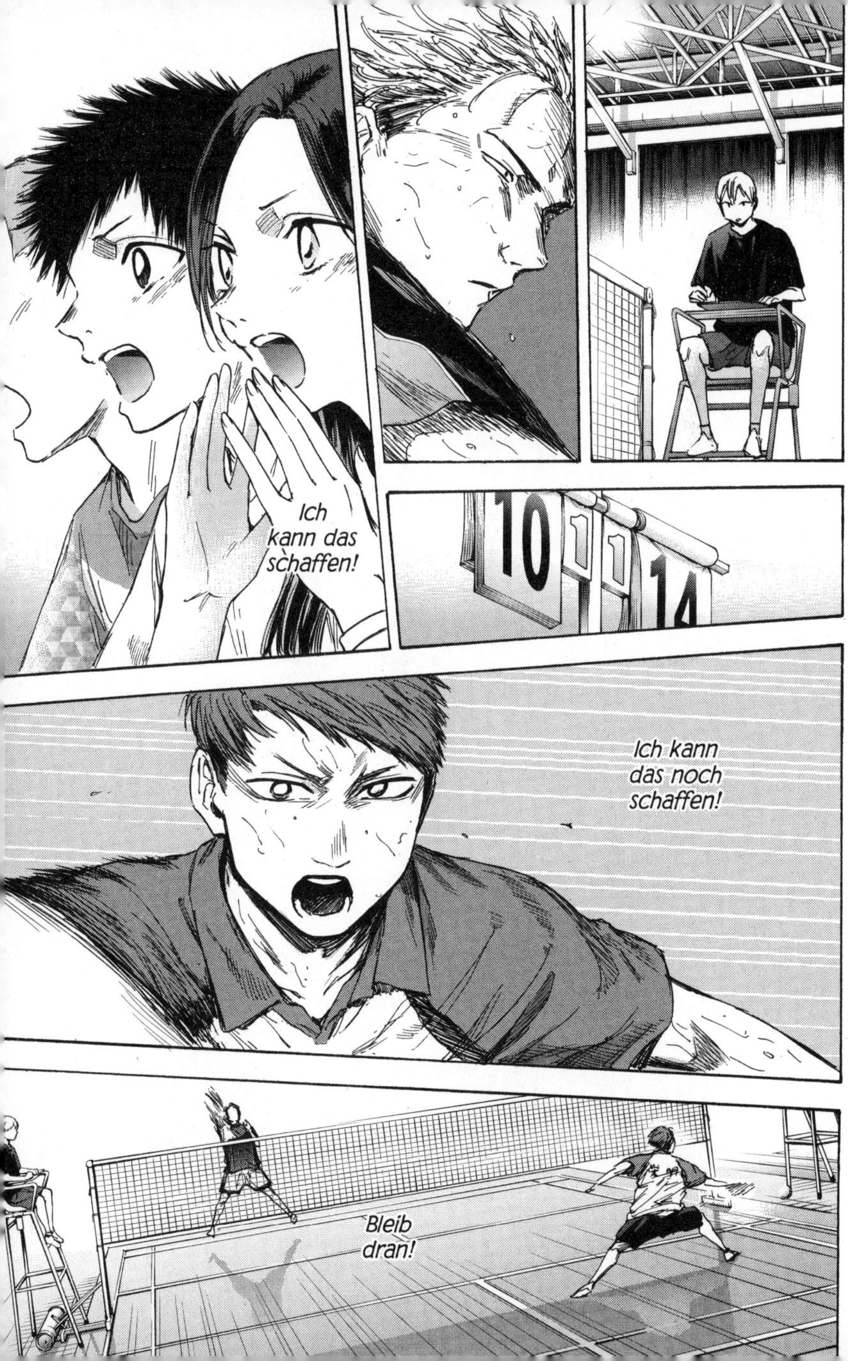
Ich kann das schaffen!
Ich kann das noch schaffen!
Bleib dran!

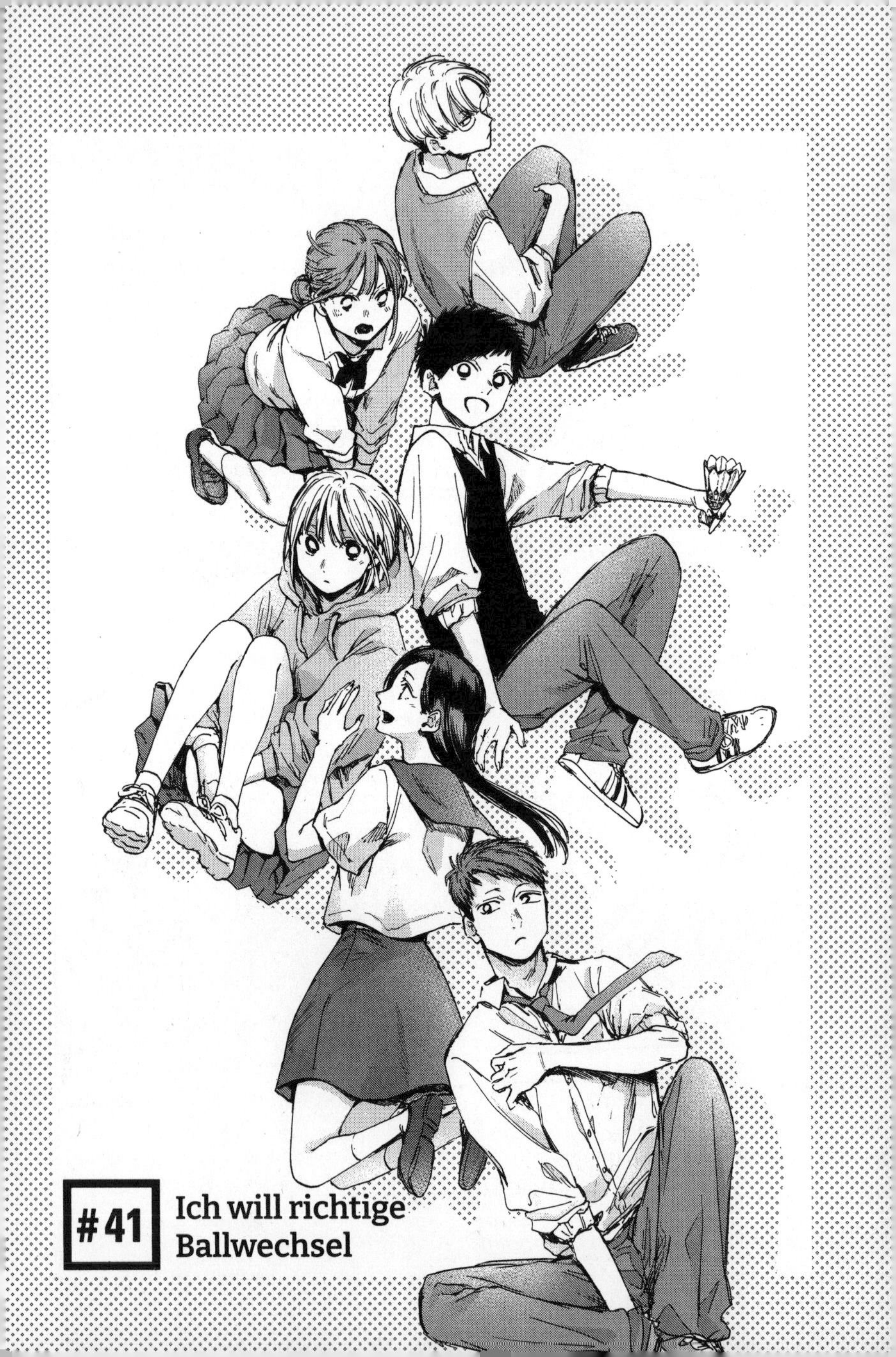

#41 Ich will richtige Ballwechsel

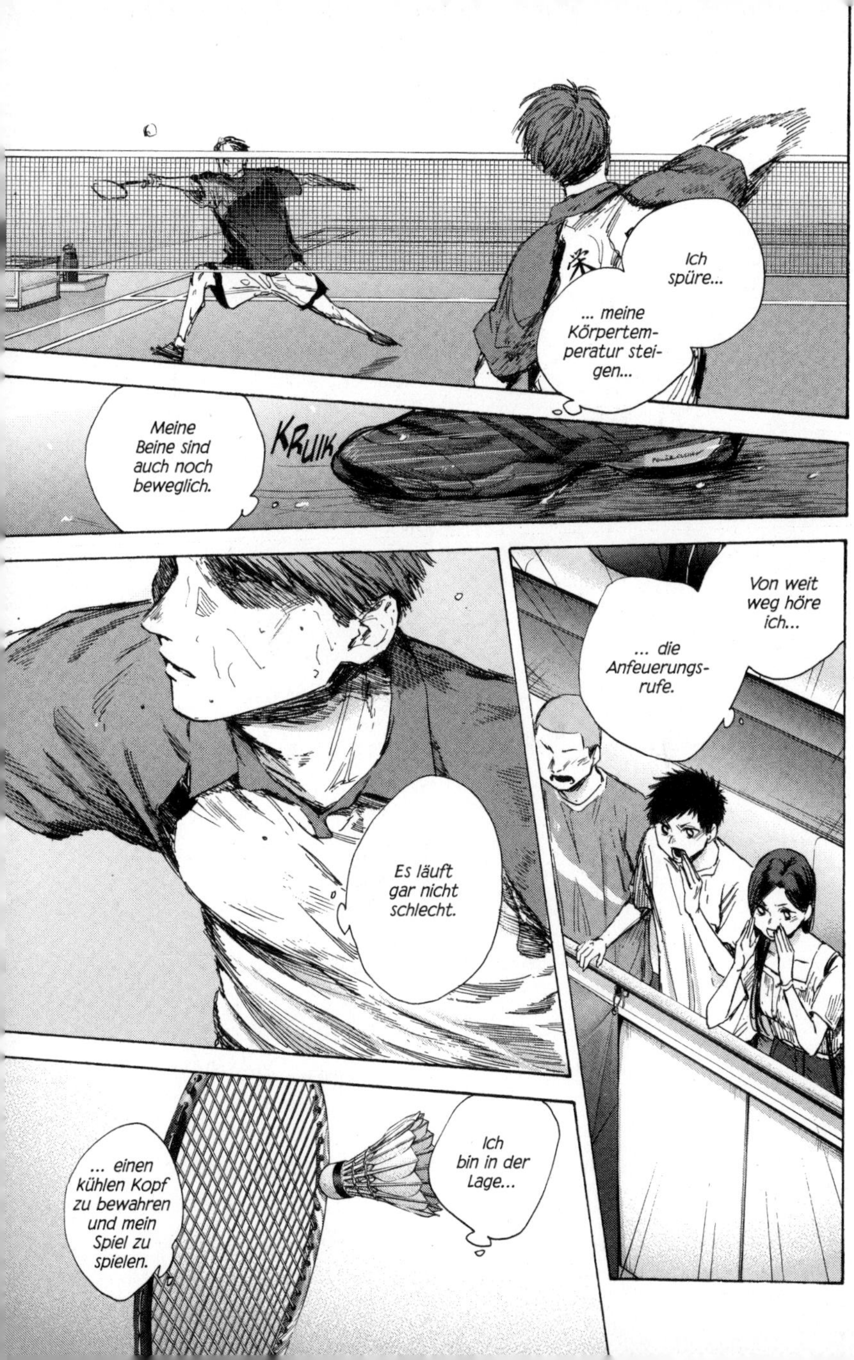
Ich spüre...
... meine Körpertemperatur steigen...
Meine Beine sind auch noch beweglich.
KRUIK
Von weit weg höre ich...
... die Anfeuerungsrufe.
Es läuft gar nicht schlecht.
Ich bin in der Lage...
... einen kühlen Kopf zu bewahren und mein Spiel zu spielen.

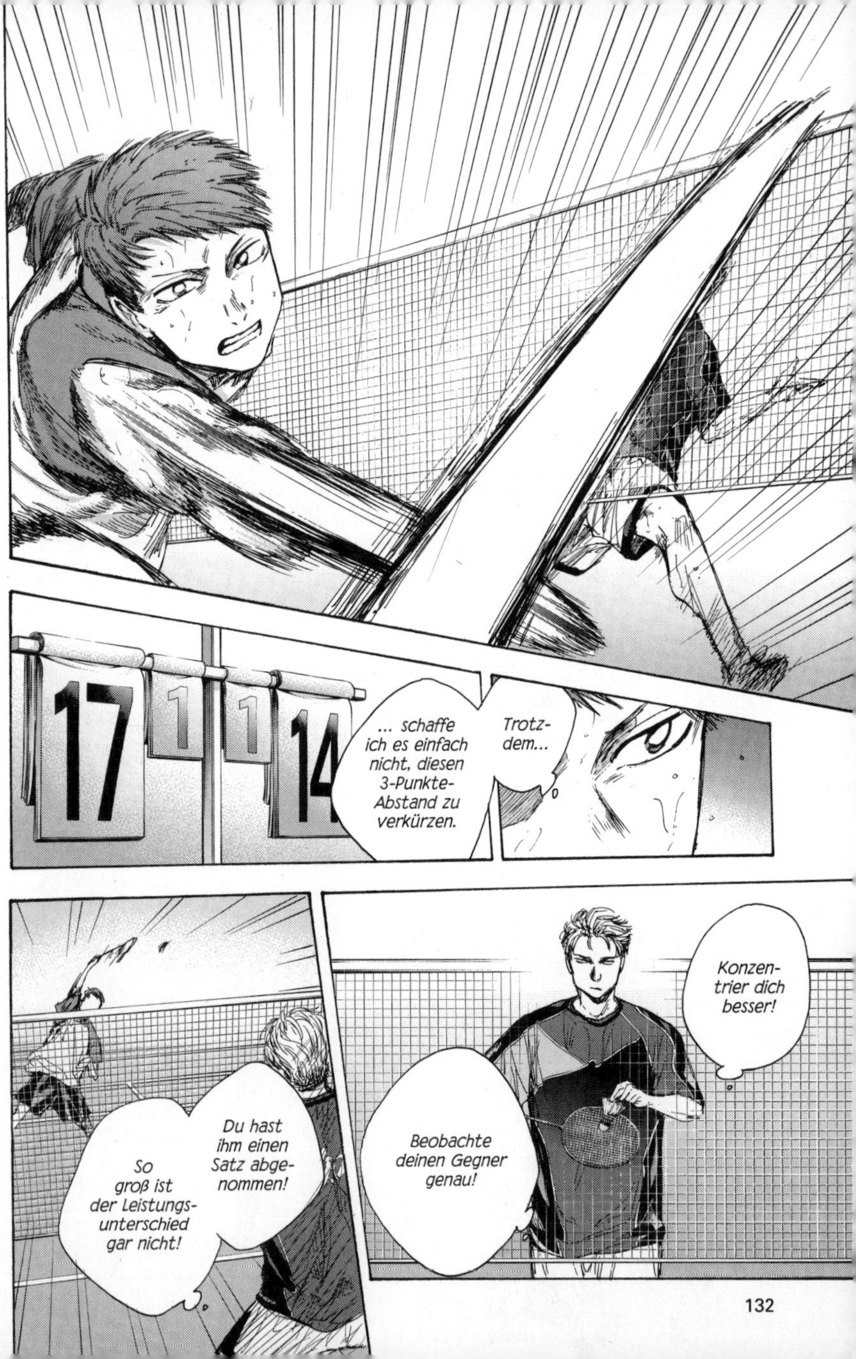
17
1
1
14
Trotz-dem...
... schaffe ich es einfach nicht, diesen 3-Punkte-Abstand zu verkürzen.
Konzen-trier dich besser!
Beobachte deinen Gegner genau!
Du hast ihm einen Satz abge-nommen!
So groß ist der Leistungs-unterschied gar nicht!

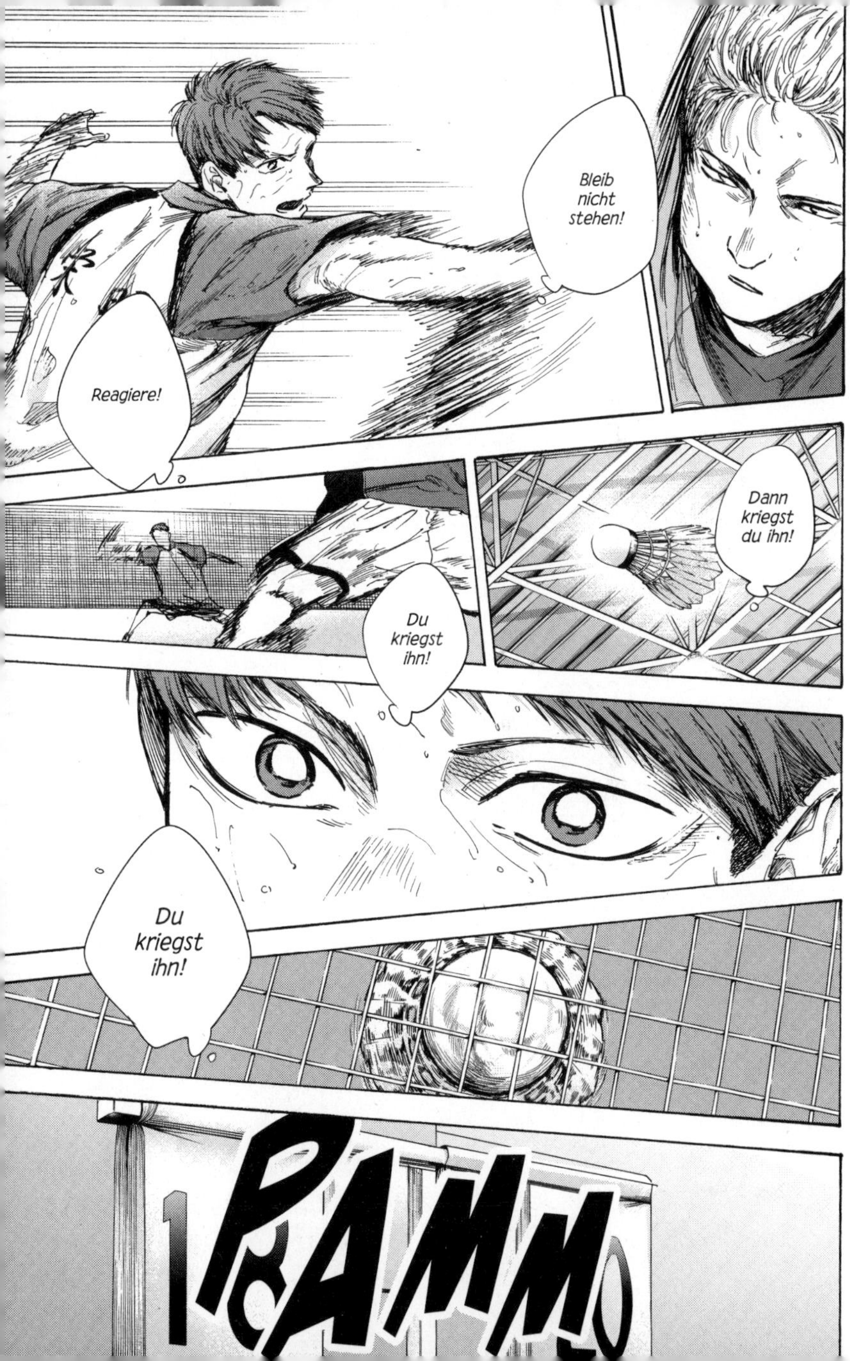
Bleib nicht stehen!
Reagiere!
Dann kriegst du ihn!
Du kriegst ihn!
Du kriegst ihn!
PAMM

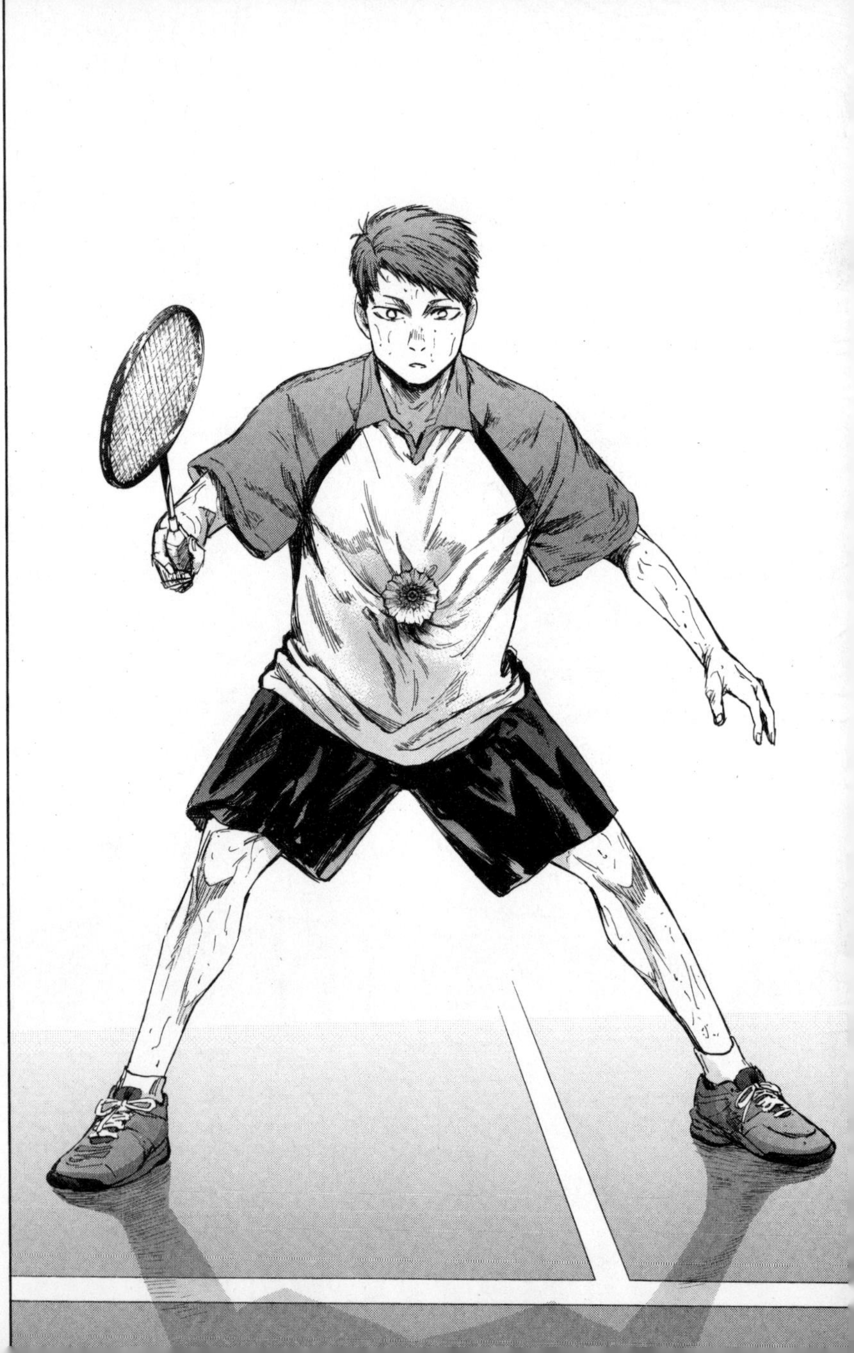

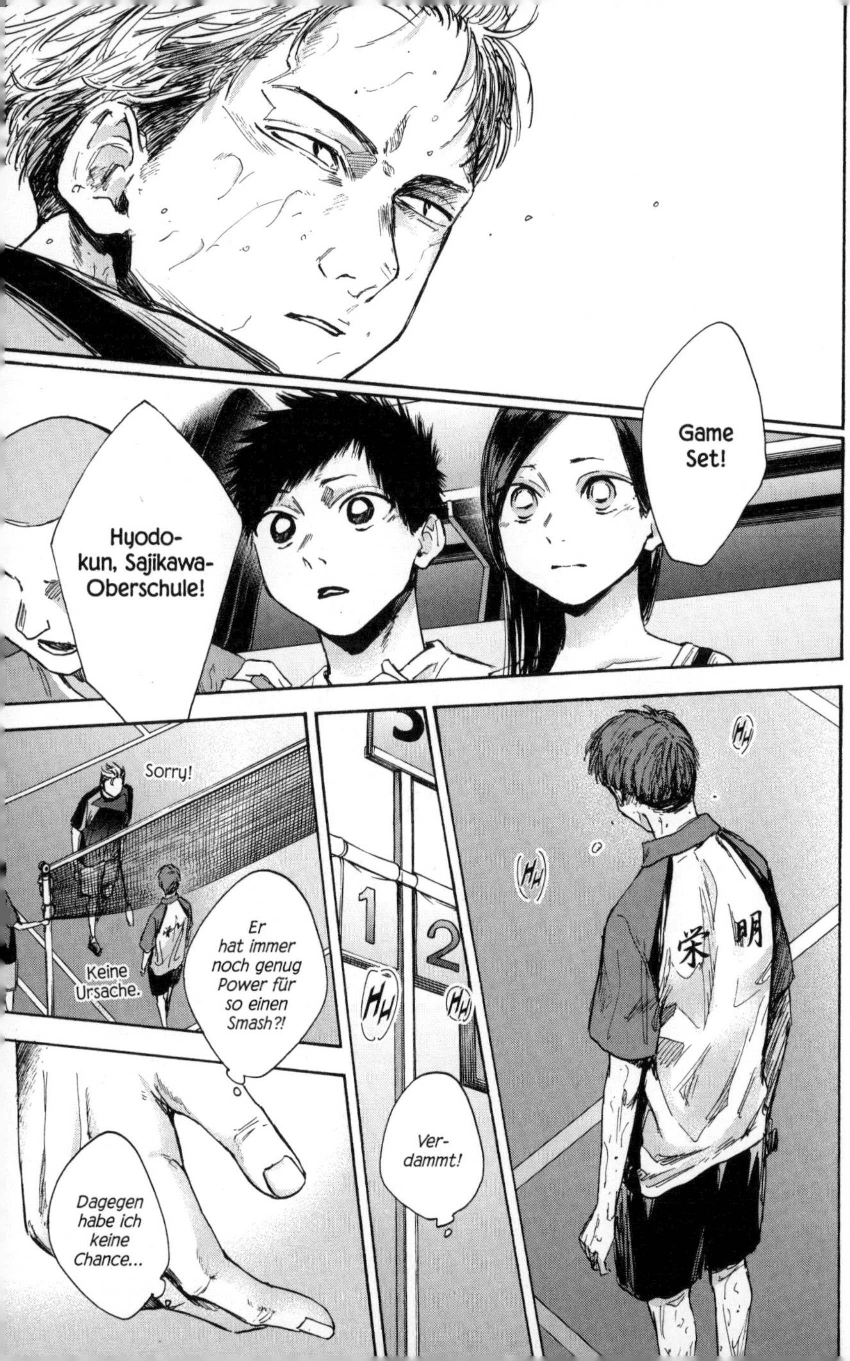

Game Set!
Hyodo-kun, Sajikawa-Oberschule!
Verdammt!
Sorry!
Keine Ursache.
Er hat immer noch genug Power für so einen Smash?!
Dagegen habe ich keine Chance...

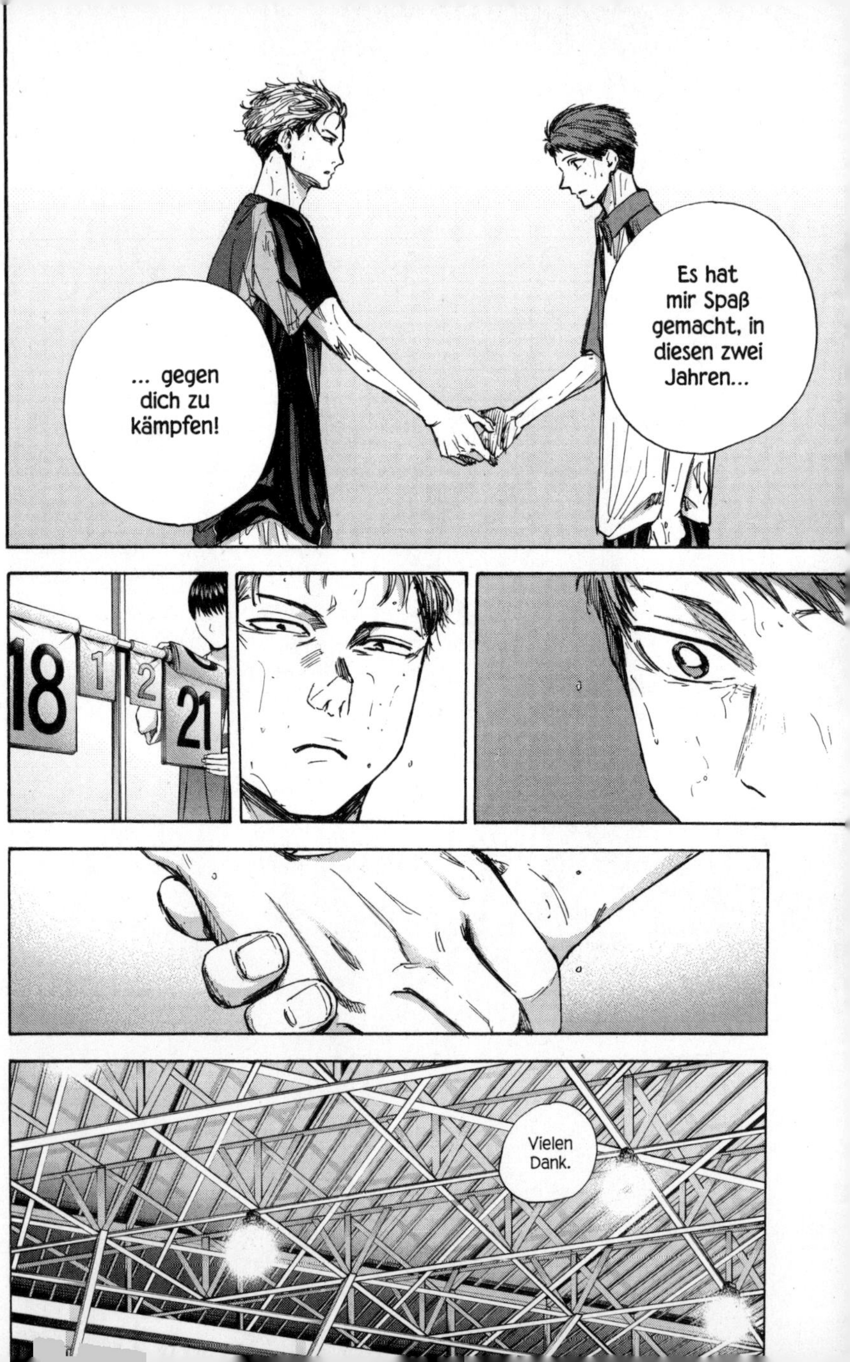
Es hat mir Spaß gemacht, in diesen zwei Jahren...
... gegen dich zu kämpfen!
18
1
2
21
Vielen Dank.

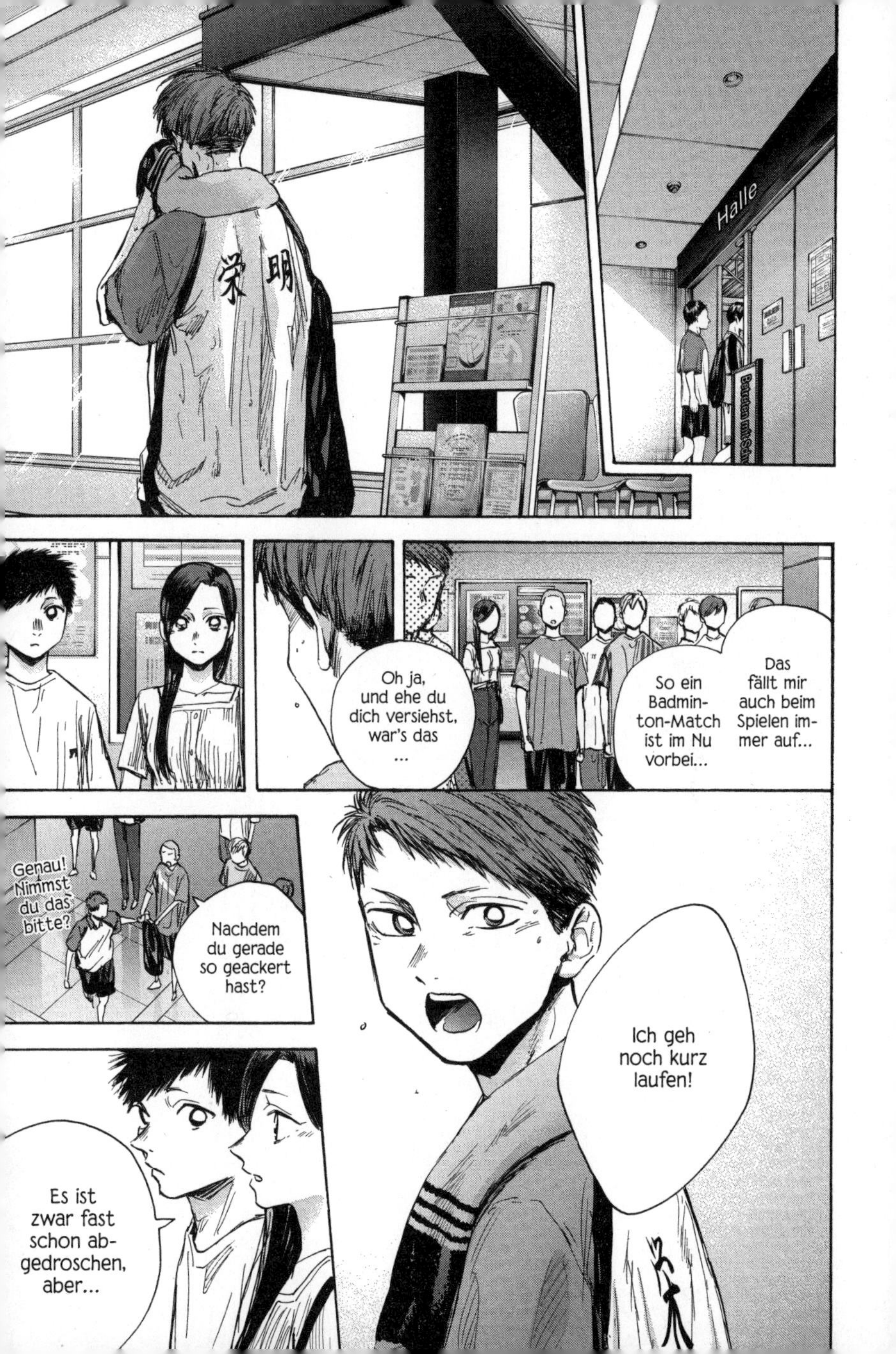

Halle
Das fällt mir auch beim Spielen immer auf...
So ein Badminton-Match ist im Nu vorbei...
Oh ja, und ehe du dich versiehst, war's das ...
Ich geh noch kurz laufen!
Nachdem du gerade so geackert hast?
Genau! Nimmst du das bitte?
Es ist zwar fast schon abgedroschen, aber...

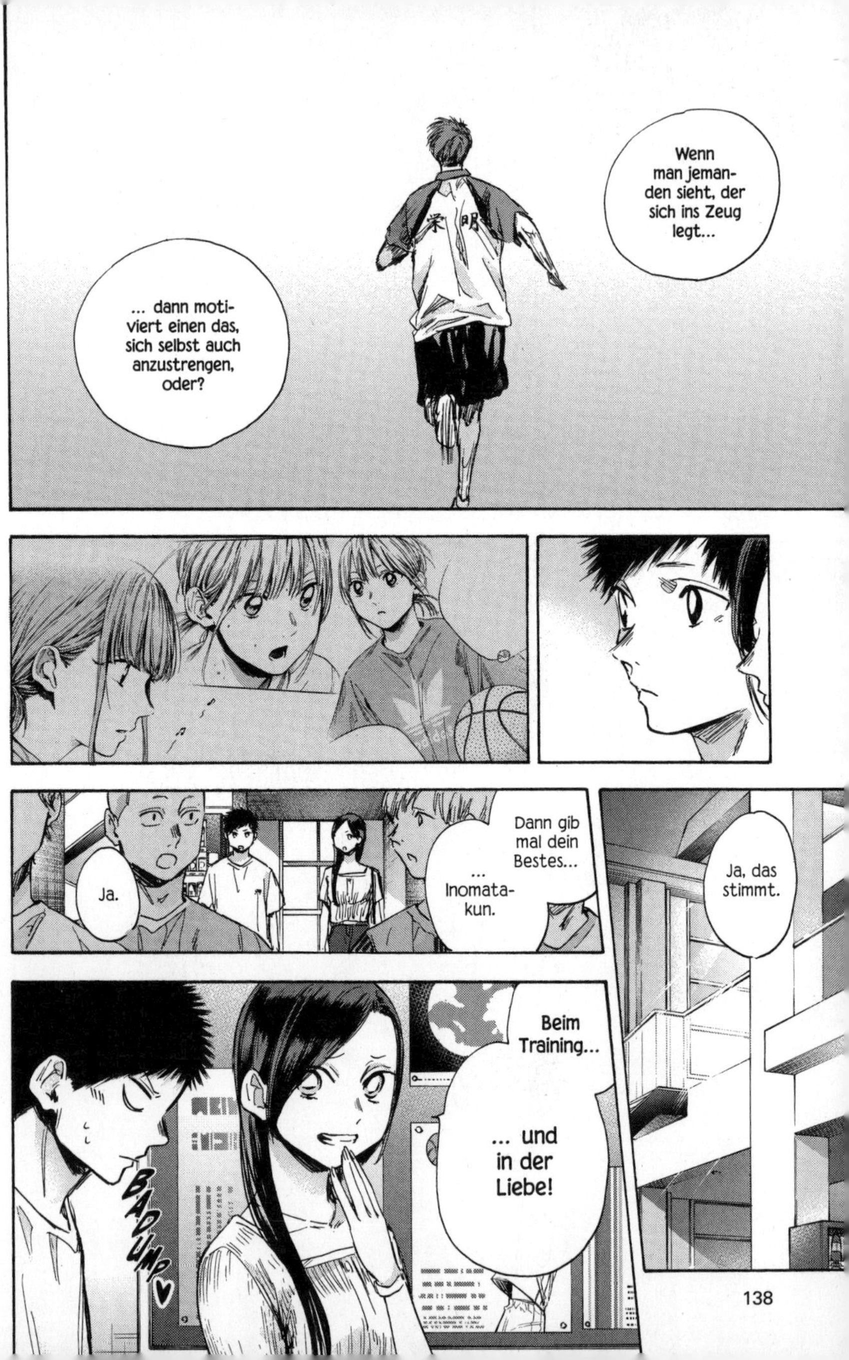
Wenn man jemanden sieht, der sich ins Zeug legt...
... dann motiviert einen das, sich selbst auch anzustrengen, oder?
Dann gib mal dein Bestes... ... Inomata-kun.
Ja.
Ja, das stimmt.
Beim Training...
... und in der Liebe!
BADUMP

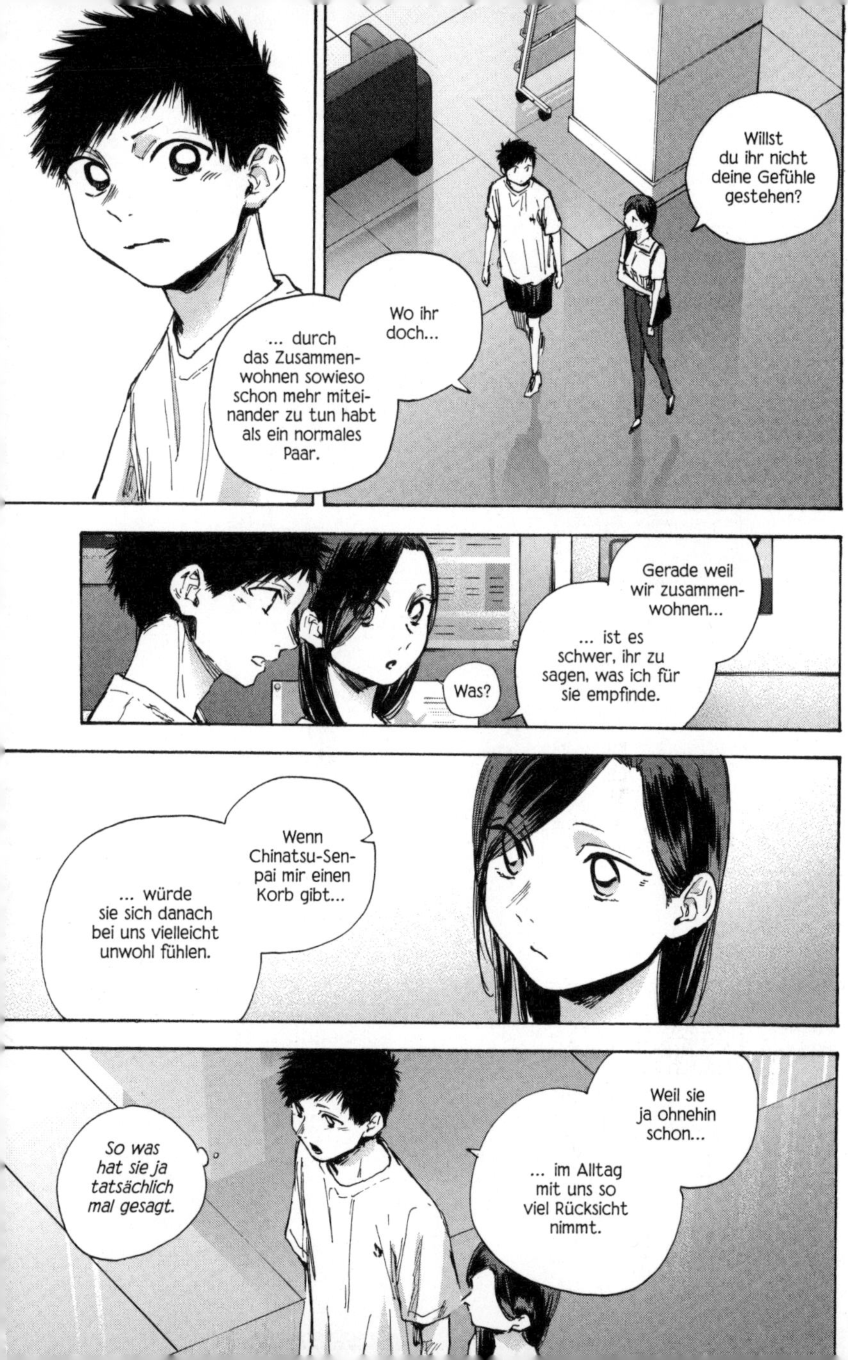
Willst du ihr nicht deine Gefühle gestehen?
Wo ihr doch...
... durch das Zusammenwohnen sowieso schon mehr miteinander zu tun habt als ein normales Paar.
Gerade weil wir zusammenwohnen...
... ist es schwer, ihr zu sagen, was ich für sie empfinde.
Was?
Wenn Chinatsu-Senpai mir einen Korb gibt...
... würde sie sich danach bei uns vielleicht unwohl fühlen.
Weil sie ja ohnehin schon...
... im Alltag mit uns so viel Rücksicht nimmt.
So was hat sie ja tatsächlich mal gesagt.

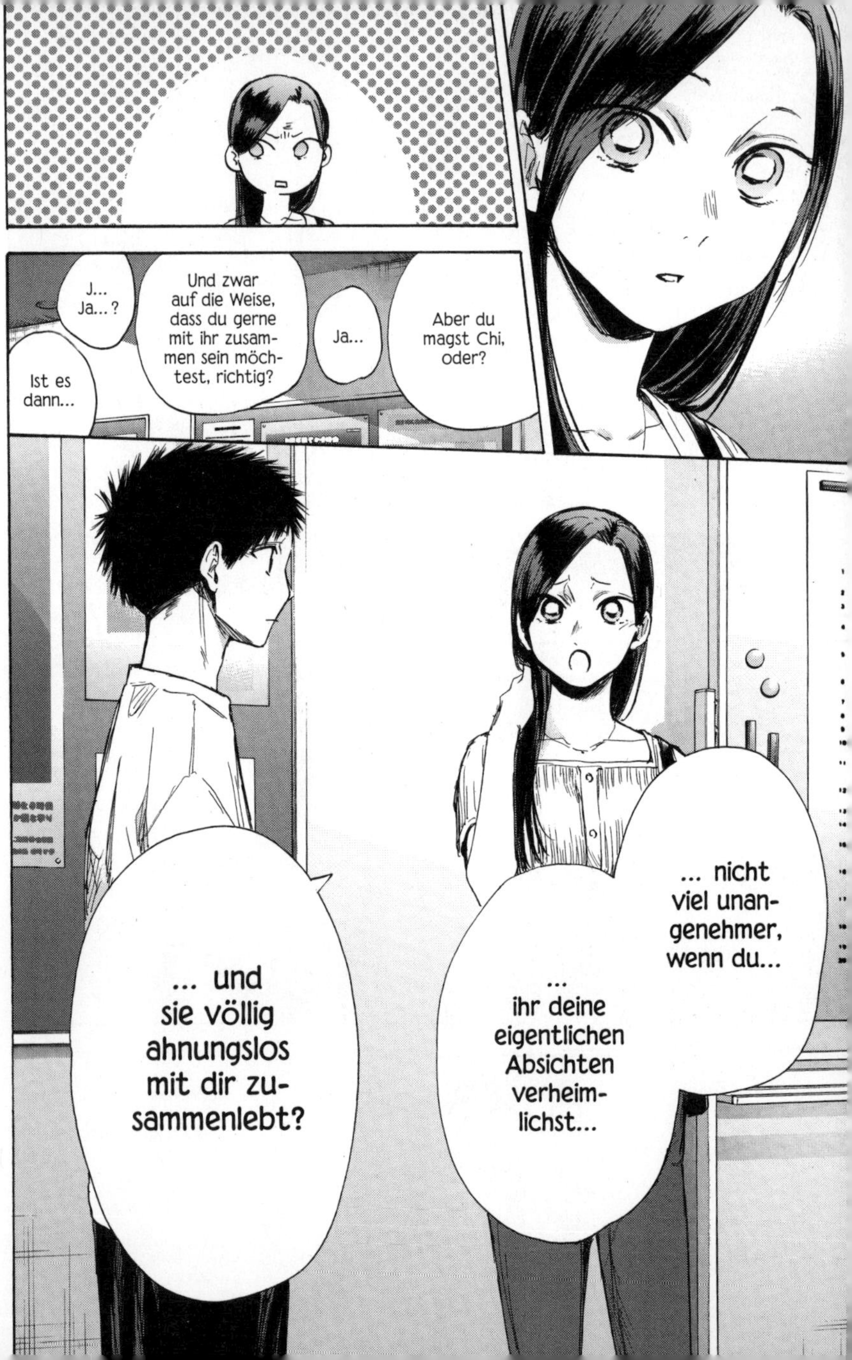
Aber du magst Chi, oder?
Ja...
Und zwar auf die Weise, dass du gerne mit ihr zusammen sein möchtest, richtig?
J... Ja...?
Ist es dann...
... nicht viel unangenehmer, wenn du...
... ihr deine eigentlichen Absichten verheimlichst...
... und sie völlig ahnungslos mit dir zusammenlebt?

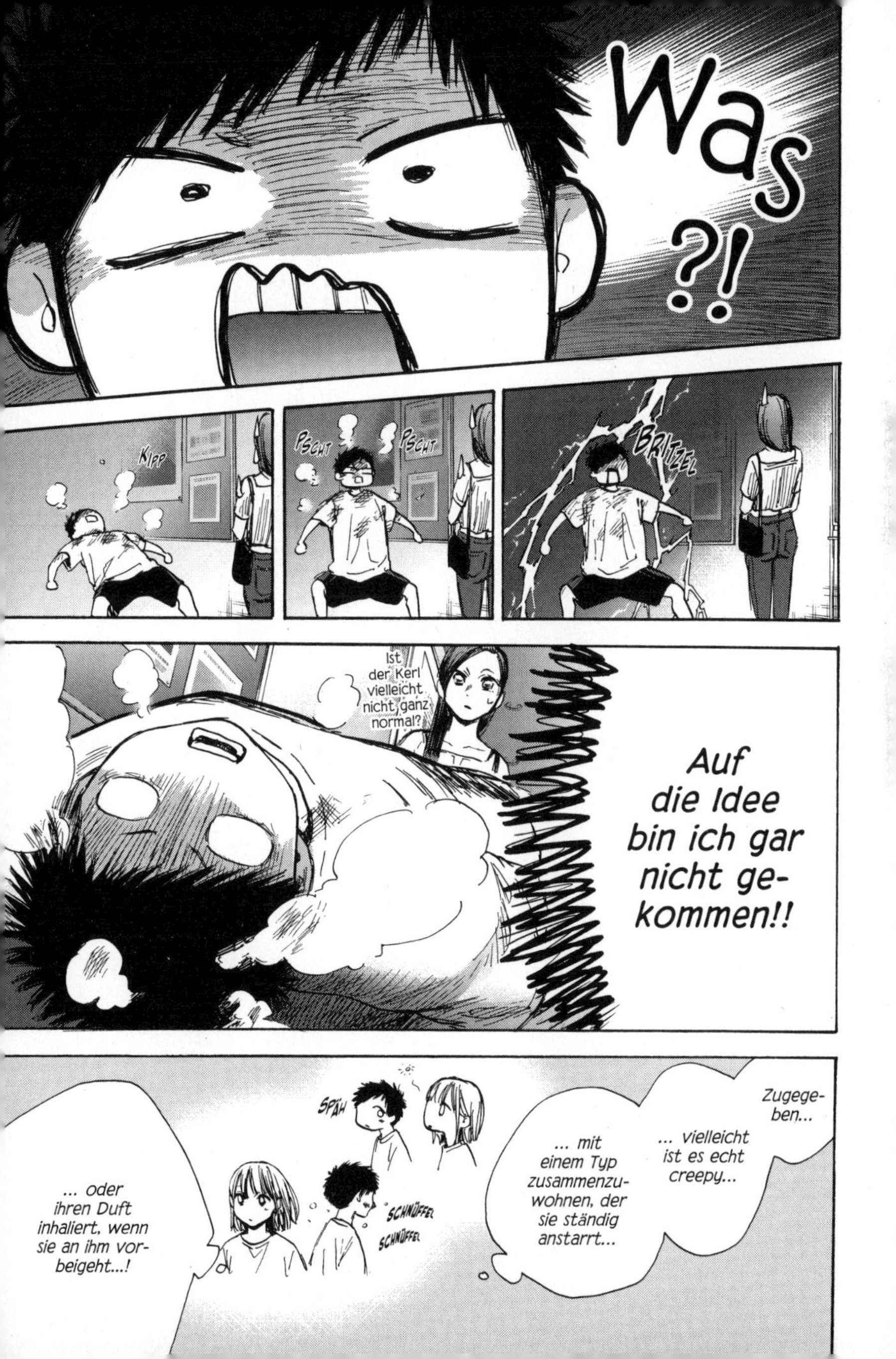

Was ?!
Britzel
Pscht
Pscht
Kipp
Auf die Idee bin ich gar nicht gekommen!!
Ist der Kerl vielleicht nicht ganz normal?
Zugegeben...
... vielleicht ist es echt creepy...
... mit einem Typ zusammenzuwohnen, der sie ständig anstarrt...
Späh
Schnüffel
Schnüffel
... oder ihren Duft inhaliert, wenn sie an ihm vorbeigeht...!

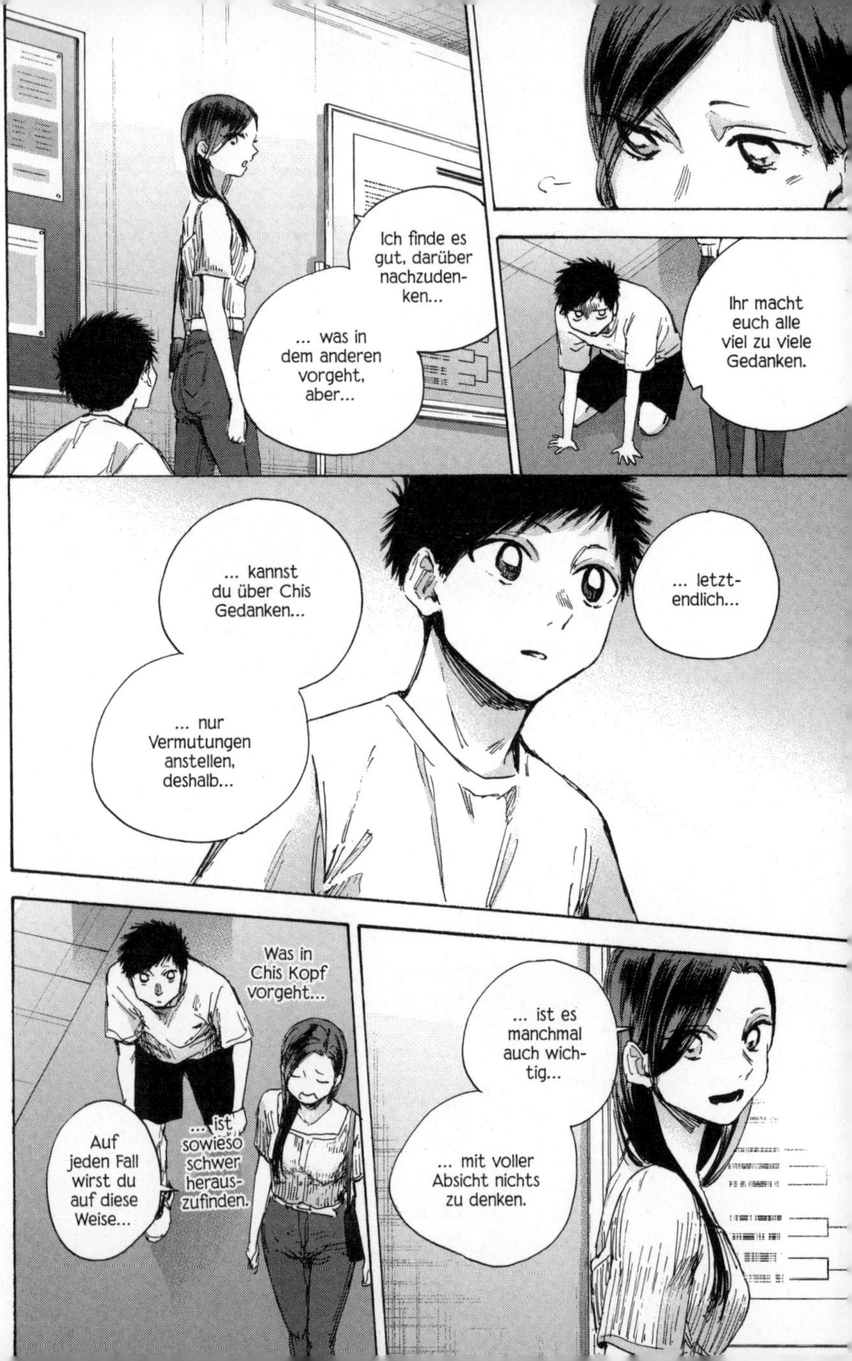
Ihr macht euch alle viel zu viele Gedanken.
Ich finde es gut, darüber nachzudenken...
... was in dem anderen vorgeht, aber...
... letztendlich...
... kannst du über Chis Gedanken...
... nur Vermutungen anstellen, deshalb...
... ist es manchmal auch wichtig...
... mit voller Absicht nichts zu denken.
Was in Chis Kopf vorgeht...
... ist sowieso schwer herauszufinden.
Auf jeden Fall wirst du auf diese Weise...

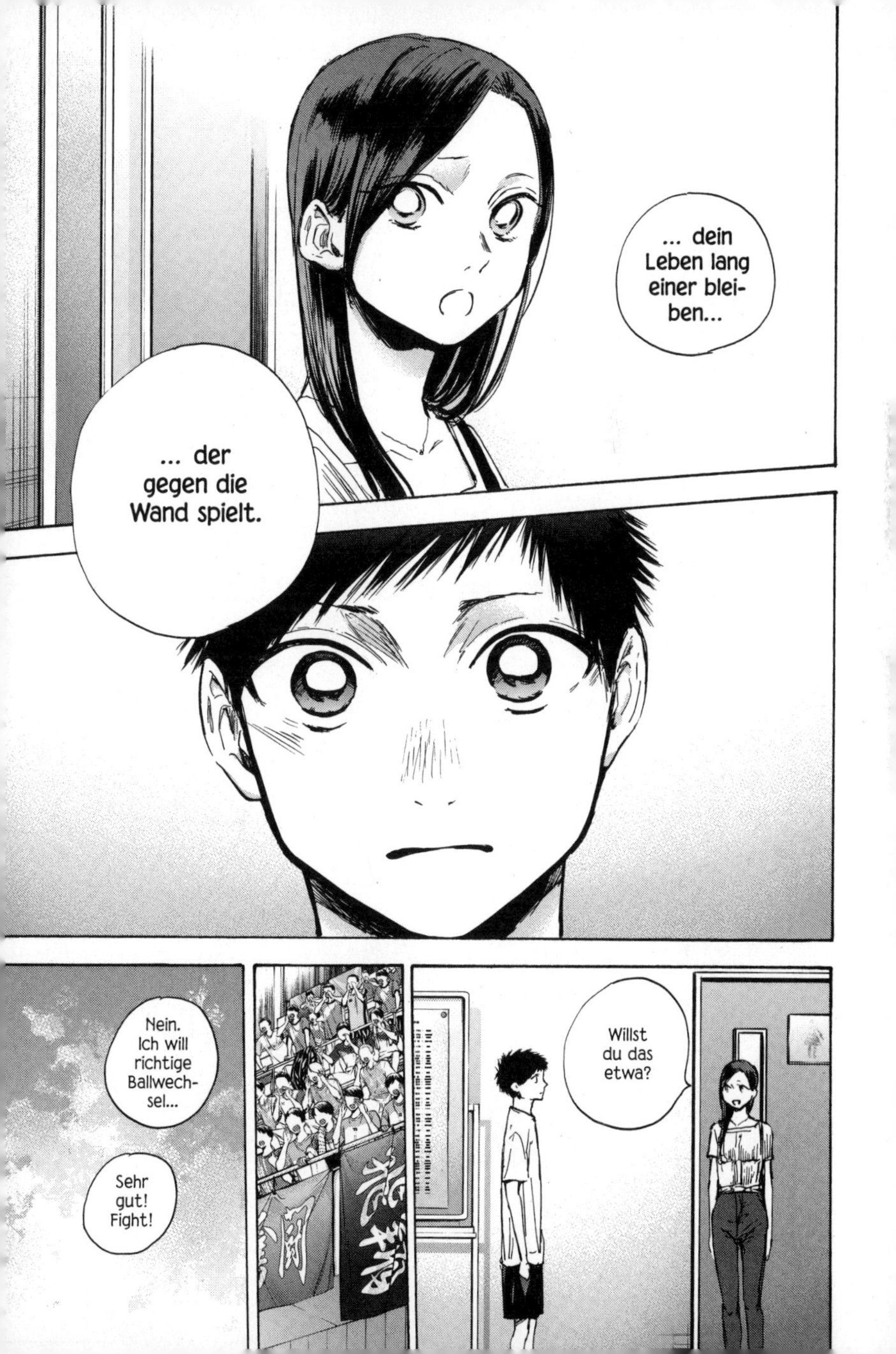
... dein Leben lang einer blei-ben...
... der gegen die Wand spielt.
Willst du das etwa?
Nein. Ich will richtige Ballwech-sel...
Sehr gut! Fight!

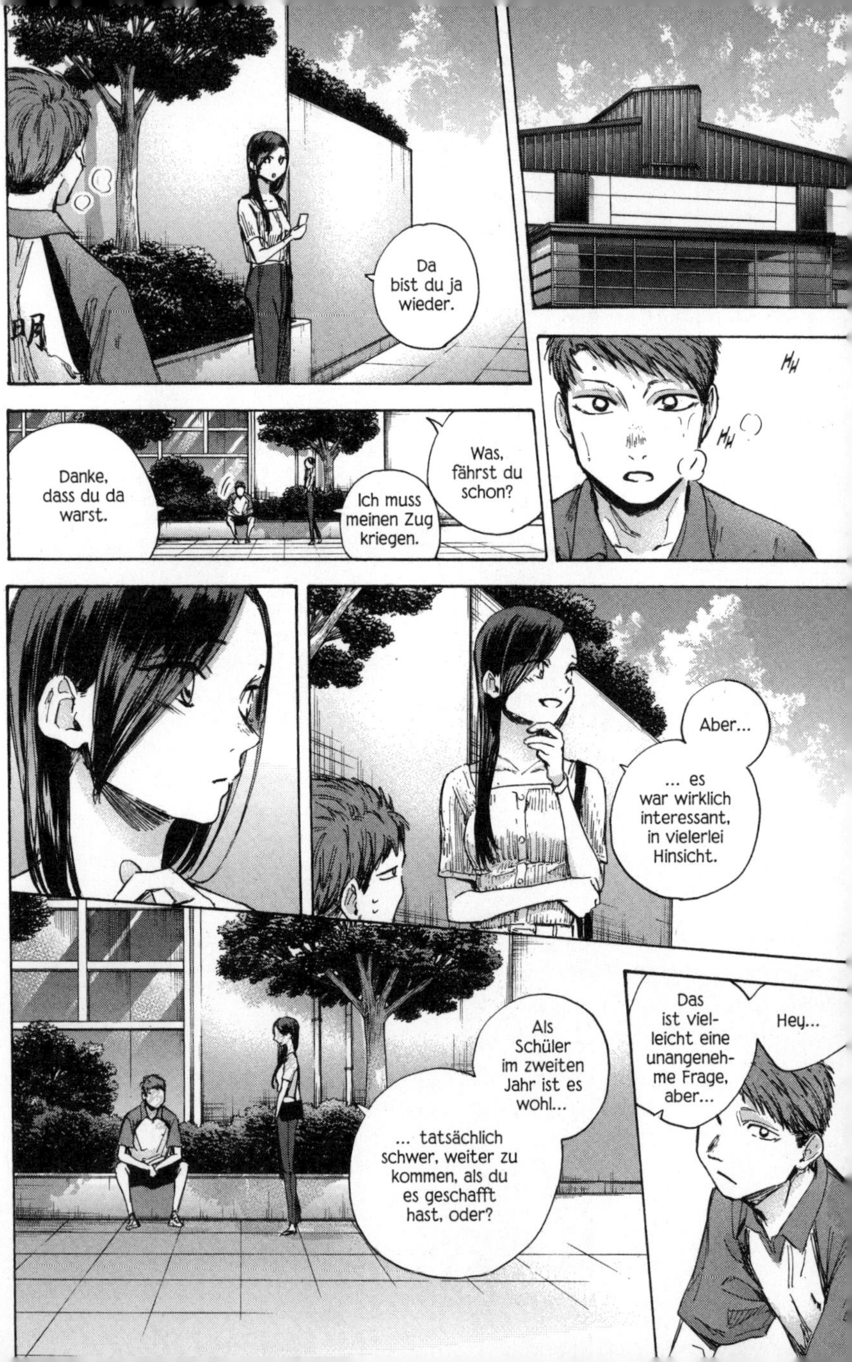

Da bist du ja wieder.
MH
MH
Was, fährst du schon?
Ich muss meinen Zug kriegen.
Danke, dass du da warst.
Aber...
... es war wirklich interessant, in vielerlei Hinsicht.
Hey...
Das ist viel-leicht eine unangeneh-me Frage, aber...
Als Schüler im zweiten Jahr ist es wohl...
... tatsächlich schwer, weiter zu kommen, als du es geschafft hast, oder?

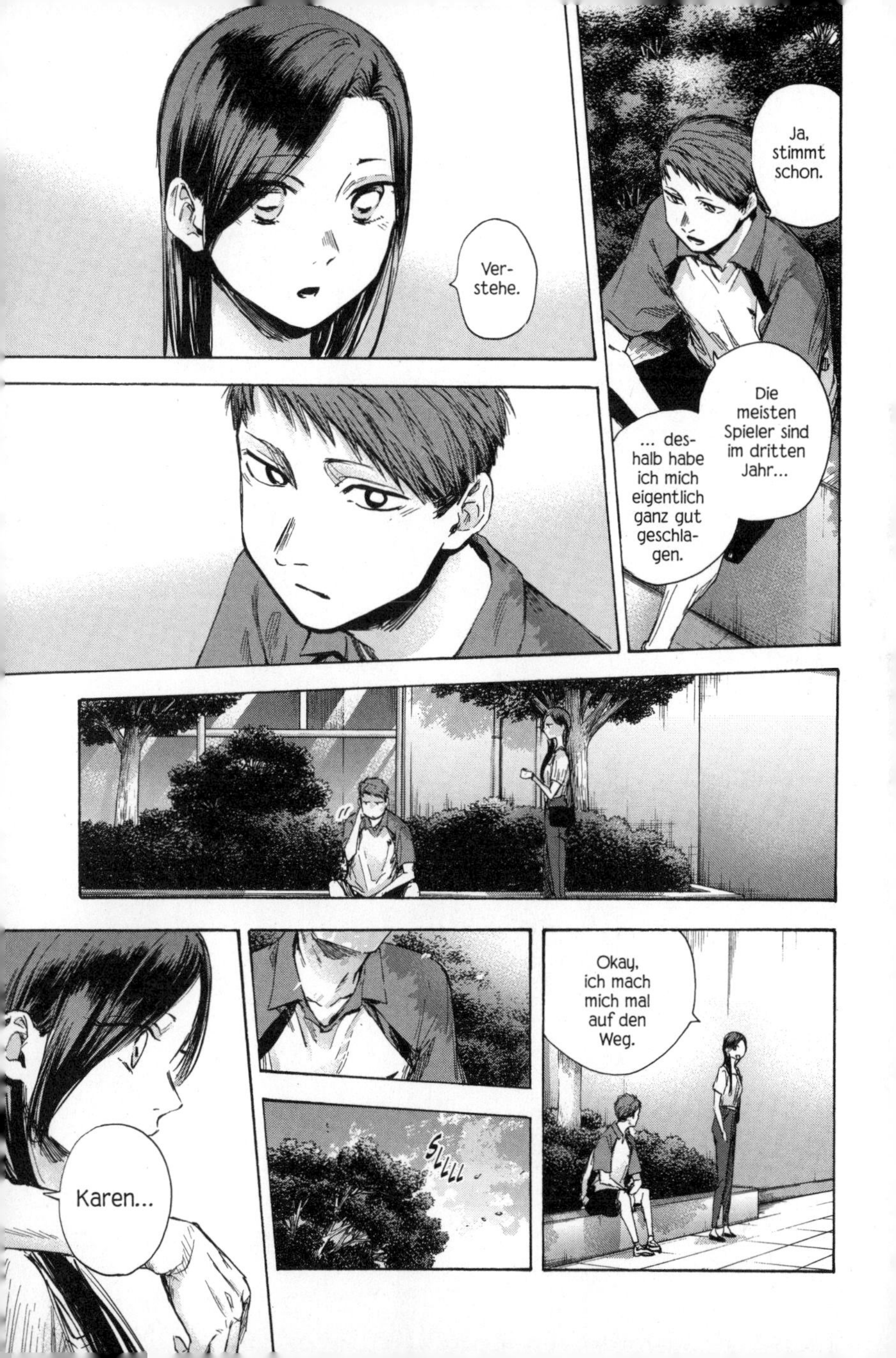

Ja, stimmt schon.
Ver-stehe.
Die meisten Spieler sind im dritten Jahr...
... des-halb habe ich mich eigentlich ganz gut geschla-gen.
Okay, ich mach mich mal auf den Weg.
SLLLL
Karen...

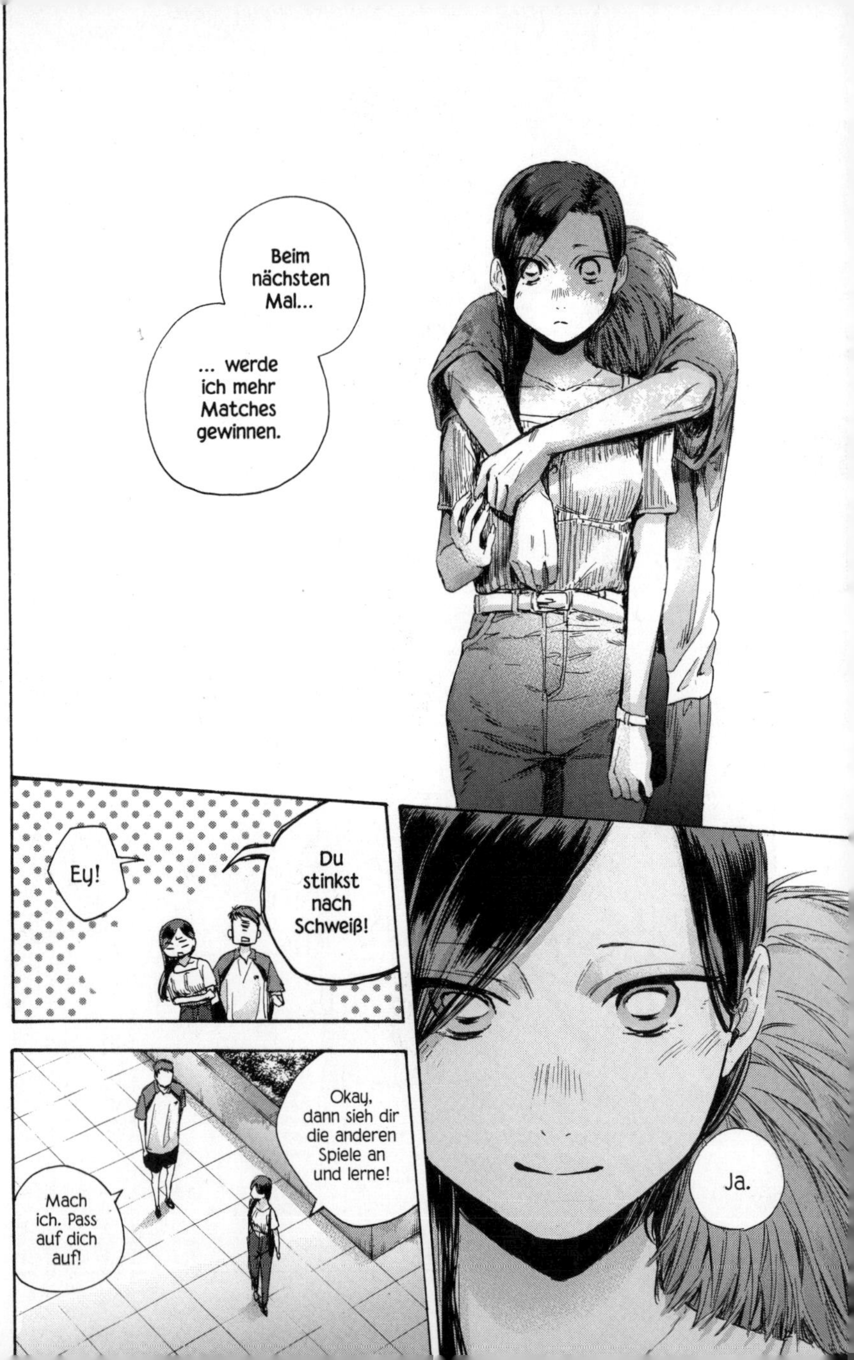
Beim nächsten Mal...
... werde ich mehr Matches gewinnen.
Du stinkst nach Schweiß!
Ey!
Okay, dann sieh dir die anderen Spiele an und lerne!
Ja.
Mach ich. Pass auf dich auf!

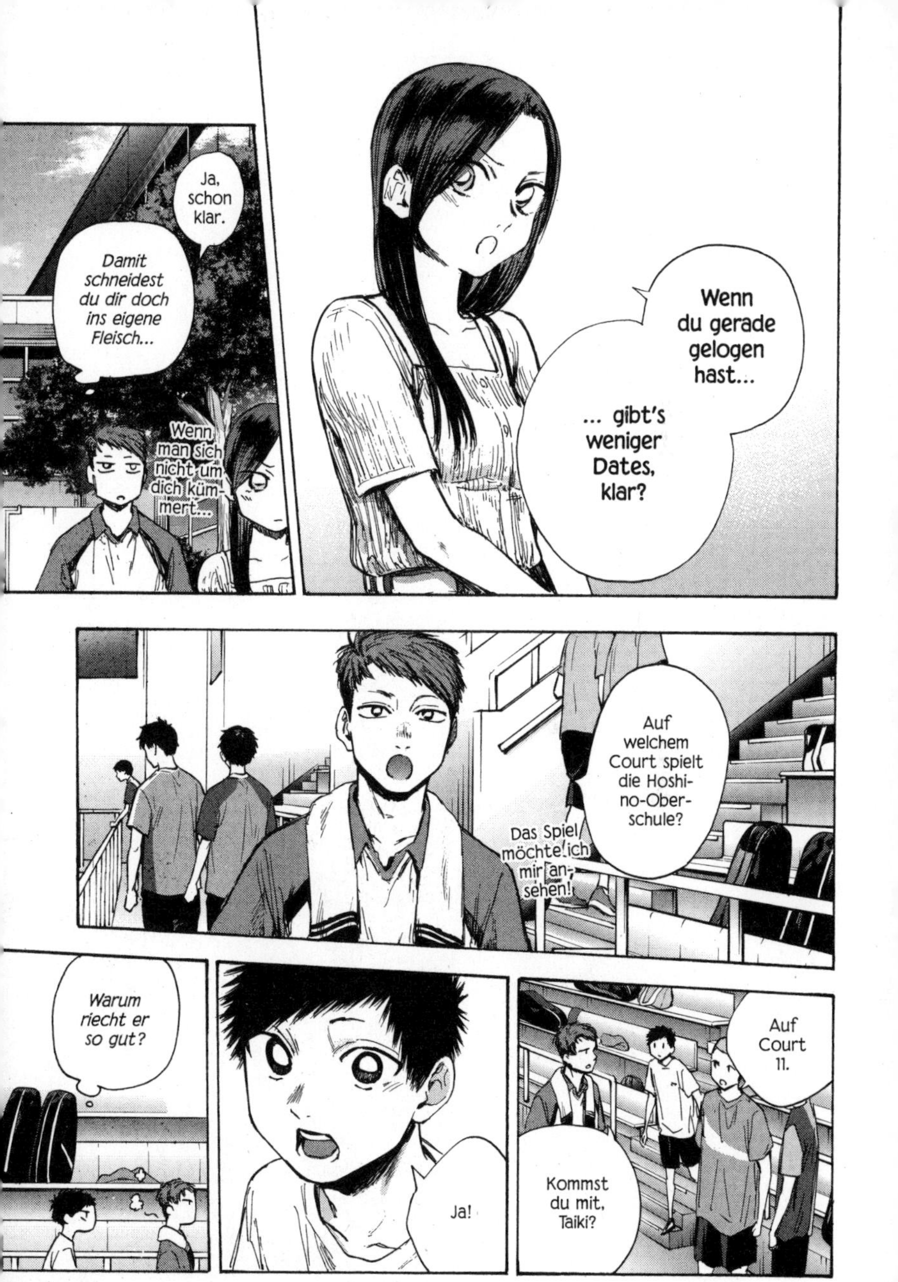
Wenn du gerade gelogen hast...
... gibt's weniger Dates, klar?
Ja, schon klar.
Damit schneidest du dir doch ins eigene Fleisch...
Wenn man sich nicht um dich kümmert...
Auf welchem Court spielt die Hoshino-Oberschule?
Das Spiel möchte ich mir ansehen!
Auf Court 11.
Kommst du mit, Taiki?
Ja!
Warum riecht er so gut?

Meisterschaft im Schmollgesicht

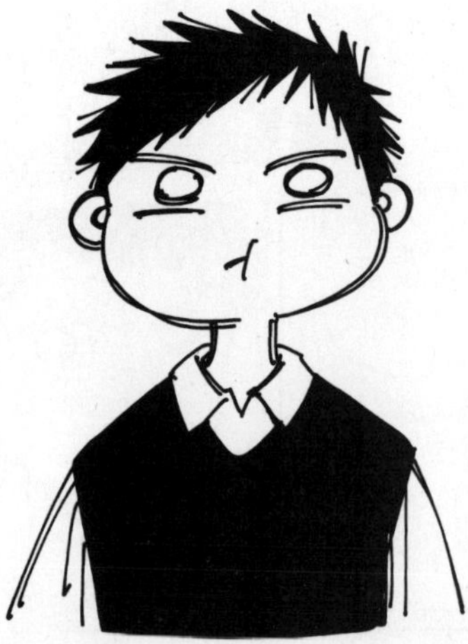

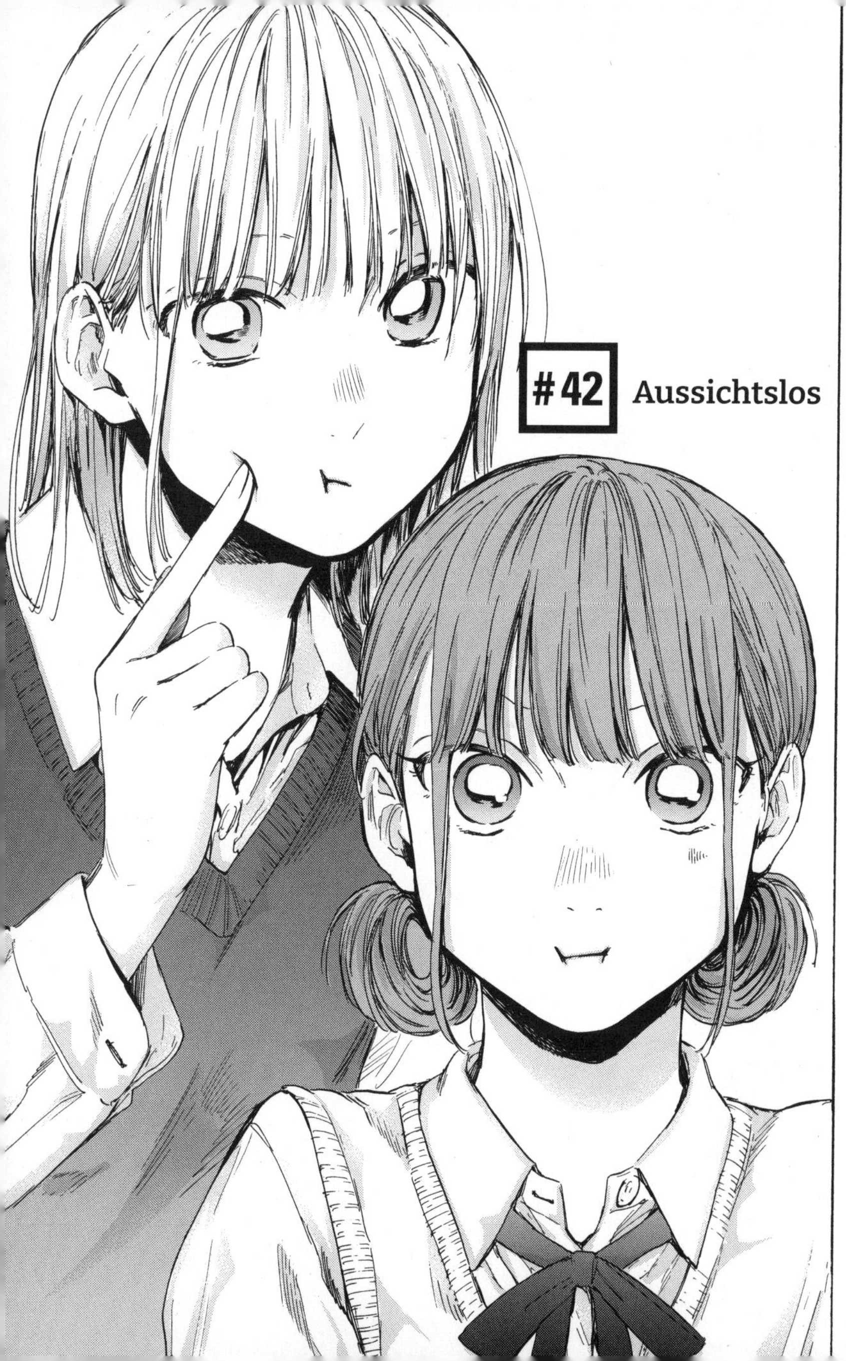
#42
Aussichtslos

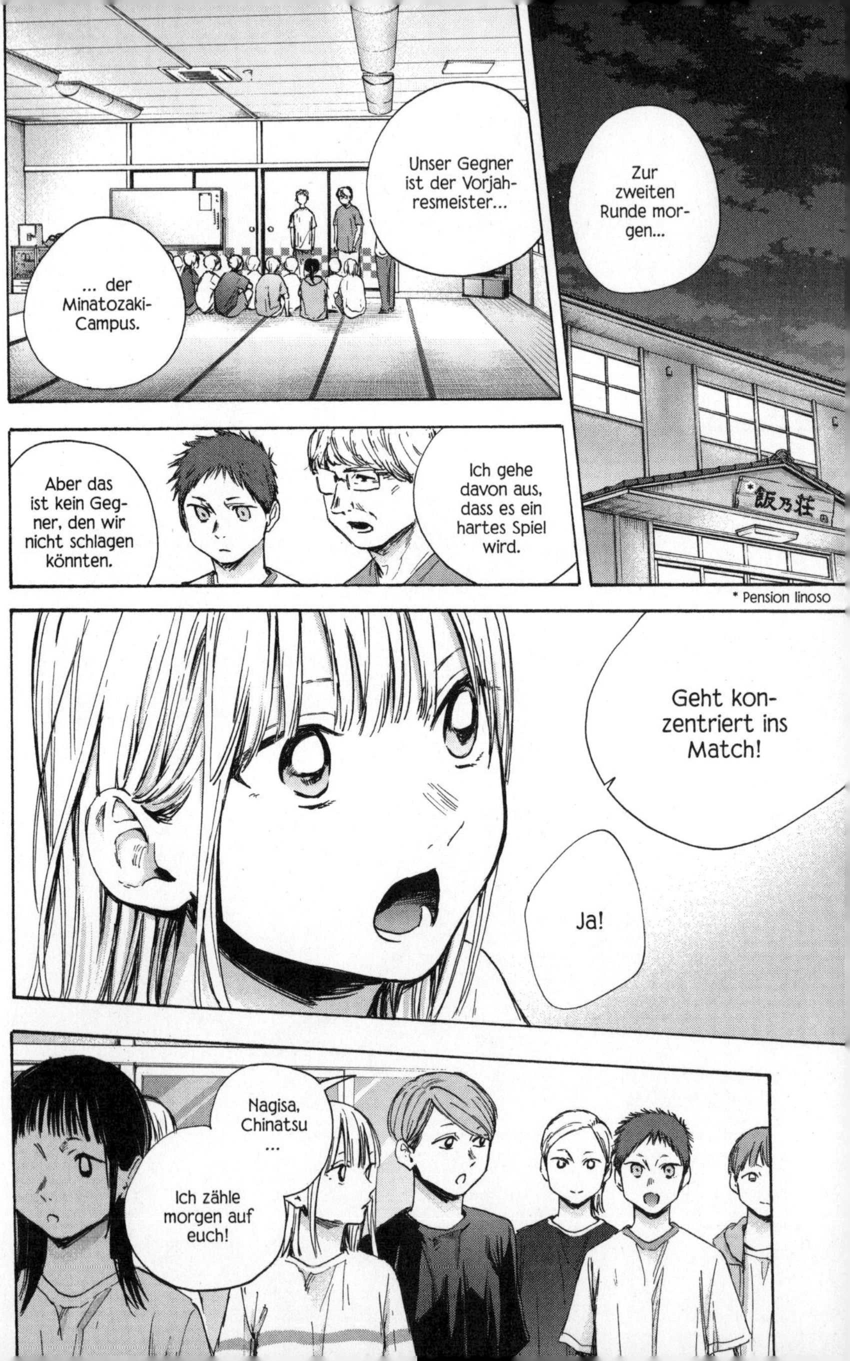

* Pension Iinoso

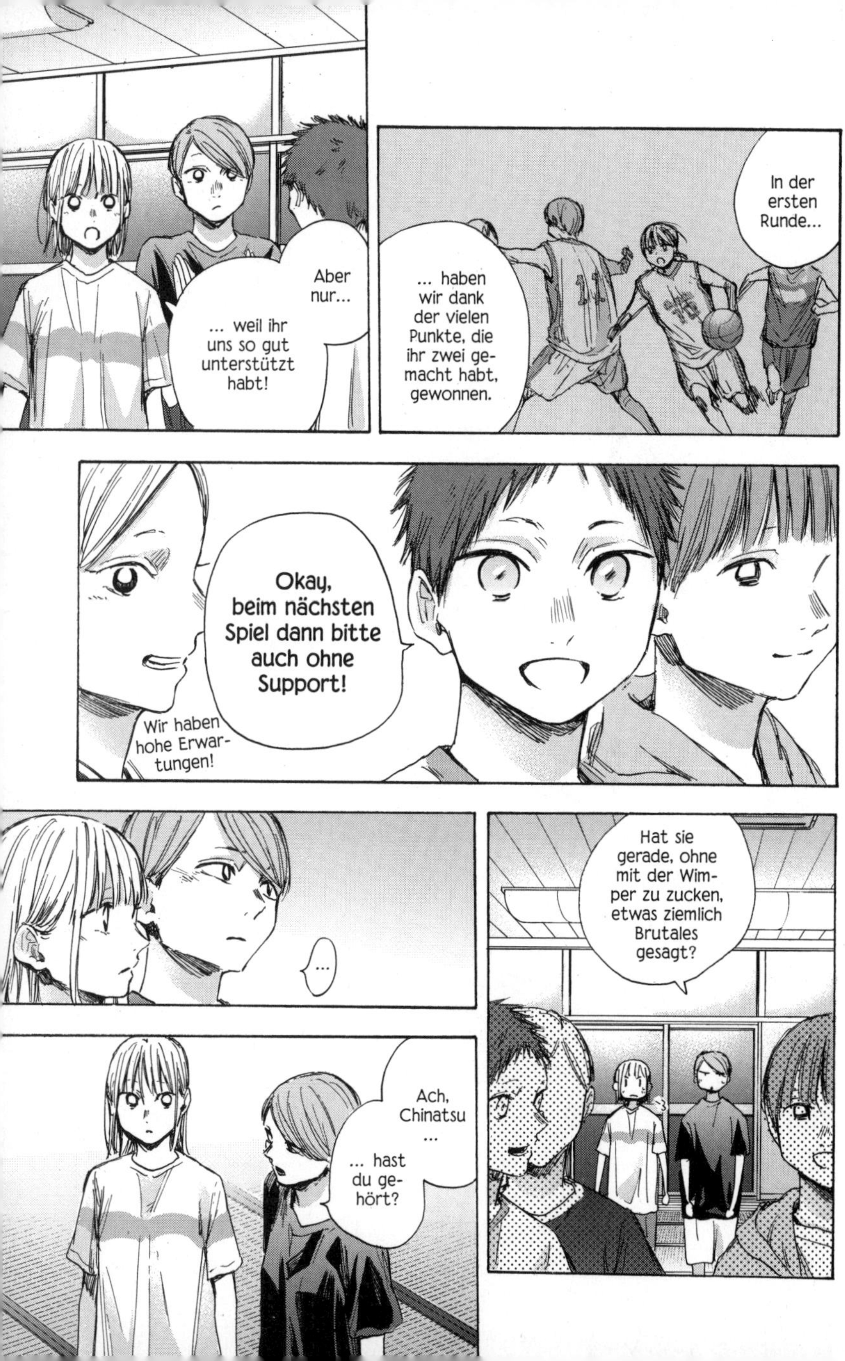

In der ersten Runde...
... haben wir dank der vielen Punkte, die ihr zwei gemacht habt, gewonnen.
Aber nur...
... weil ihr uns so gut unterstützt habt!
Okay, beim nächsten Spiel dann bitte auch ohne Support!
Wir haben hohe Erwartungen!
Hat sie gerade, ohne mit der Wimper zu zucken, etwas ziemlich Brutales gesagt?
...
Ach, Chinatsu ...
... hast du gehört?

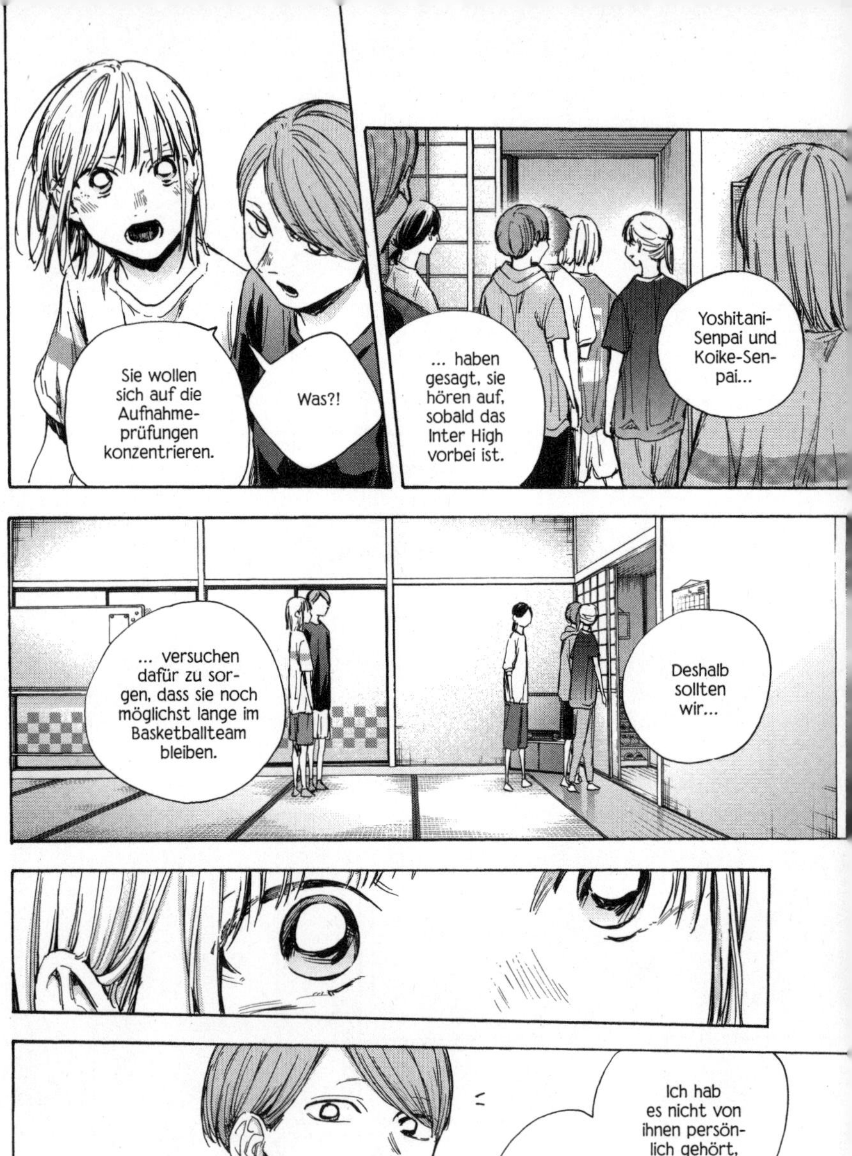
Yoshitani-Senpai und Koike-Senpai...
... haben gesagt, sie hören auf, sobald das Inter High vorbei ist.
Was?!
Sie wollen sich auf die Aufnahmeprüfungen konzentrieren.
Deshalb sollten wir...
... versuchen dafür zu sorgen, dass sie noch möglichst lange im Basketballteam bleiben.
Ich hab es nicht von ihnen persönlich gehört, aber...
... es geht das Gerücht um...

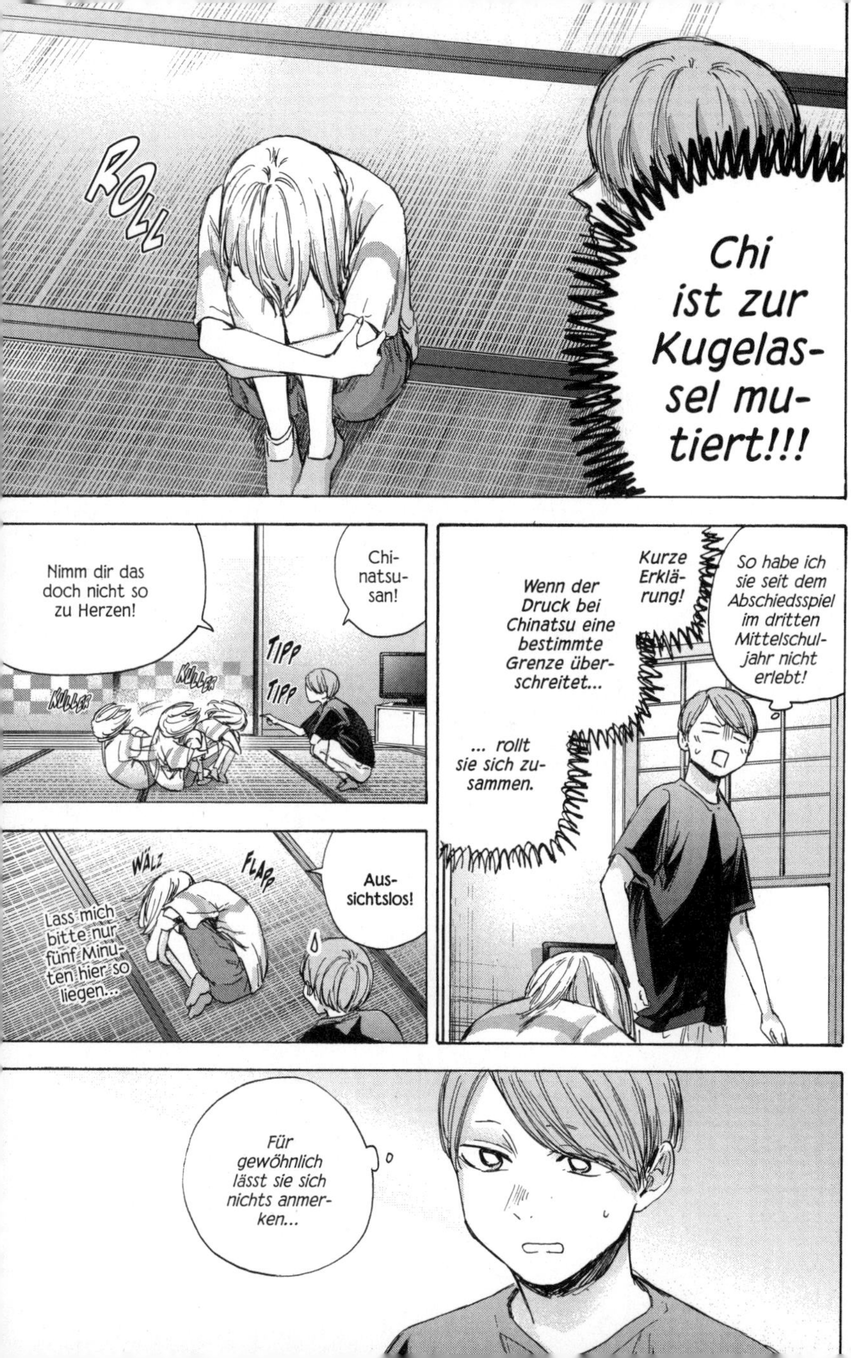

ROLL
Chi ist zur Kugelassel mutiert!!!
So habe ich sie seit dem Abschiedsspiel im dritten Mittelschuljahr nicht erlebt!
Kurze Erklärung!
Wenn der Druck bei Chinatsu eine bestimmte Grenze überschreitet...
... rollt sie sich zusammen.
Chinatsu-san!
TIPP
TIPP
KULLER
KULLER
Nimm dir das doch nicht so zu Herzen!
Aussichtslos!
FLAPP
WÄLZ
Lass mich bitte nur fünf Minuten hier so liegen...
Für gewöhnlich lässt sie sich nichts anmerken...

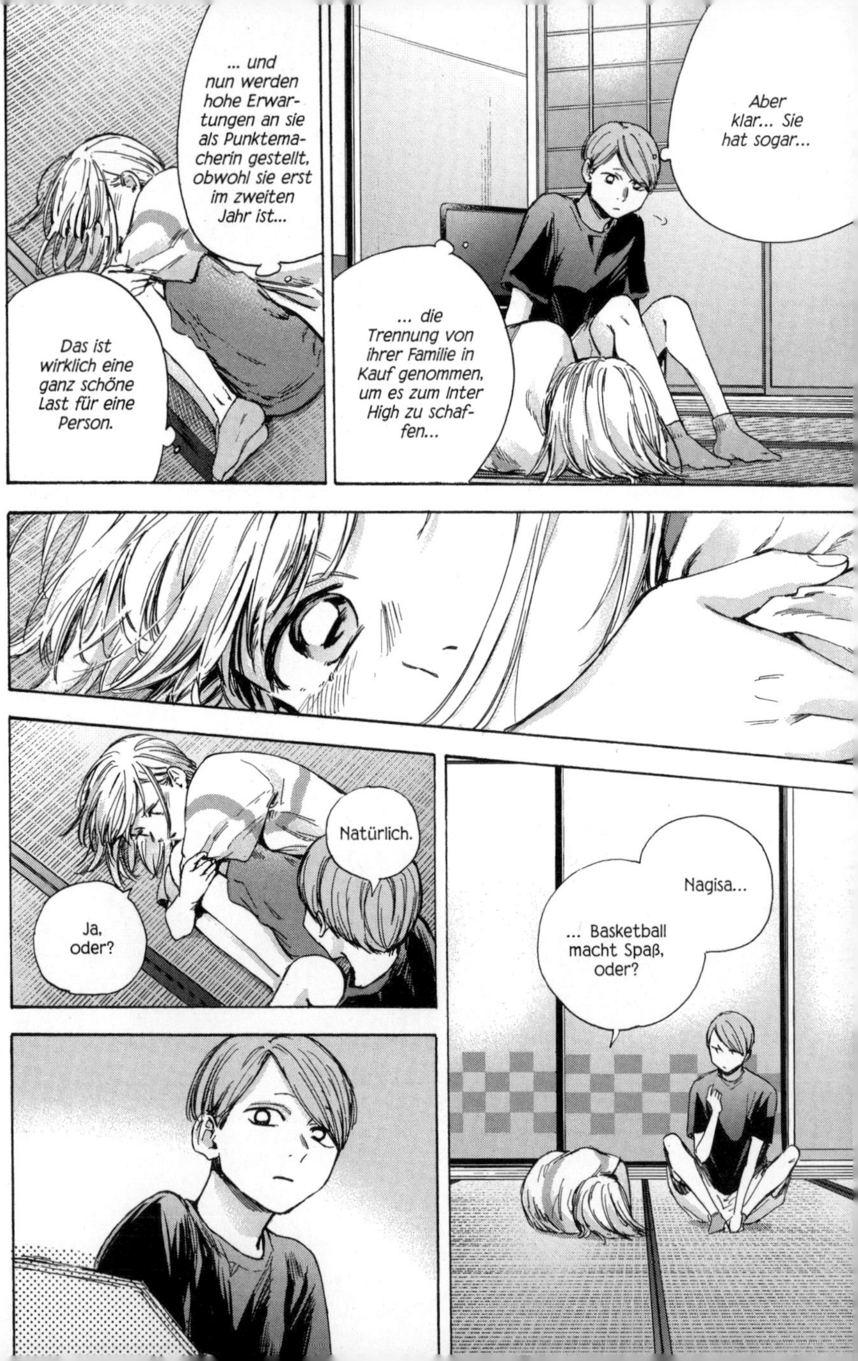
Aber klar... Sie hat sogar...
... die Trennung von ihrer Familie in Kauf genommen, um es zum Inter High zu schaffen...
... und nun werden hohe Erwartungen an sie als Punktemacherin gestellt, obwohl sie erst im zweiten Jahr ist...
Das ist wirklich eine ganz schöne Last für eine Person.
Nagisa...
... Basketball macht Spaß, oder?
Natürlich.
Ja, oder?

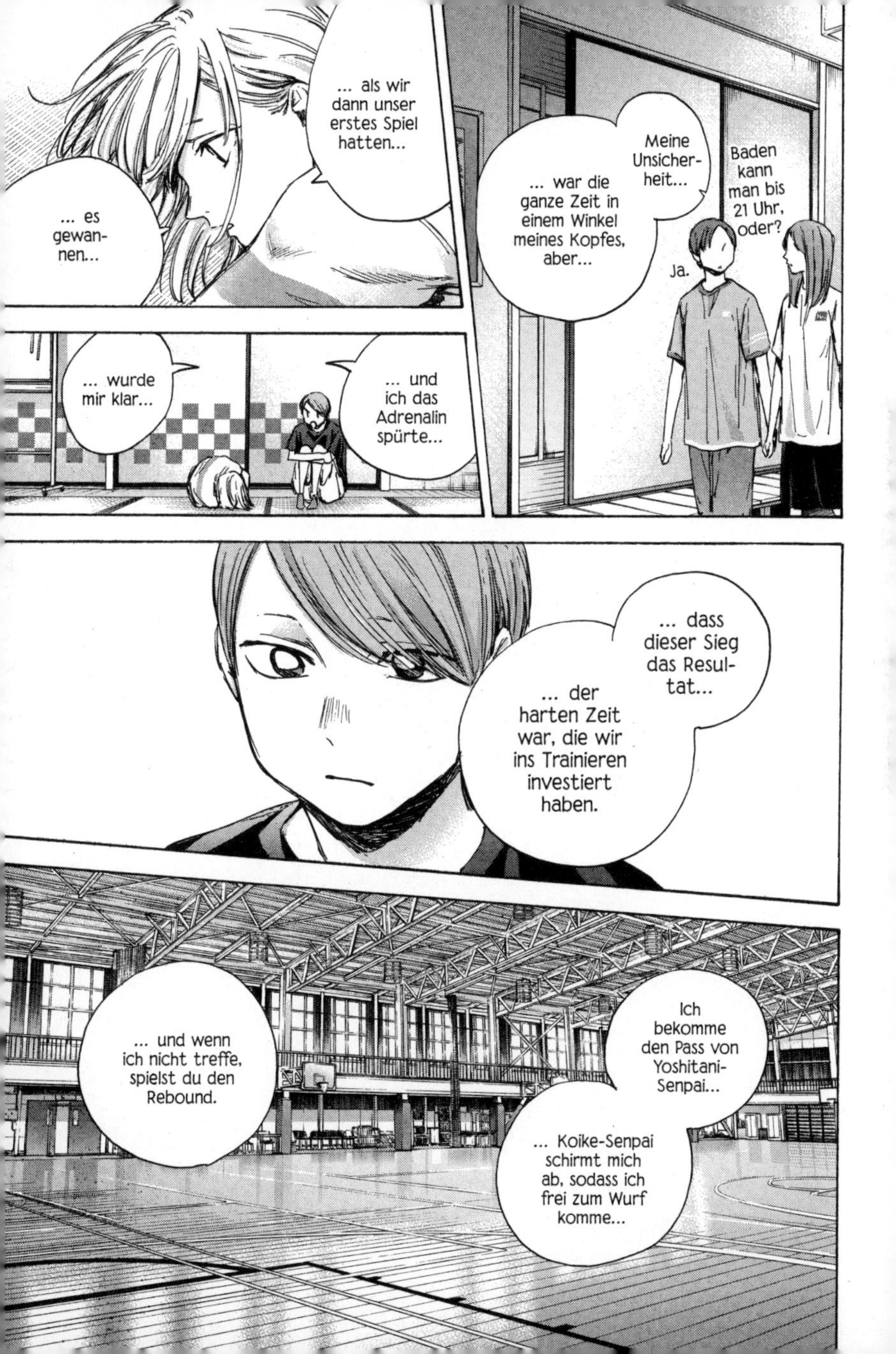
Baden kann man bis 21 Uhr, oder?
Ja.
Meine Unsicherheit...
... war die ganze Zeit in einem Winkel meines Kopfes, aber...
... als wir dann unser erstes Spiel hatten...
... es gewannen...
... und ich das Adrenalin spürte...
... wurde mir klar...
... dass dieser Sieg das Resultat...
... der harten Zeit war, die wir ins Trainieren investiert haben.
Ich bekomme den Pass von Yoshitani-Senpai...
... Koike-Senpai schirmt mich ab, sodass ich frei zum Wurf komme...
... und wenn ich nicht treffe, spielst du den Rebound.

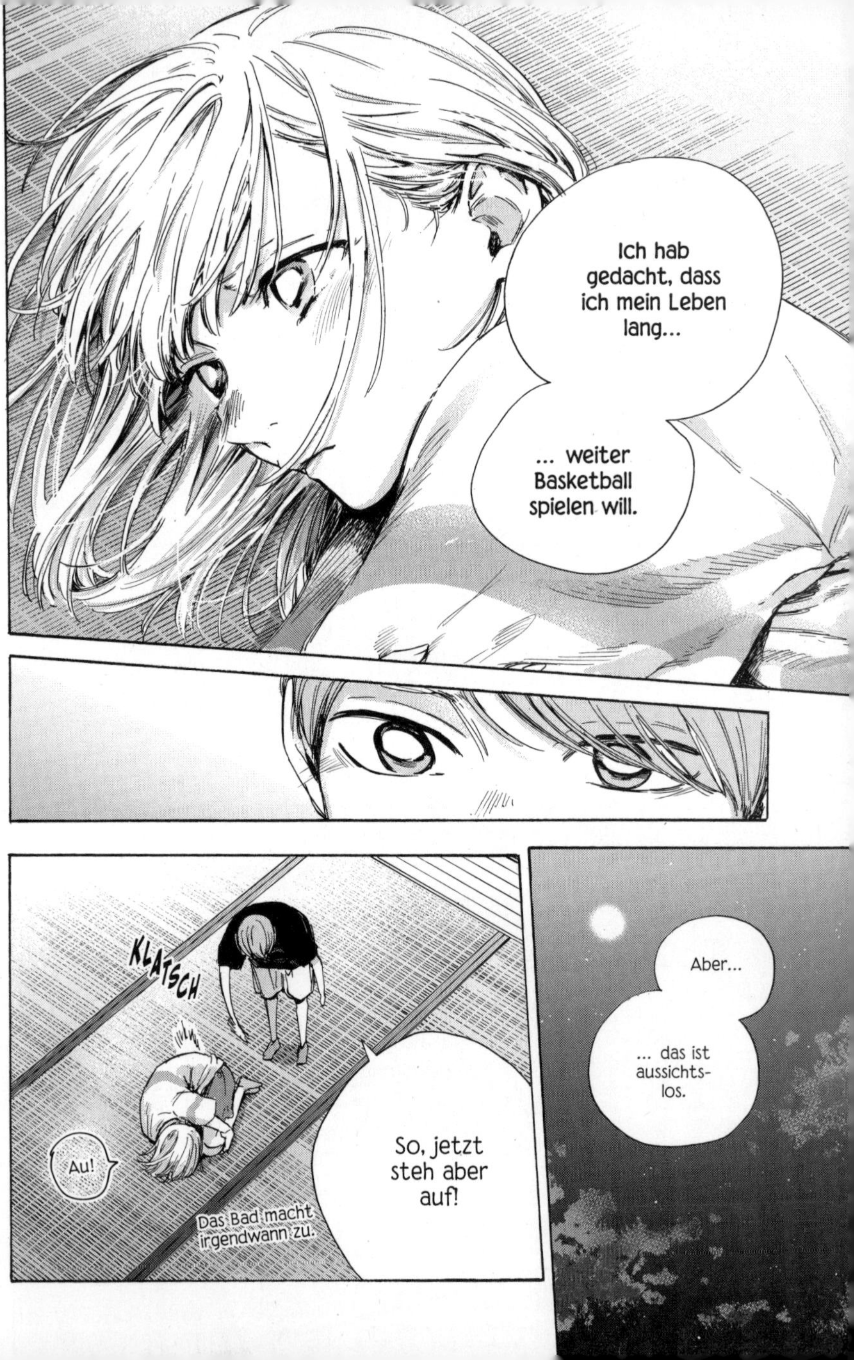
Ich hab gedacht, dass ich mein Leben lang...
... weiter Basketball spielen will.
Aber...
... das ist aussichts-los.
KLATSCH
So, jetzt steh aber auf!
Das Bad macht irgendwann zu.
Au!

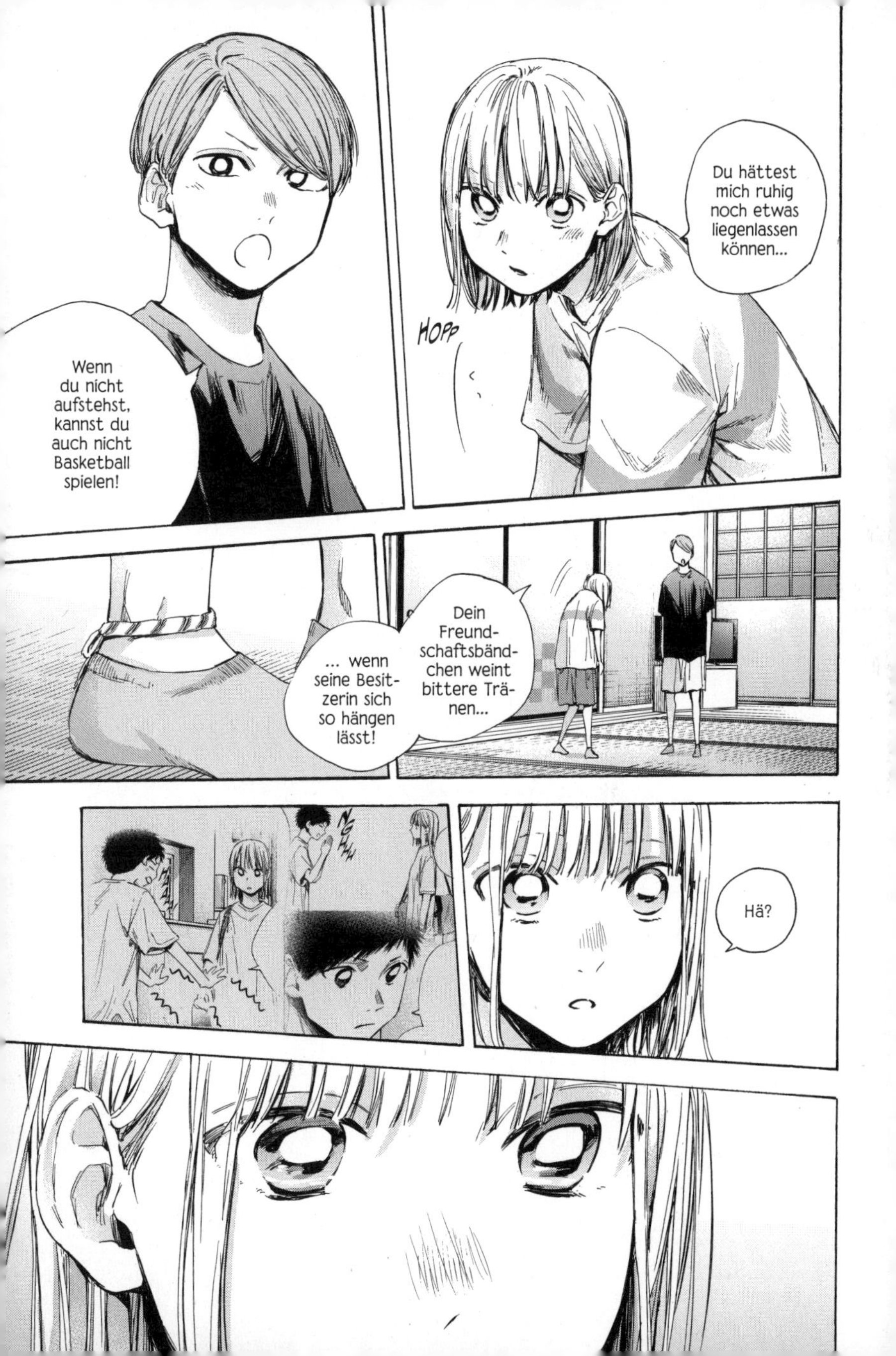
Du hättest mich ruhig noch etwas liegenlassen können...
HOPP
Wenn du nicht aufstehst, kannst du auch nicht Basketball spielen!
Dein Freundschaftsbändchen weint bittere Tränen...
... wenn seine Besitzerin sich so hängen lässt!
Hä?

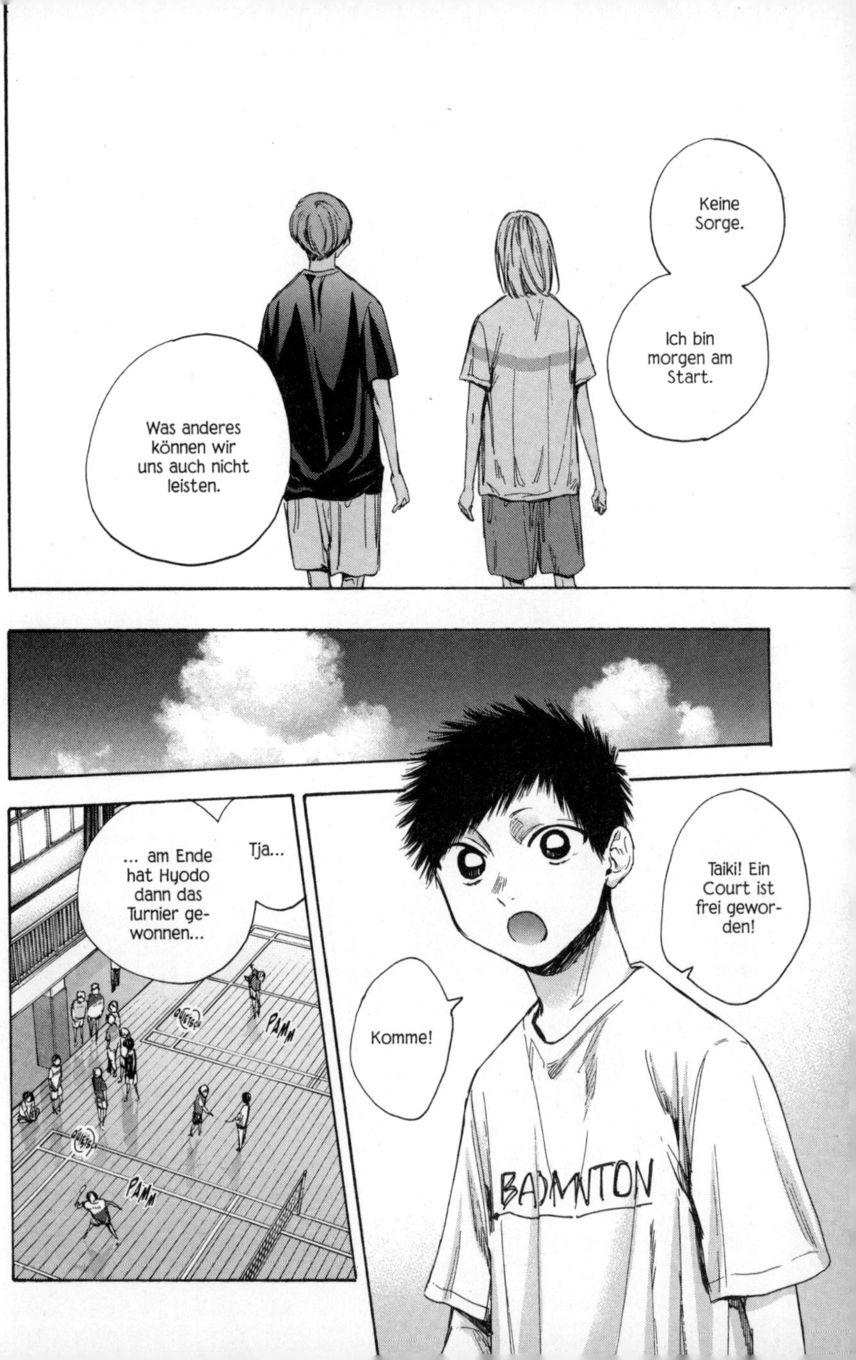
Keine Sorge.
Ich bin morgen am Start.
Was anderes können wir uns auch nicht leisten.
Taiki! Ein Court ist frei geworden!
Komme!
Tja...
... am Ende hat Hyodo dann das Turnier gewonnen...
PAMM
PAMM
BADMNTON

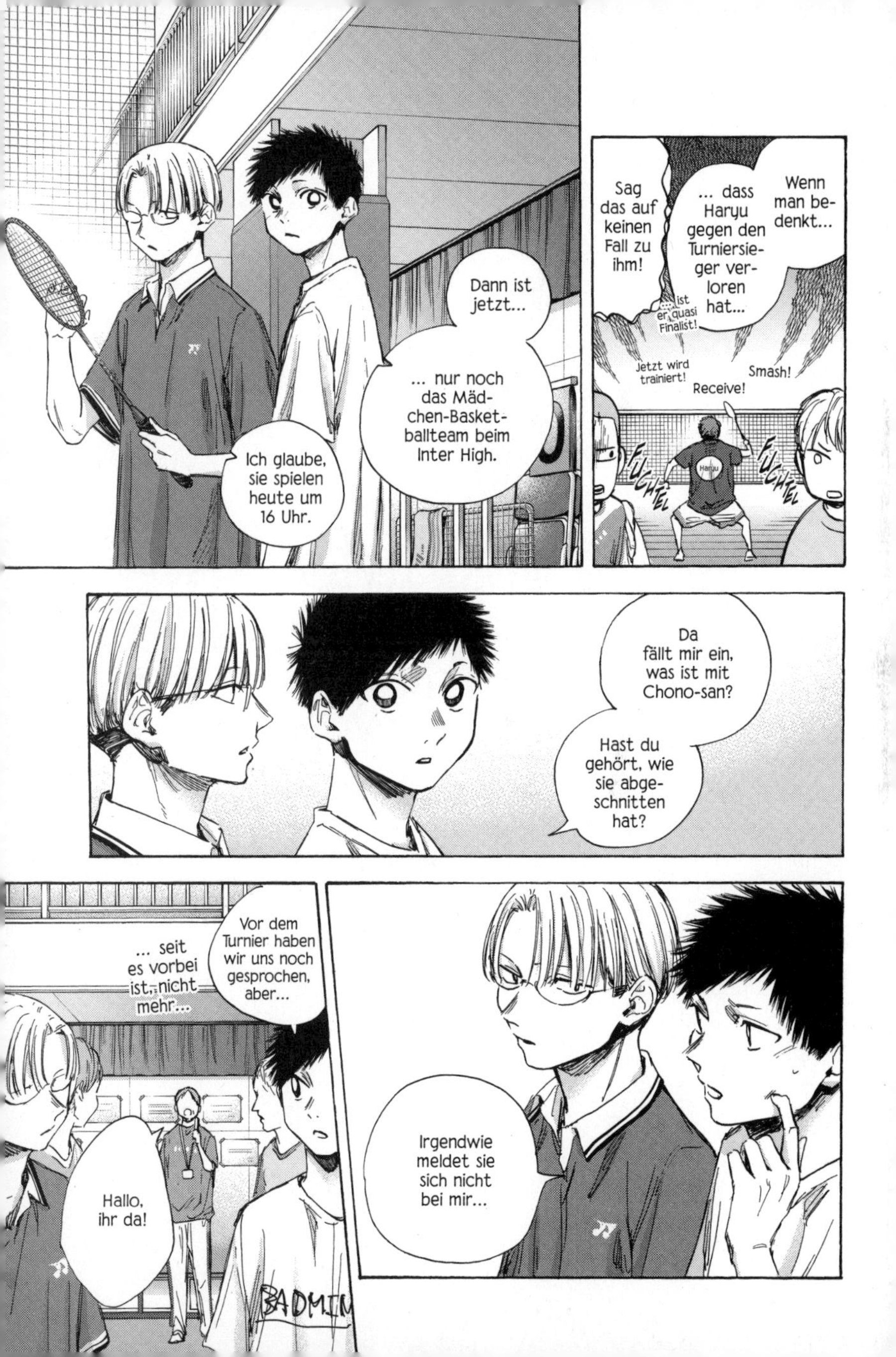
Wenn man bedenkt...
... dass Haryu gegen den Turniersieger verloren hat...
... ist er quasi Finalist!
Sag das auf keinen Fall zu ihm!
Smash!
Receive!
Jetzt wird trainiert!
FUCHTEL
FUCHTEL
Dann ist jetzt...
... nur noch das Mädchen-Basketballteam beim Inter High.
Ich glaube, sie spielen heute um 16 Uhr.
Da fällt mir ein, was ist mit Chono-san?
Hast du gehört, wie sie abgeschnitten hat?
Irgendwie meldet sie sich nicht bei mir...
Vor dem Turnier haben wir uns noch gesprochen, aber...
... seit es vorbei ist, nicht mehr...
Hallo, ihr da!

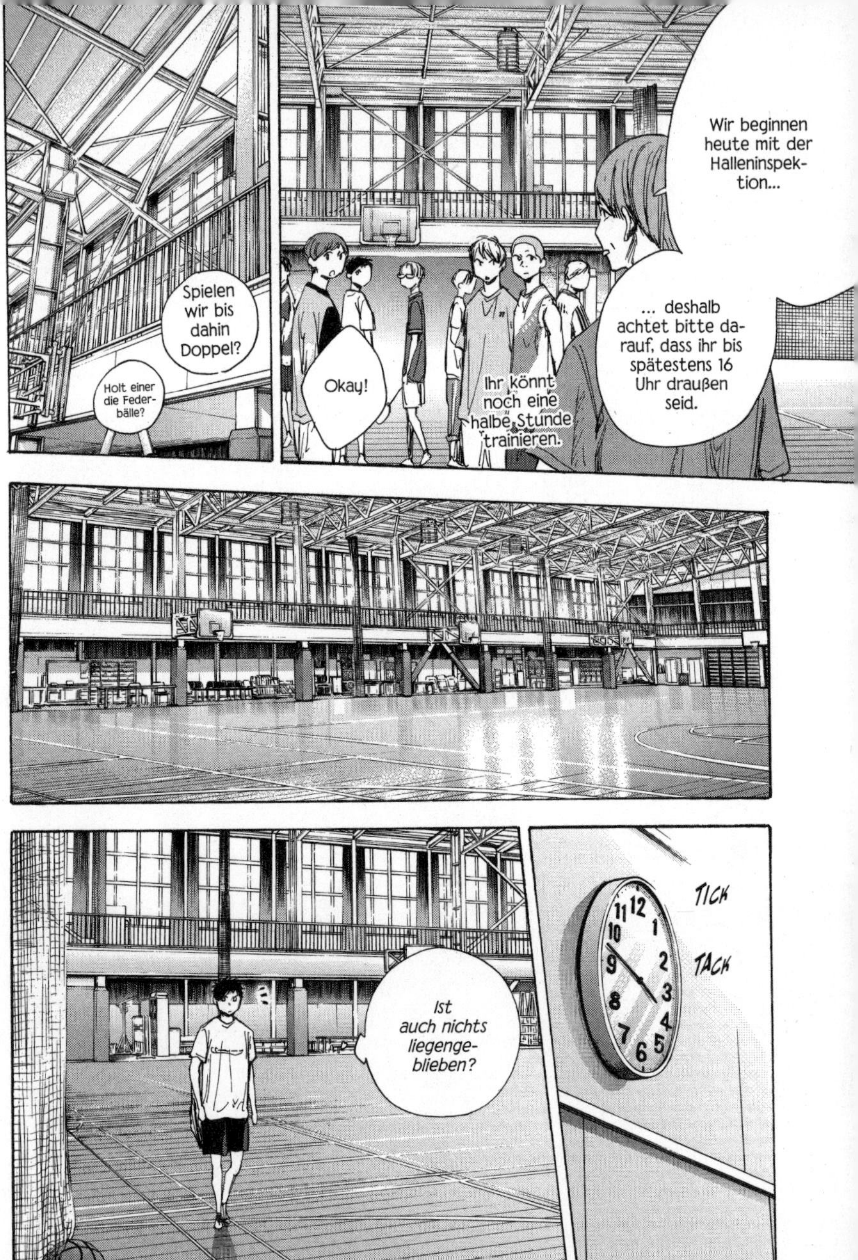
Wir beginnen heute mit der Halleninspektion...
... deshalb achtet bitte darauf, dass ihr bis spätestens 16 Uhr draußen seid.
Ihr könnt noch eine halbe Stunde trainieren.
Okay!
Spielen wir bis dahin Doppel?
Holt einer die Federbälle?
TICK
TACK
Ist auch nichts liegengeblieben?

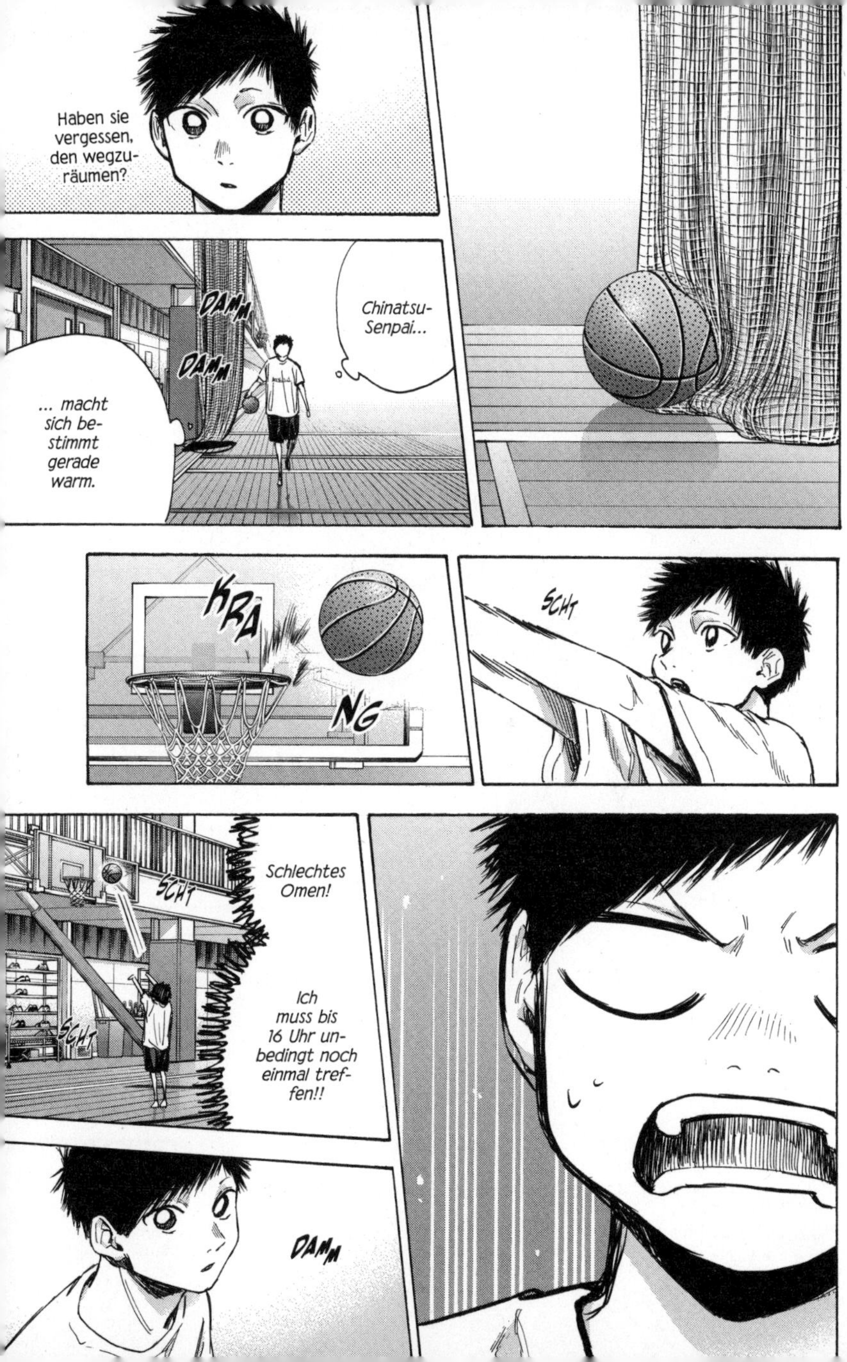
Haben sie vergessen, den wegzuräumen?
Chinatsu-Senpai...
DAMM
DAMM
... macht sich bestimmt gerade warm.
SCHT
KRANG
Schlechtes Omen!
Ich muss bis 16 Uhr unbedingt noch einmal treffen!!
SCHT
SCHT
DAMM

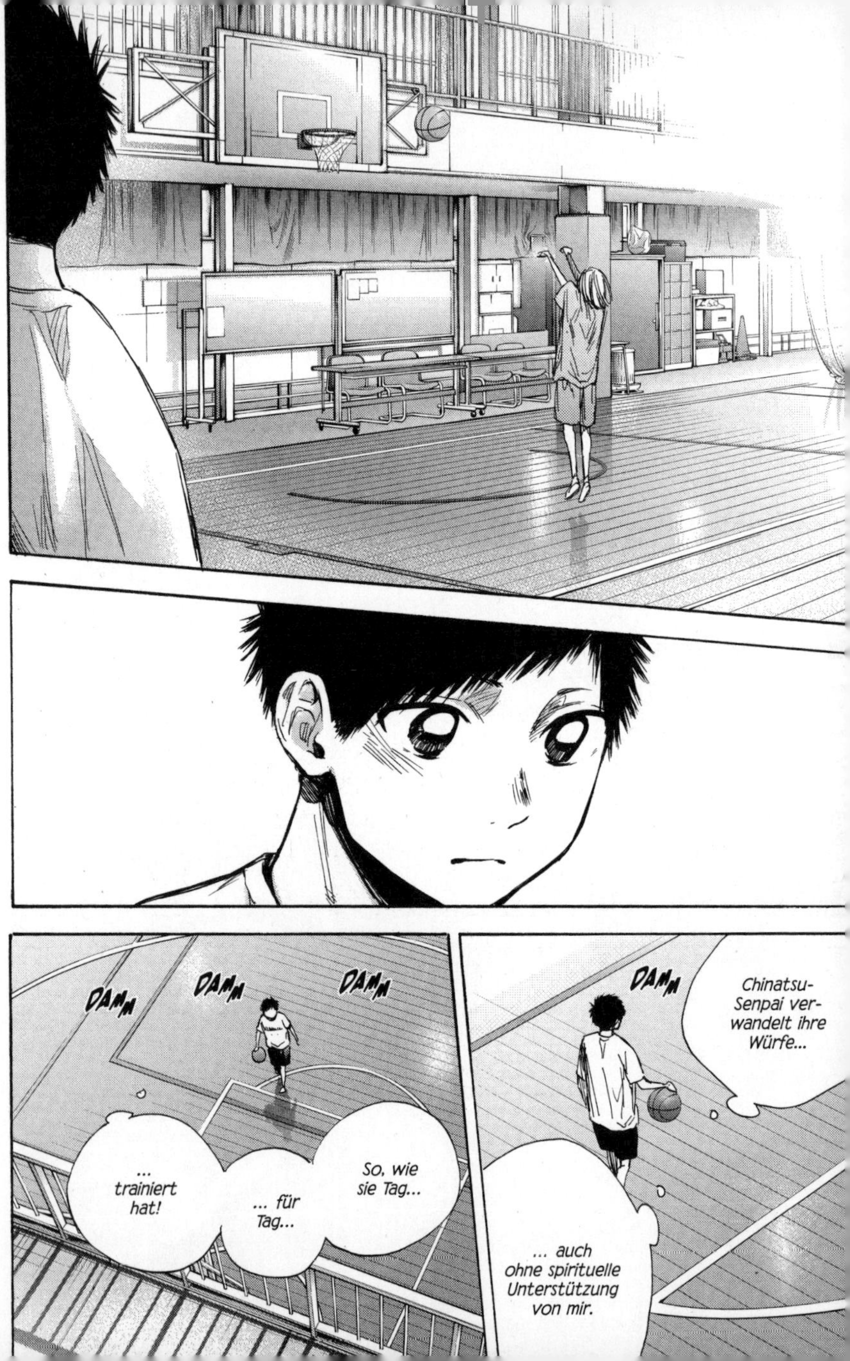
DAMM
Chinatsu-Senpai verwandelt ihre Würfe...
... auch ohne spirituelle Unterstützung von mir.
DAMM
DAMM
DAMM
So, wie sie Tag...
... für Tag...
... trainiert hat!

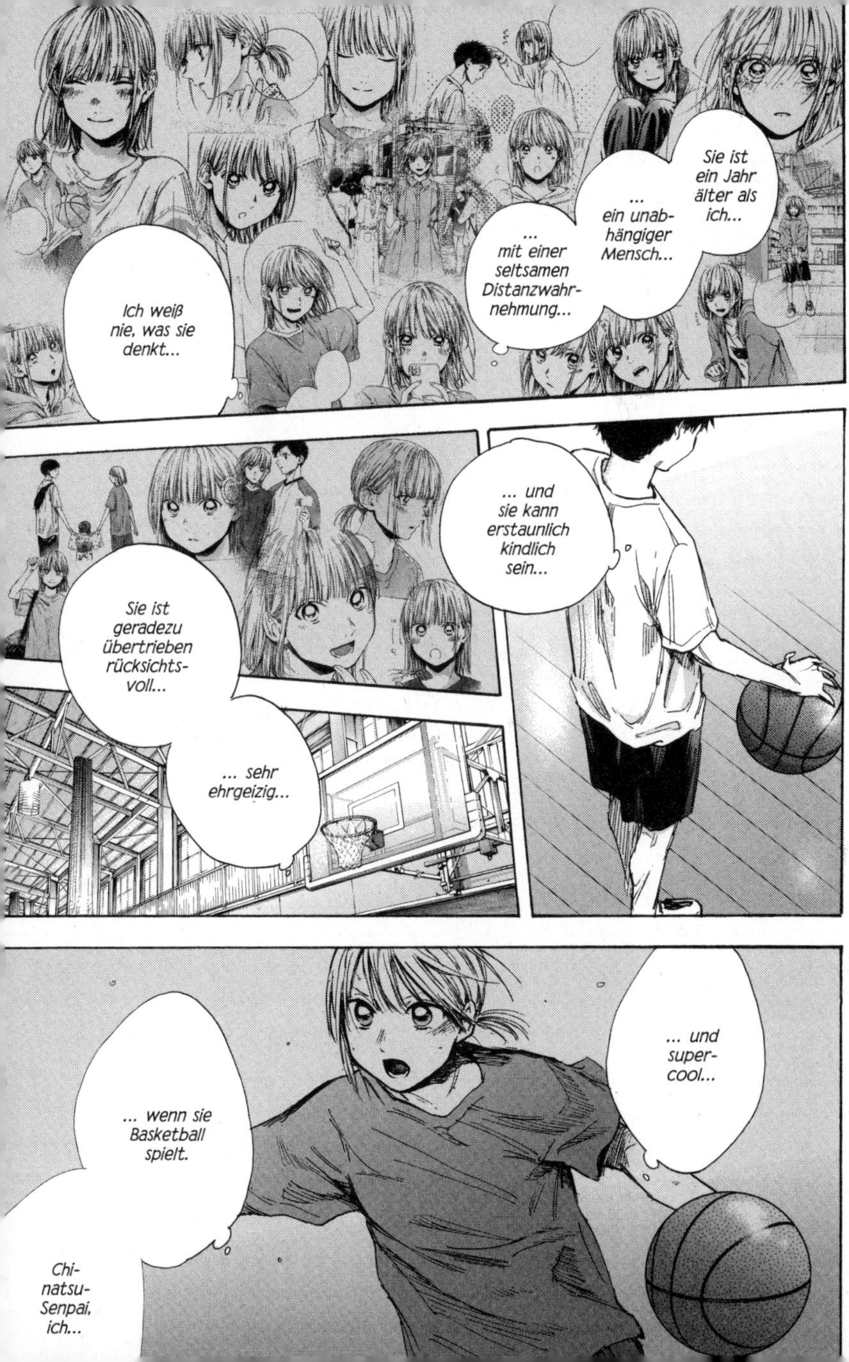
Sie ist ein Jahr älter als ich...
... ein unabhängiger Mensch...
... mit einer seltsamen Distanzwahrnehmung...
Ich weiß nie, was sie denkt...
... und sie kann erstaunlich kindlich sein...
Sie ist geradezu übertrieben rücksichtsvoll...
... sehr ehrgeizig...
... und supercool...
... wenn sie Basketball spielt.
Chinatsu-Senpai, ich...

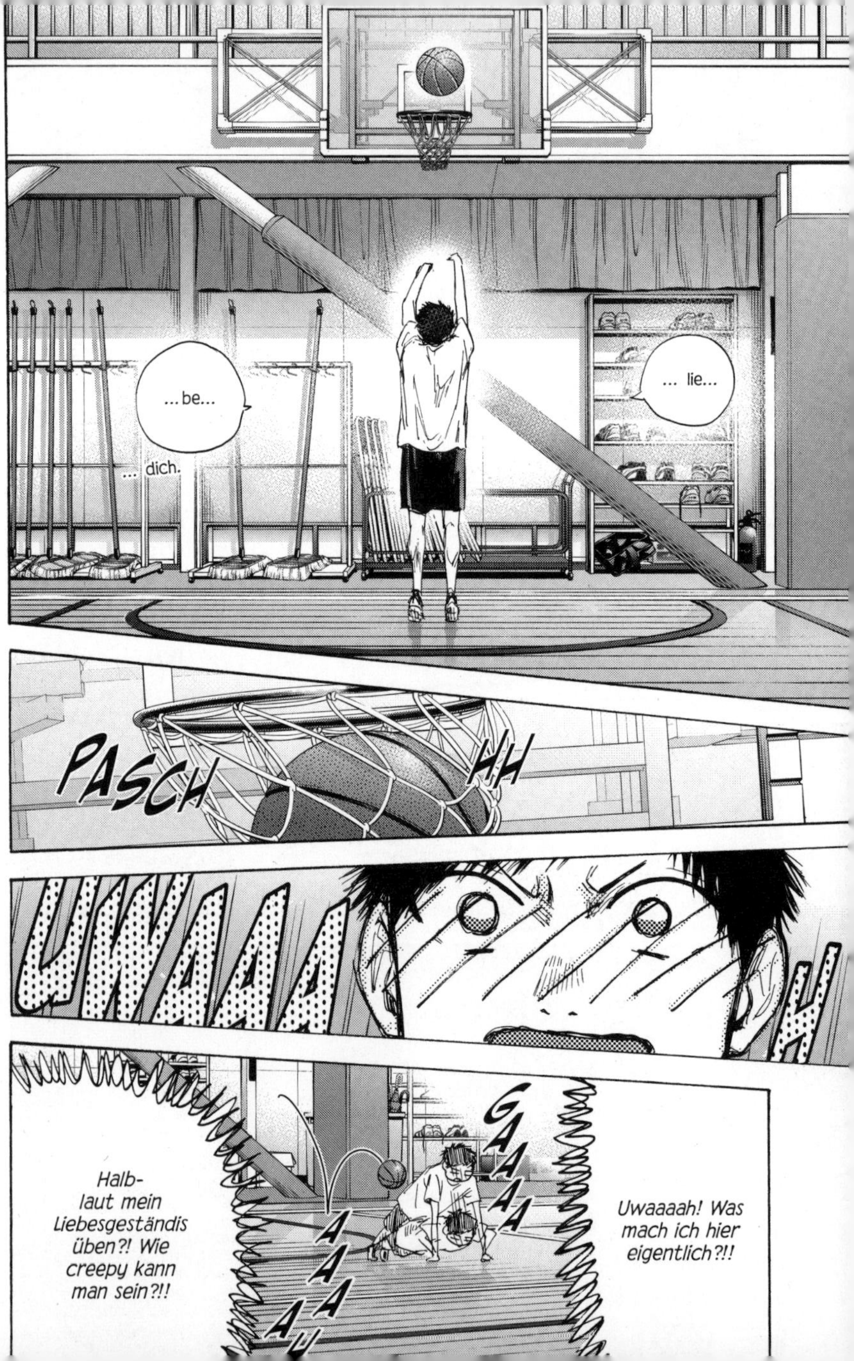
... lie...
...be...
... dich.
PASCHHH
UWAAAAH
Uwaaaah! Was mach ich hier eigentlich?!!
GAAAAAAAAAAU
Halb-laut mein Liebesgeständis üben?! Wie creepy kann man sein?!!

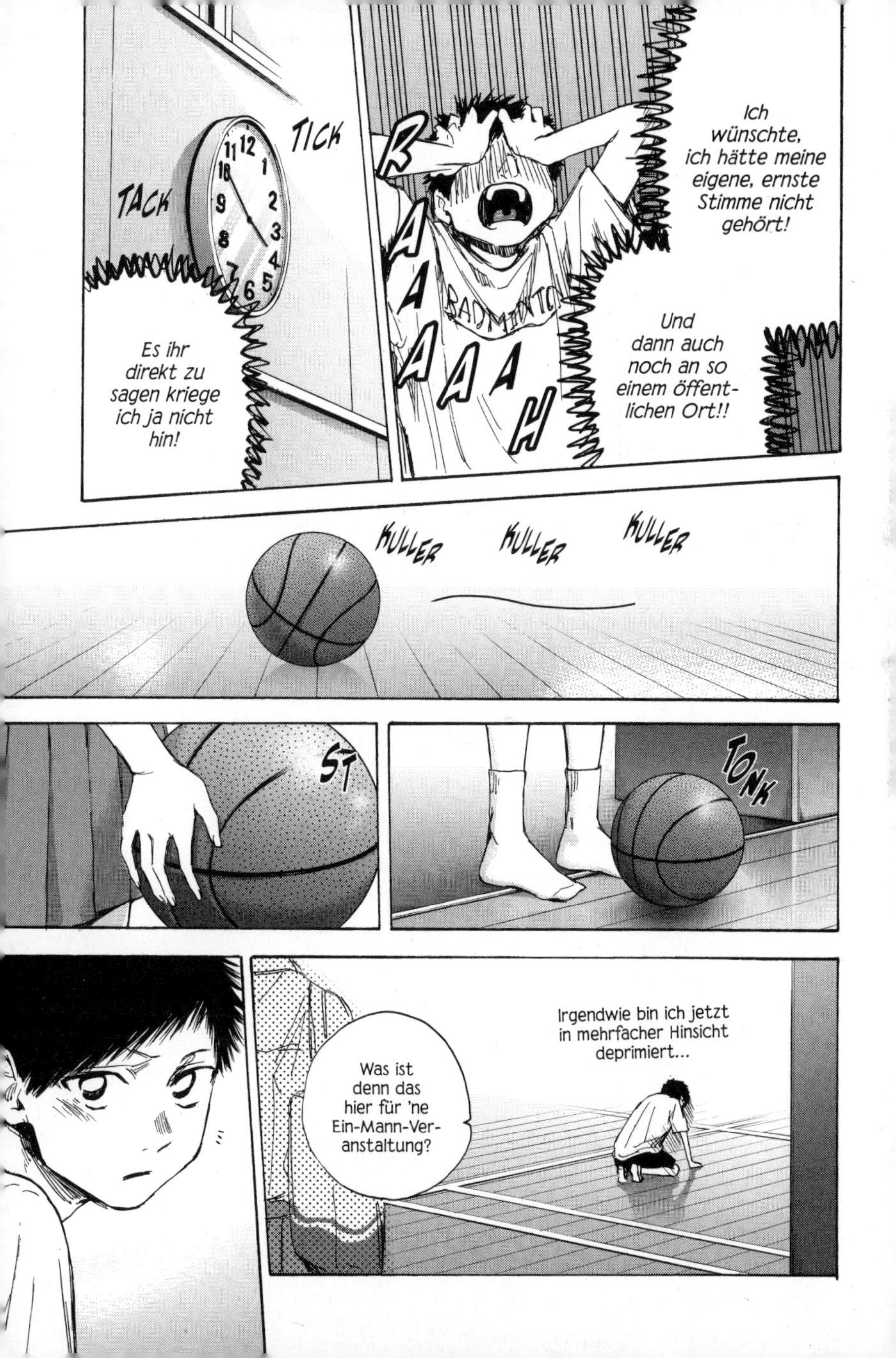
Ich wünschte, ich hätte meine eigene, ernste Stimme nicht gehört!
RAAAAAAH
Und dann auch noch an so einem öffentlichen Ort!!
TICK
TACK
Es ihr direkt zu sagen kriege ich ja nicht hin!
KULLER KULLER KULLER
TONK
ST
Irgendwie bin ich jetzt in mehrfacher Hinsicht deprimiert…
Was ist denn das hier für 'ne Ein-Mann-Veranstaltung?

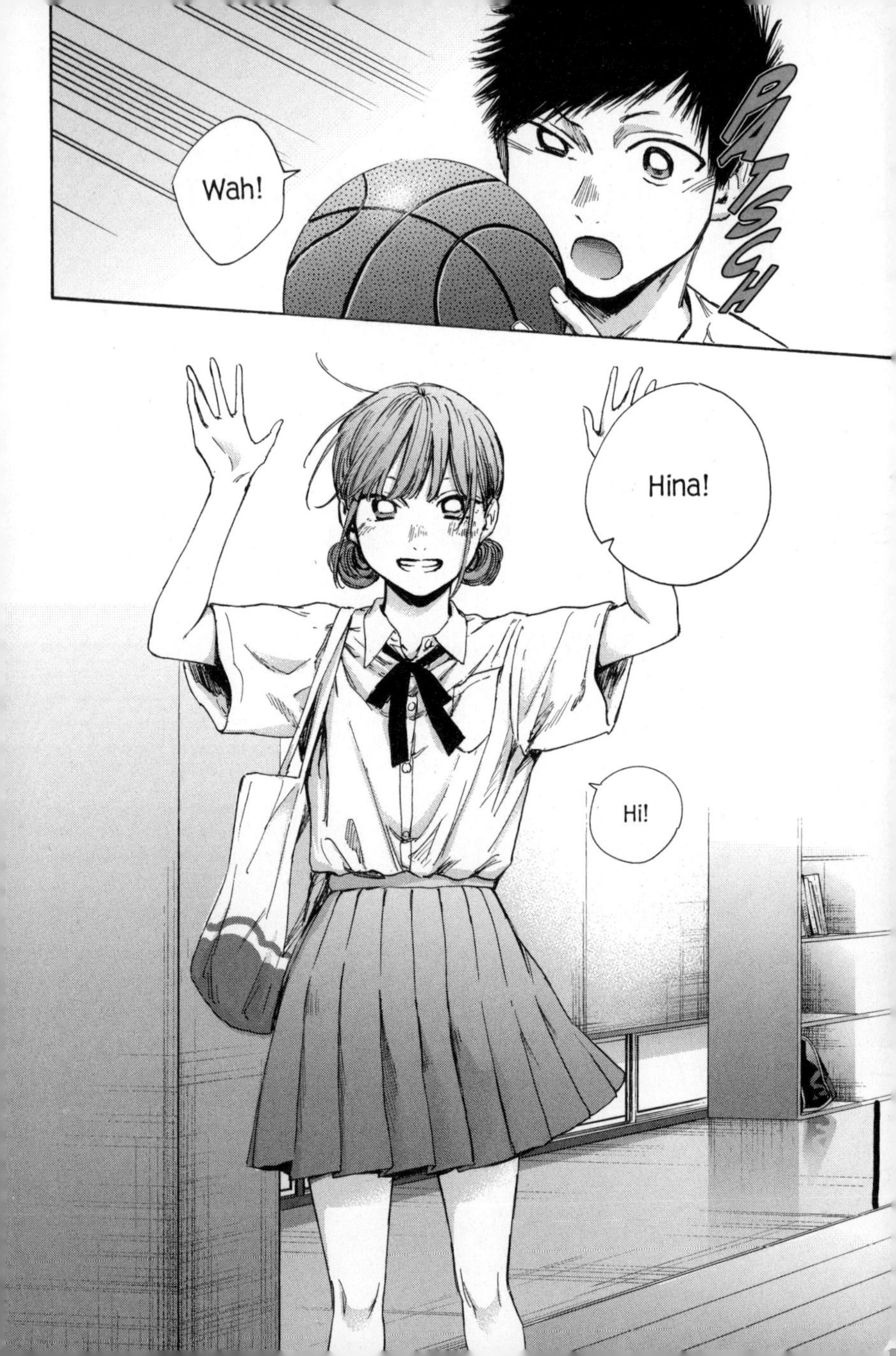
PATSCH
Wah!
Hina!
Hi!

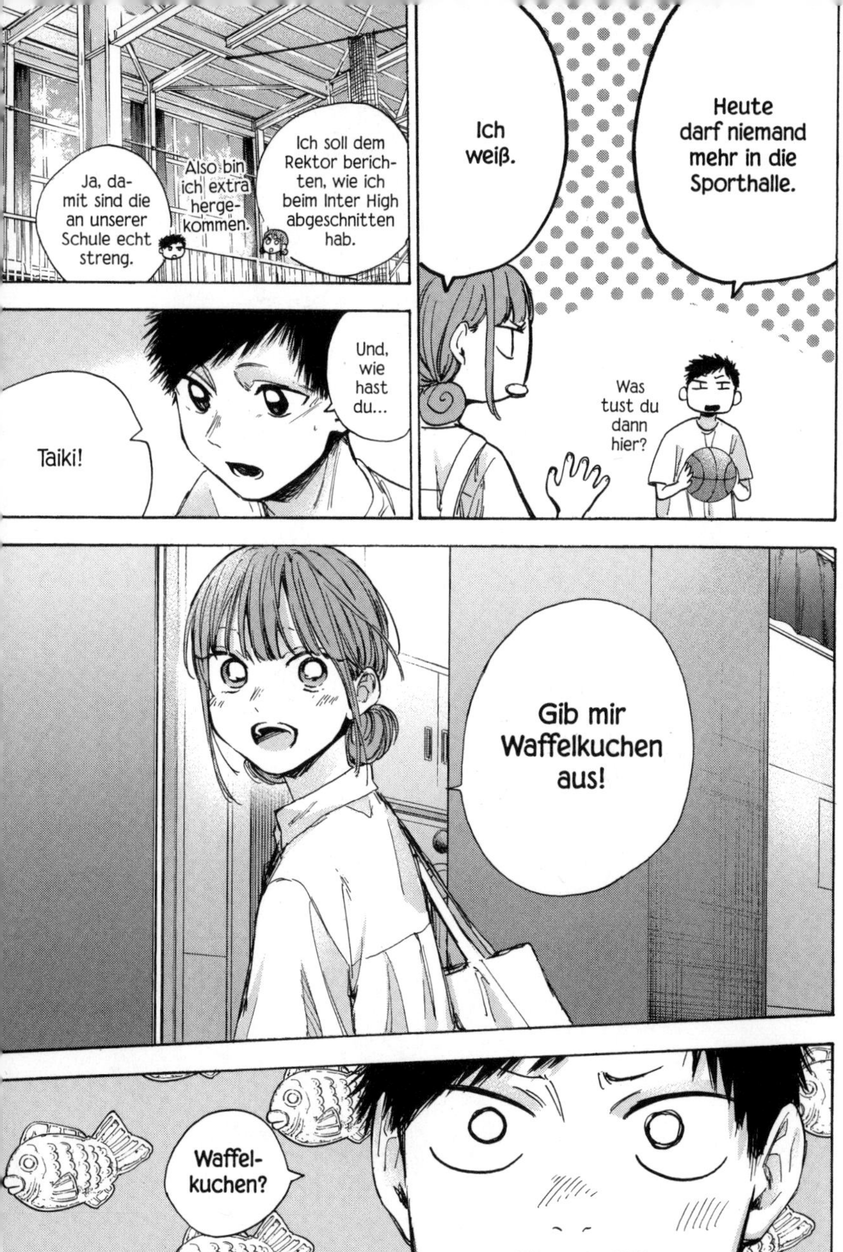
Heute darf niemand mehr in die Sporthalle.
Ich weiß.
Was tust du dann hier?
Ich soll dem Rektor berichten, wie ich beim Inter High abgeschnitten hab.
Also bin ich extra hergekommen.
Ja, damit sind die an unserer Schule echt streng.
Und, wie hast du…
Taiki!
Gib mir Waffelkuchen aus!
Waffelkuchen?

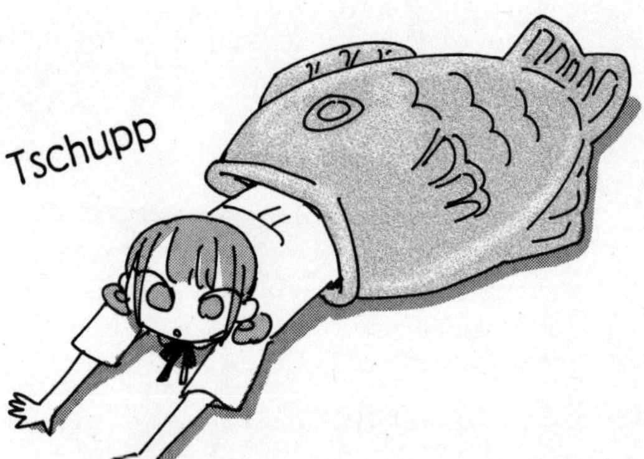
Tschupp

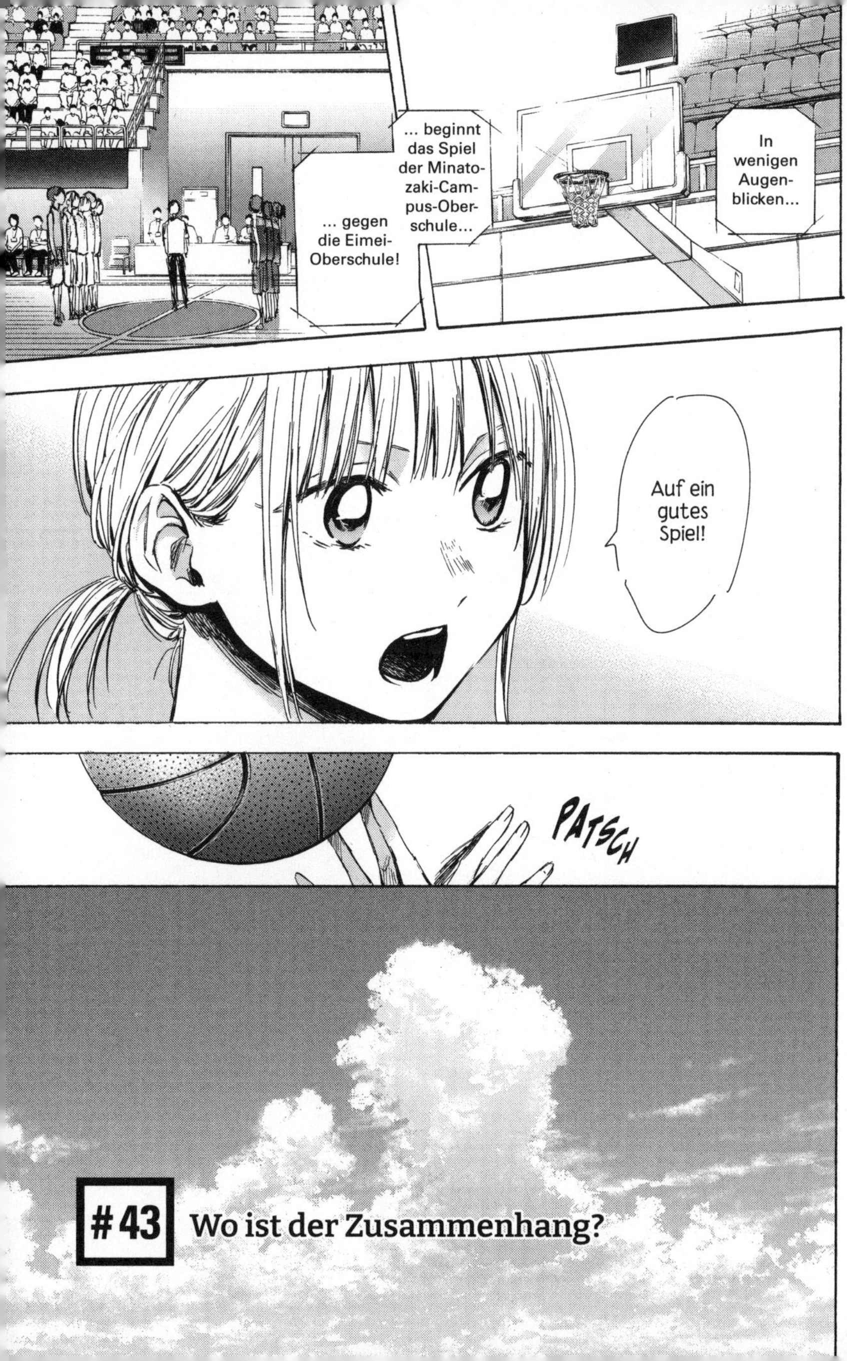

#43 Wo ist der Zusammenhang?

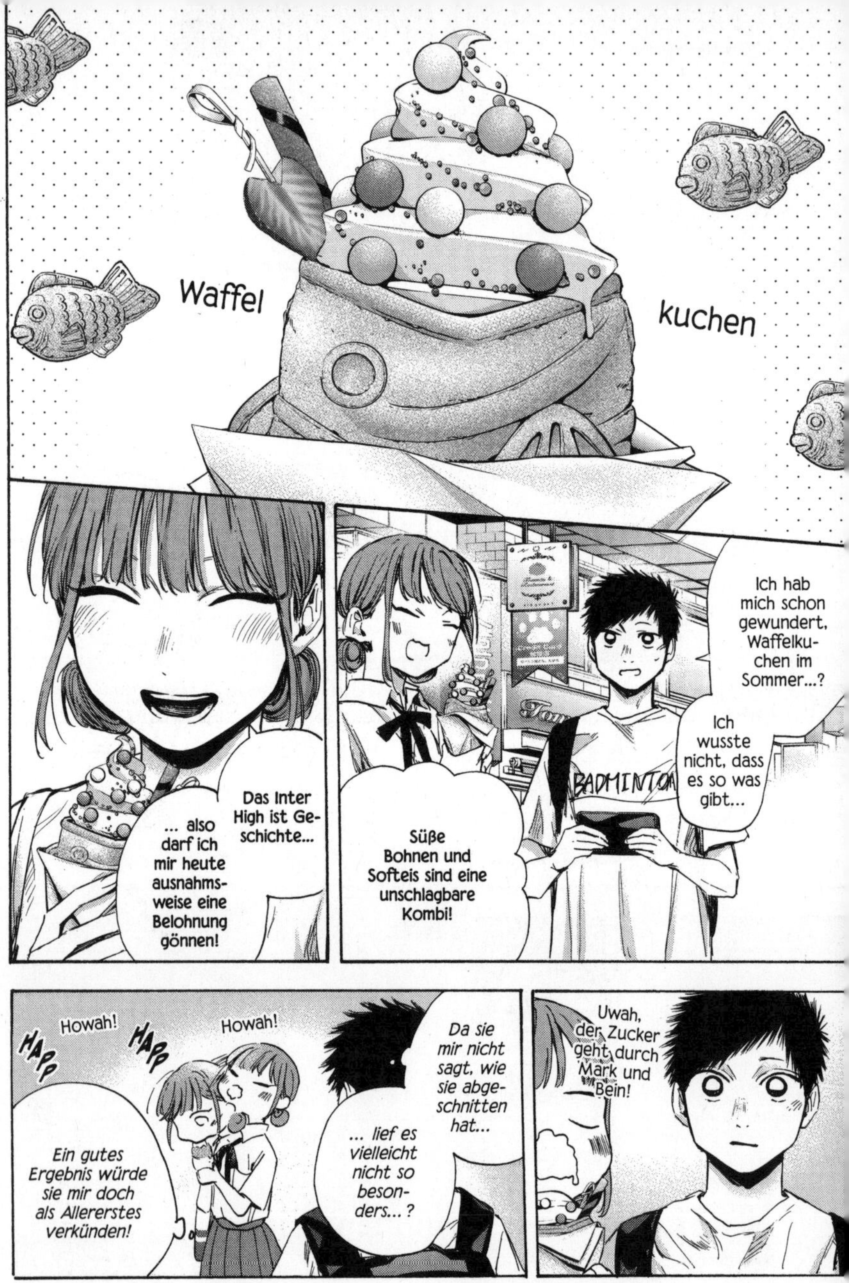
Waffel
kuchen
Ich hab mich schon gewundert, Waffelkuchen im Sommer...?
Ich wusste nicht, dass es so was gibt...
Süße Bohnen und Softeis sind eine unschlagbare Kombi!
Das Inter High ist Geschichte...
... also darf ich mir heute ausnahmsweise eine Belohnung gönnen!
Uwah, der Zucker geht durch Mark und Bein!
Howah!
HAPP
Howah!
HAPP
Da sie mir nicht sagt, wie sie abgeschnitten hat...
... lief es vielleicht nicht so besonders...?
Ein gutes Ergebnis würde sie mir doch als Allererstes verkünden!

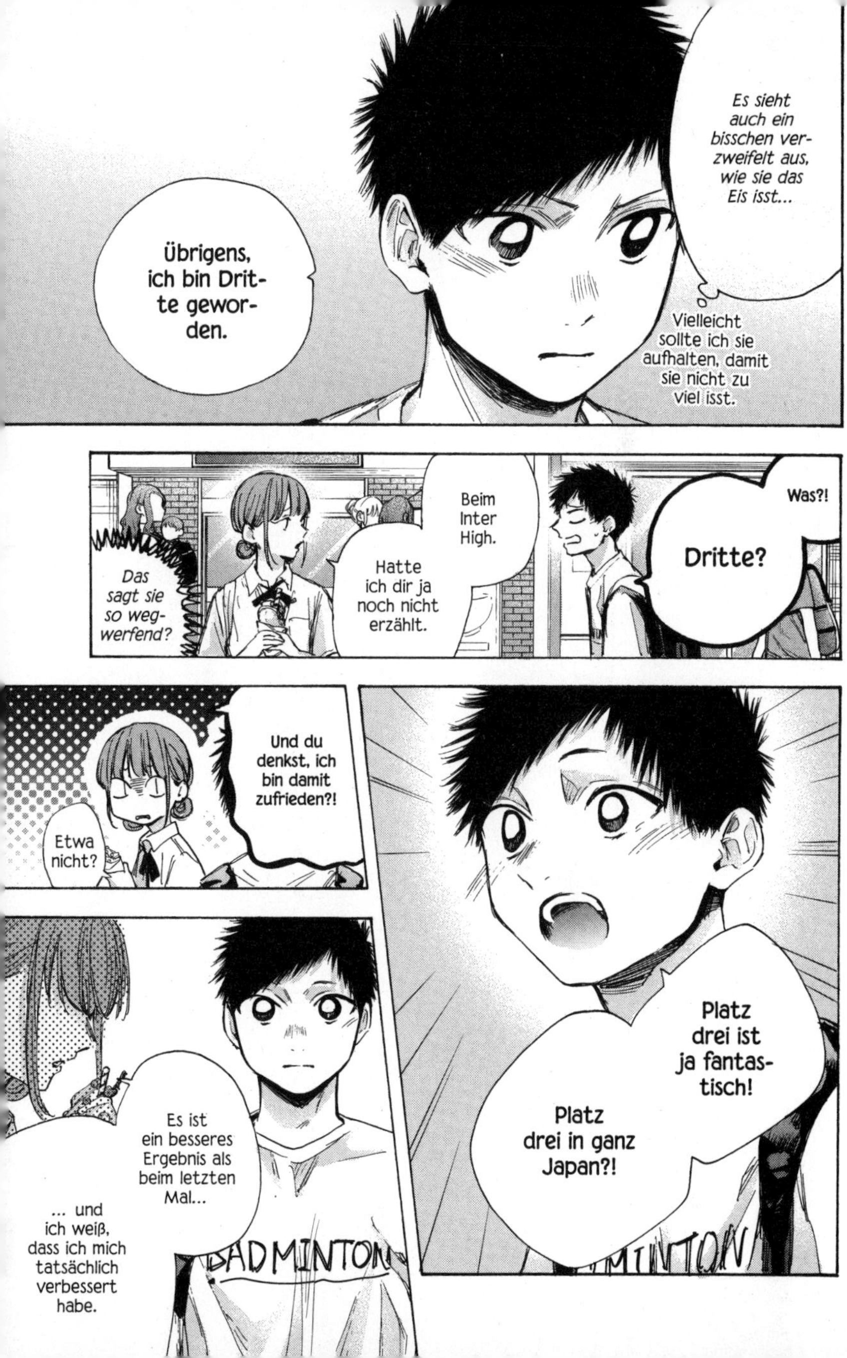

Es sieht auch ein bisschen verzweifelt aus, wie sie das Eis isst...
Vielleicht sollte ich sie aufhalten, damit sie nicht zu viel isst.
Übrigens, ich bin Dritte geworden.
Was?!
Dritte?
Beim Inter High.
Hatte ich dir ja noch nicht erzählt.
Das sagt sie so wegwerfend?
Platz drei ist ja fantastisch!
Platz drei in ganz Japan?!
Und du denkst, ich bin damit zufrieden?!
Etwa nicht?
Es ist ein besseres Ergebnis als beim letzten Mal...
... und ich weiß, dass ich mich tatsächlich verbessert habe.

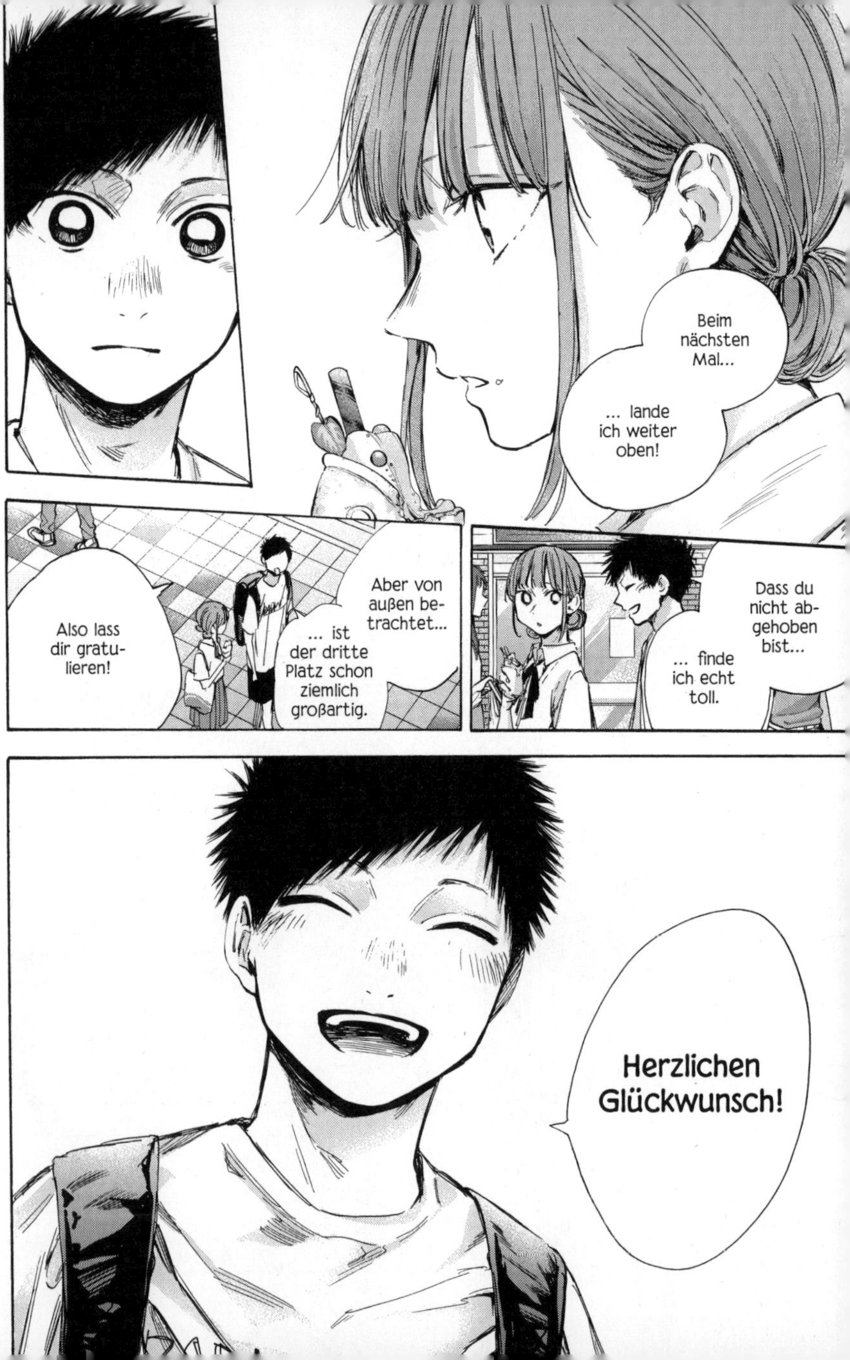
Beim nächsten Mal...
... lande ich weiter oben!
Dass du nicht abgehoben bist...
... finde ich echt toll.
Aber von außen betrachtet...
... ist der dritte Platz schon ziemlich großartig.
Also lass dir gratulieren!
Herzlichen Glückwunsch!

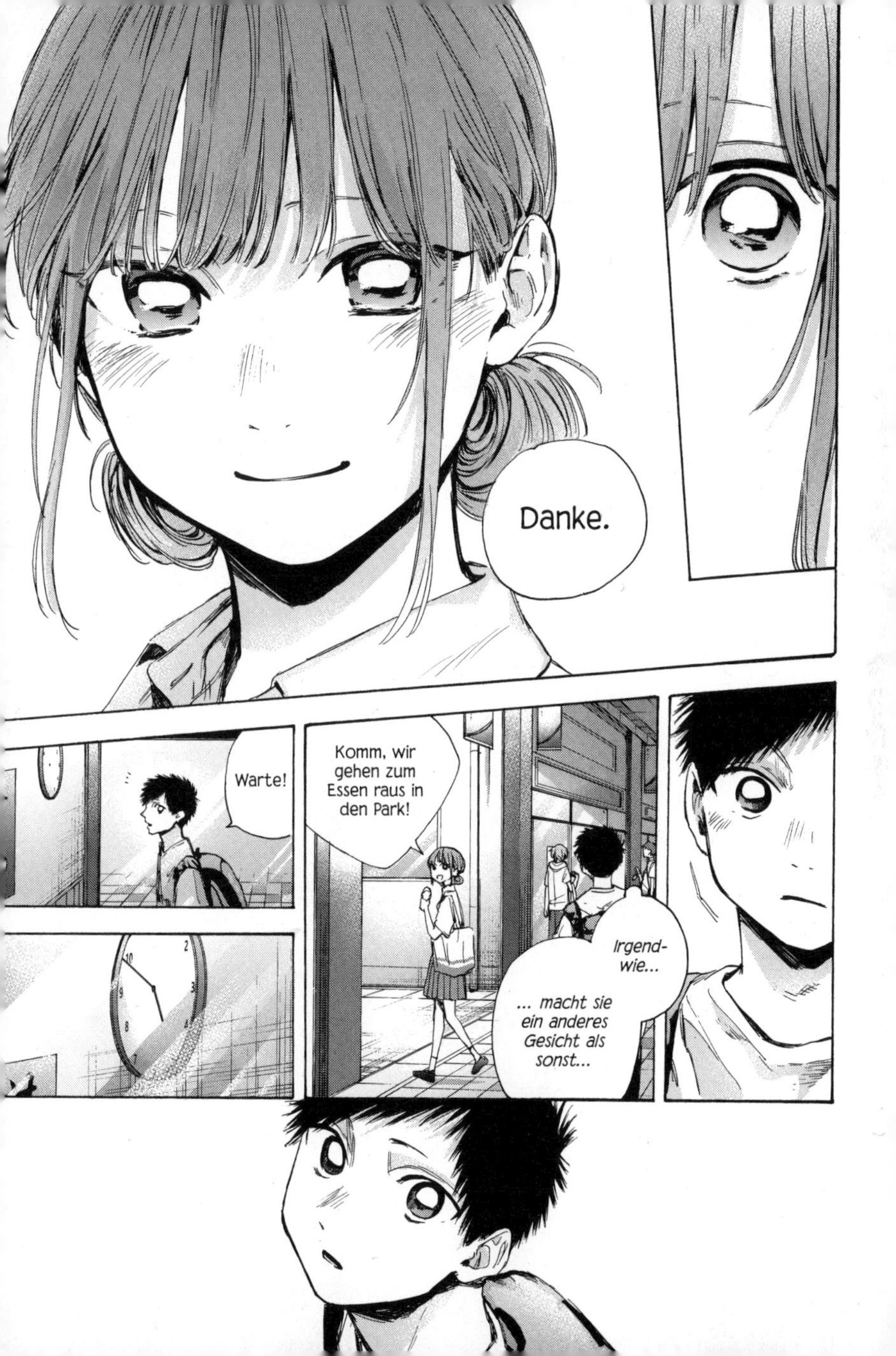
Danke.
Komm, wir gehen zum Essen raus in den Park!
Warte!
Irgend- wie...
... macht sie ein anderes Gesicht als sonst...

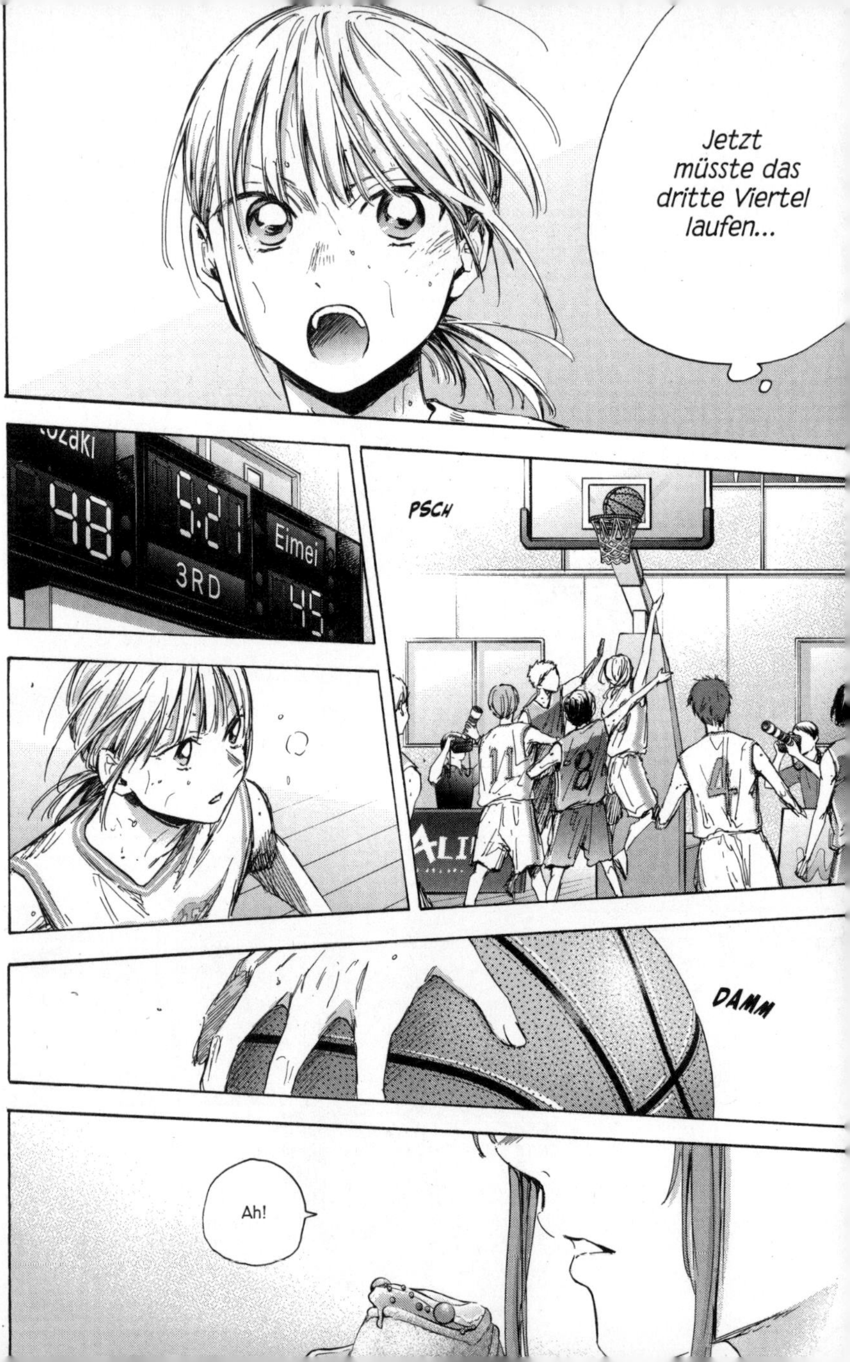
Jetzt müsste das dritte Viertel laufen...
Eimei
3RD
PSCH
DAMM
Ah!

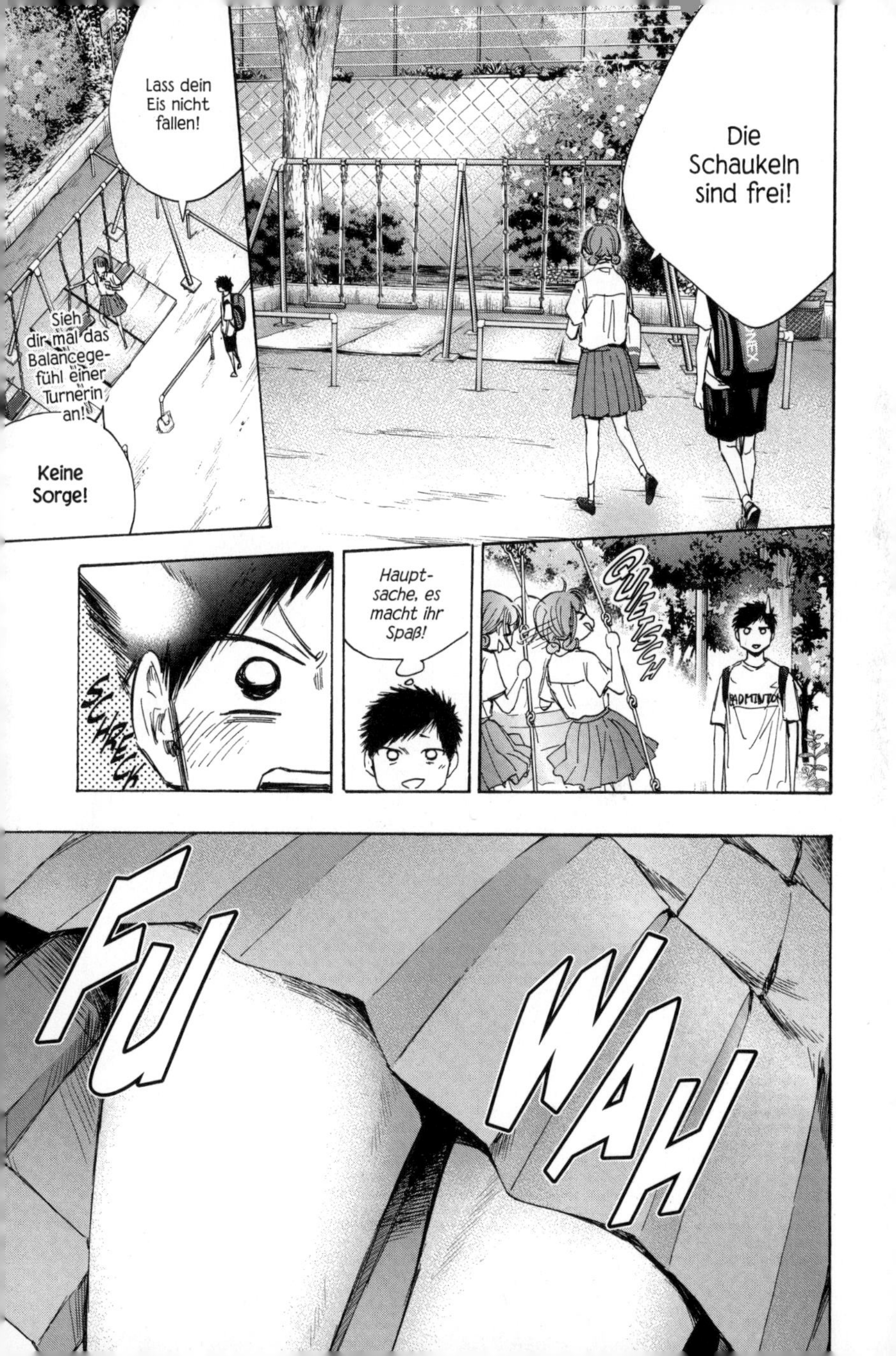

Die Schaukeln sind frei!
Lass dein Eis nicht fallen!
Sieh dir mal das Balancegefühl einer Turnerin an!
Keine Sorge!
Hauptsache, es macht ihr Spaß!
SCHRECK
FU WAH

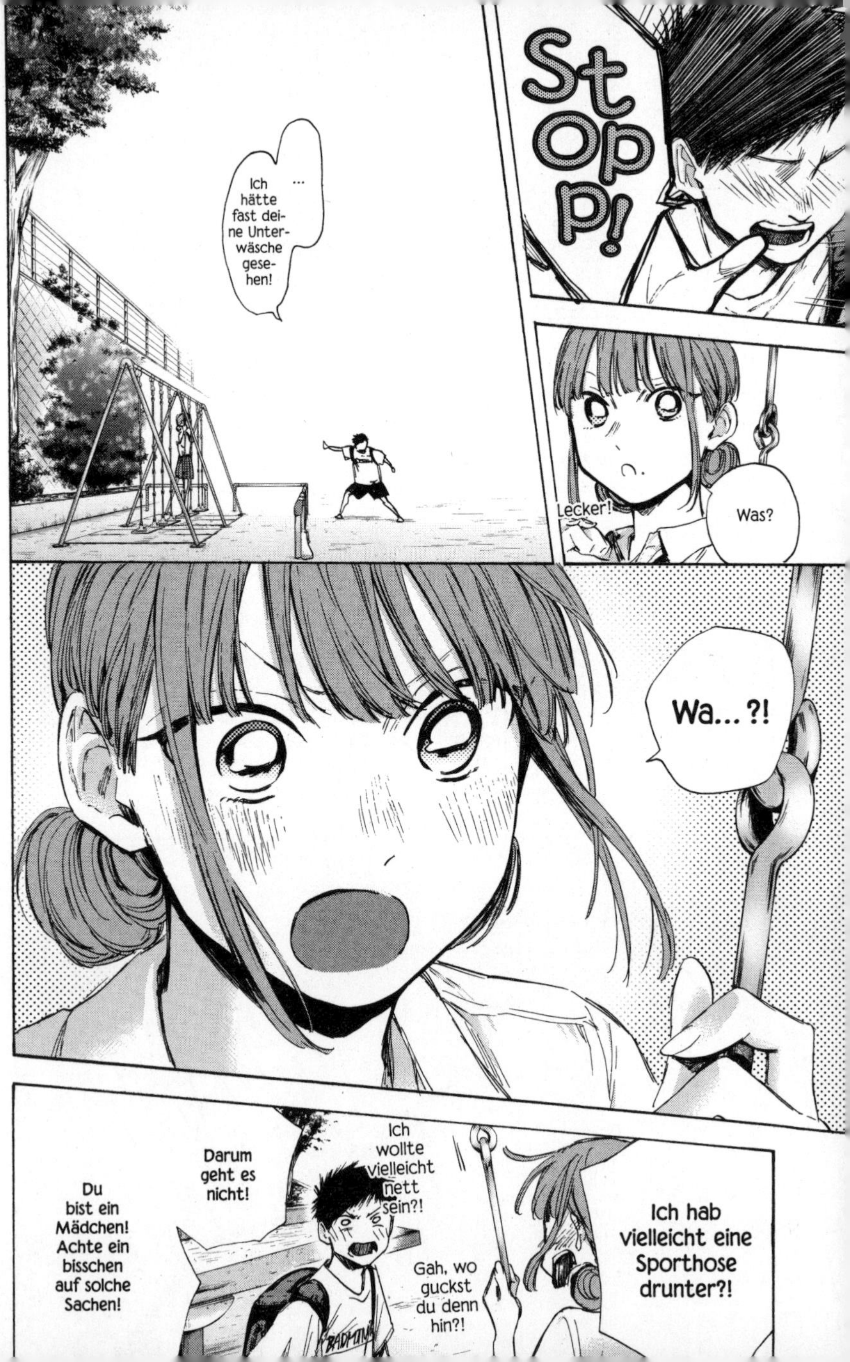
Stopp!
Ich hätte fast deine Unterwäsche gesehen! ...
Was?
Lecker!
Wa...?!
Ich hab vielleicht eine Sporthose drunter?!
Gah, wo guckst du denn hin?!
Ich wollte vielleicht nett sein?!
Darum geht es nicht!
Du bist ein Mädchen! Achte ein bisschen auf solche Sachen!

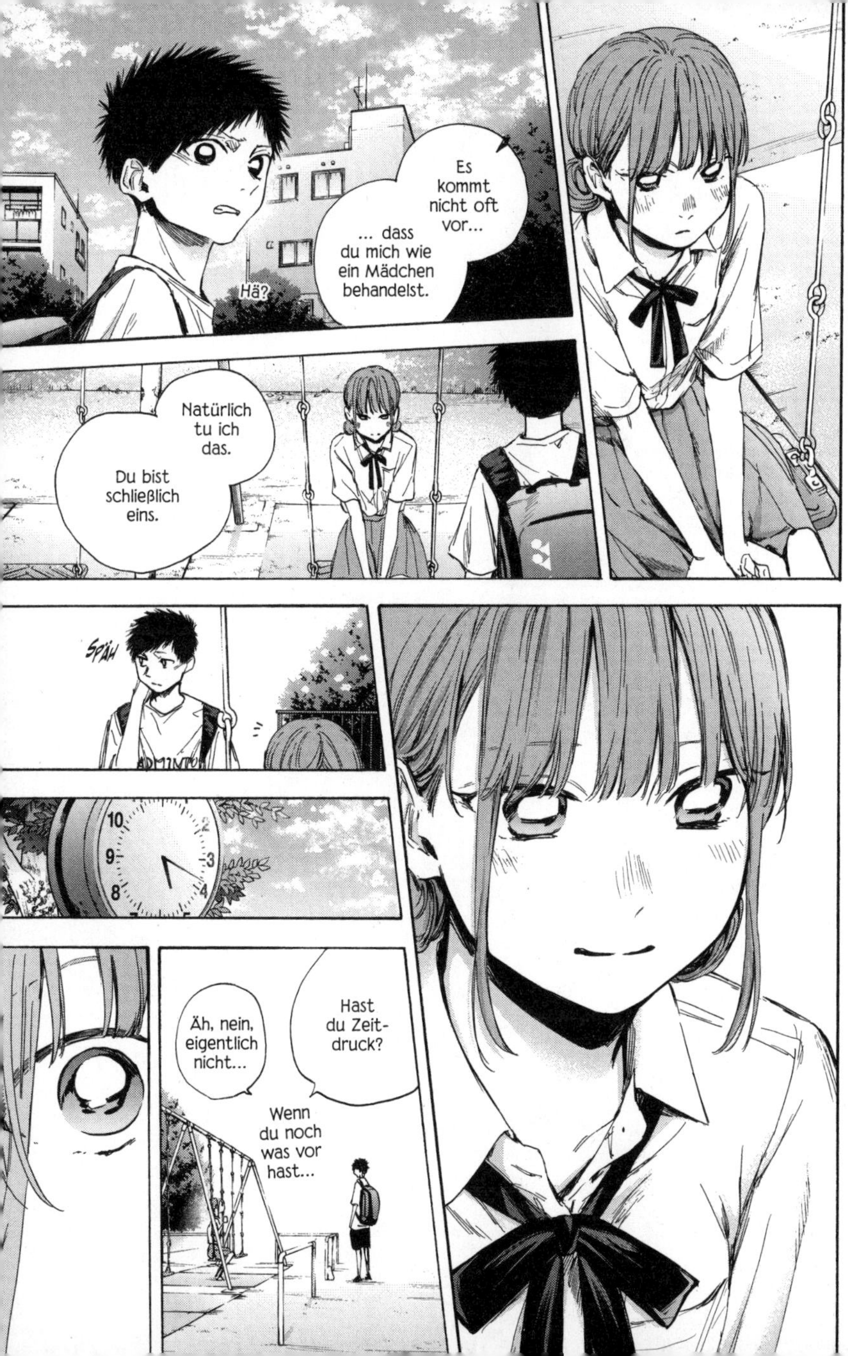
Es kommt nicht oft vor...
... dass du mich wie ein Mädchen behandelst.
Hä?
Natürlich tu ich das.
Du bist schließlich eins.
SPÄH
Hast du Zeit-druck?
Äh, nein, eigentlich nicht...
Wenn du noch was vor hast...

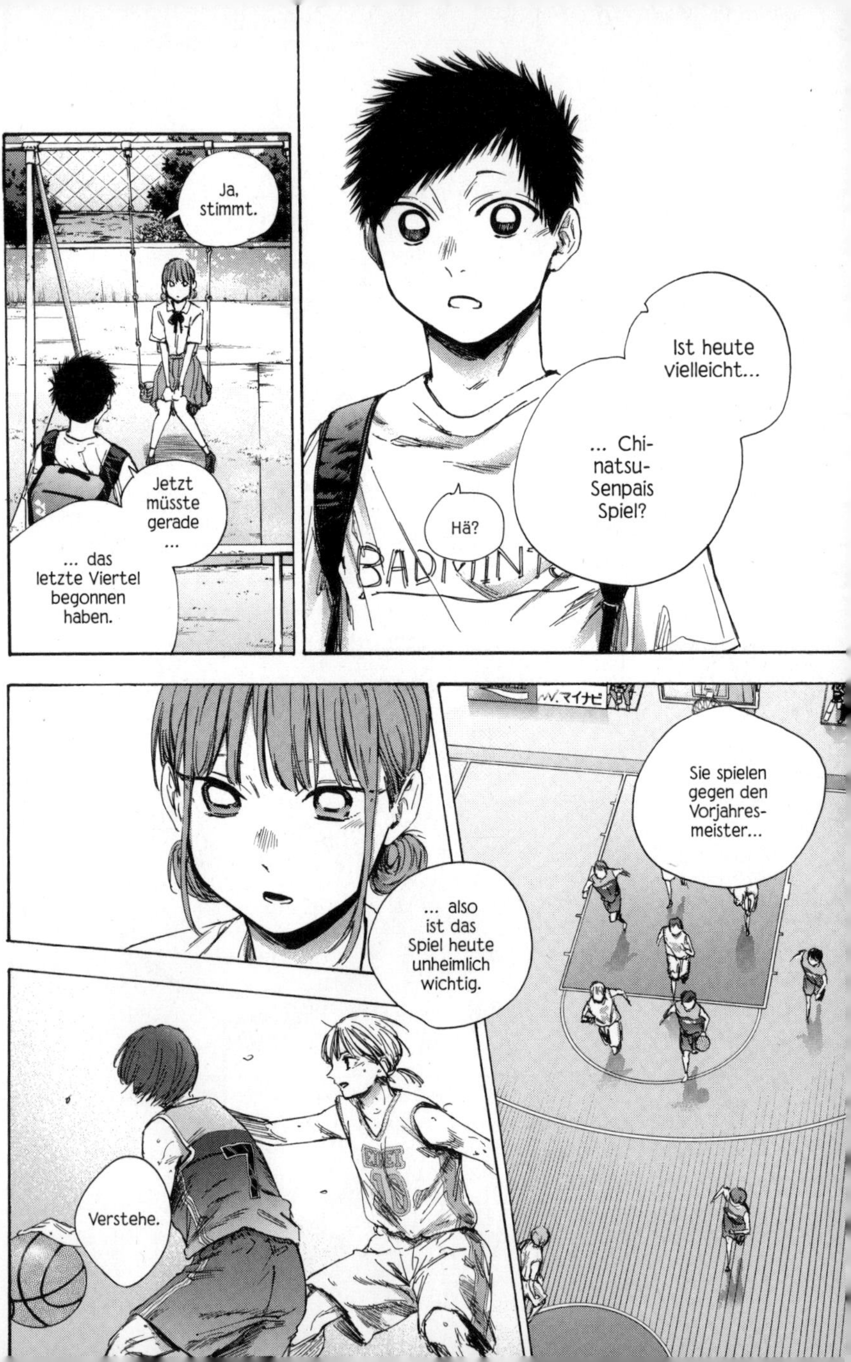
Ist heute vielleicht...
... Chi-natsu-Senpais Spiel?
Hä?
Ja, stimmt.
Jetzt müsste gerade ...
... das letzte Viertel begonnen haben.
マイナビ
Sie spielen gegen den Vorjahres-meister...
... also ist das Spiel heute unheimlich wichtig.
Verstehe.

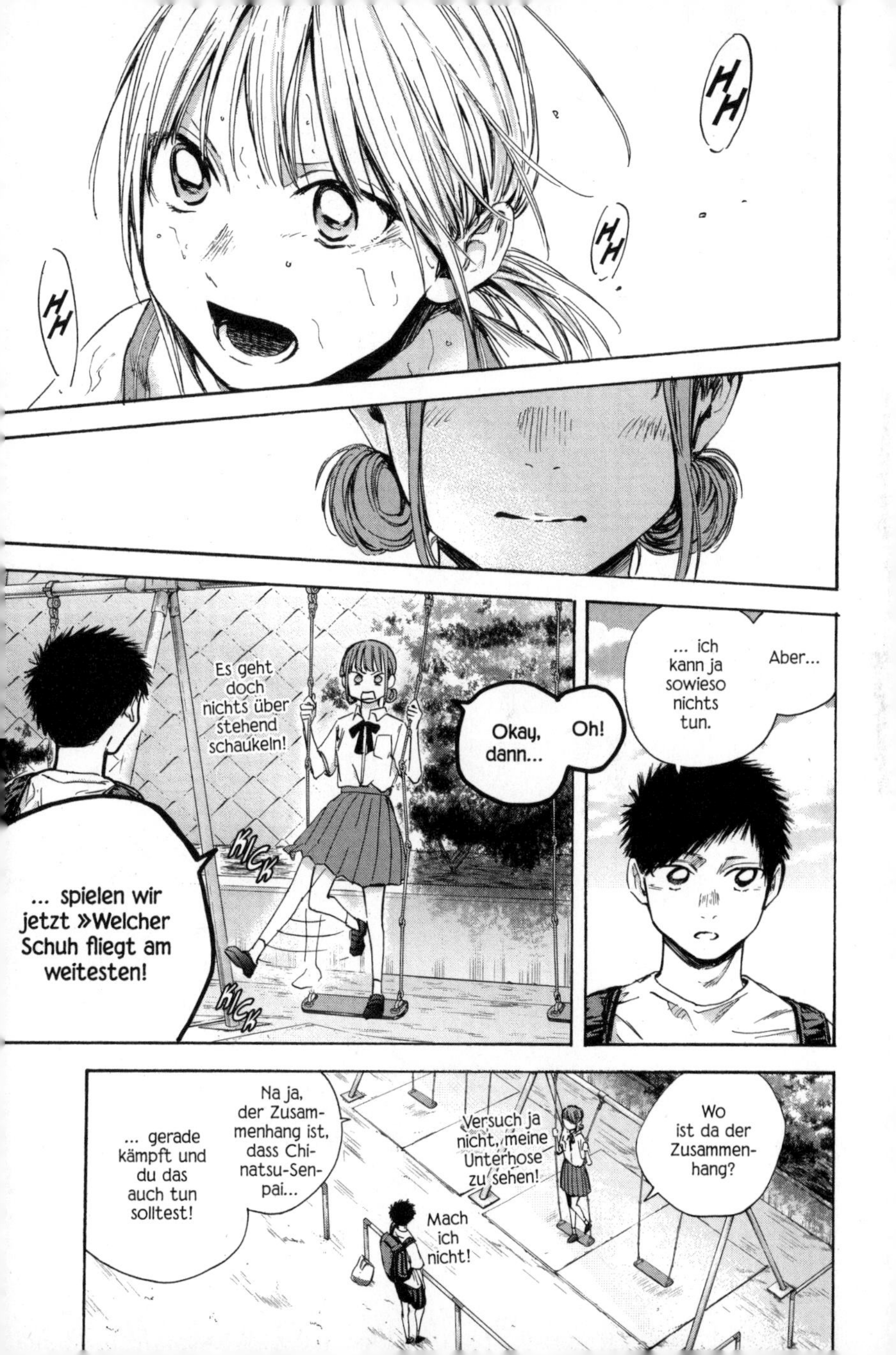
HH
HH
HH
Aber...
... ich kann ja sowieso nichts tun.
Oh!
Okay, dann...
Es geht doch nichts über stehend schaukeln!
KICK
... spielen wir jetzt »Welcher Schuh fliegt am weitesten!
KICK
Wo ist da der Zusammenhang?
Versuch ja nicht, meine Unterhose zu sehen!
Mach ich nicht!
Na ja, der Zusammenhang ist, dass Chinatsu-Senpai...
... gerade kämpft und du das auch tun solltest!

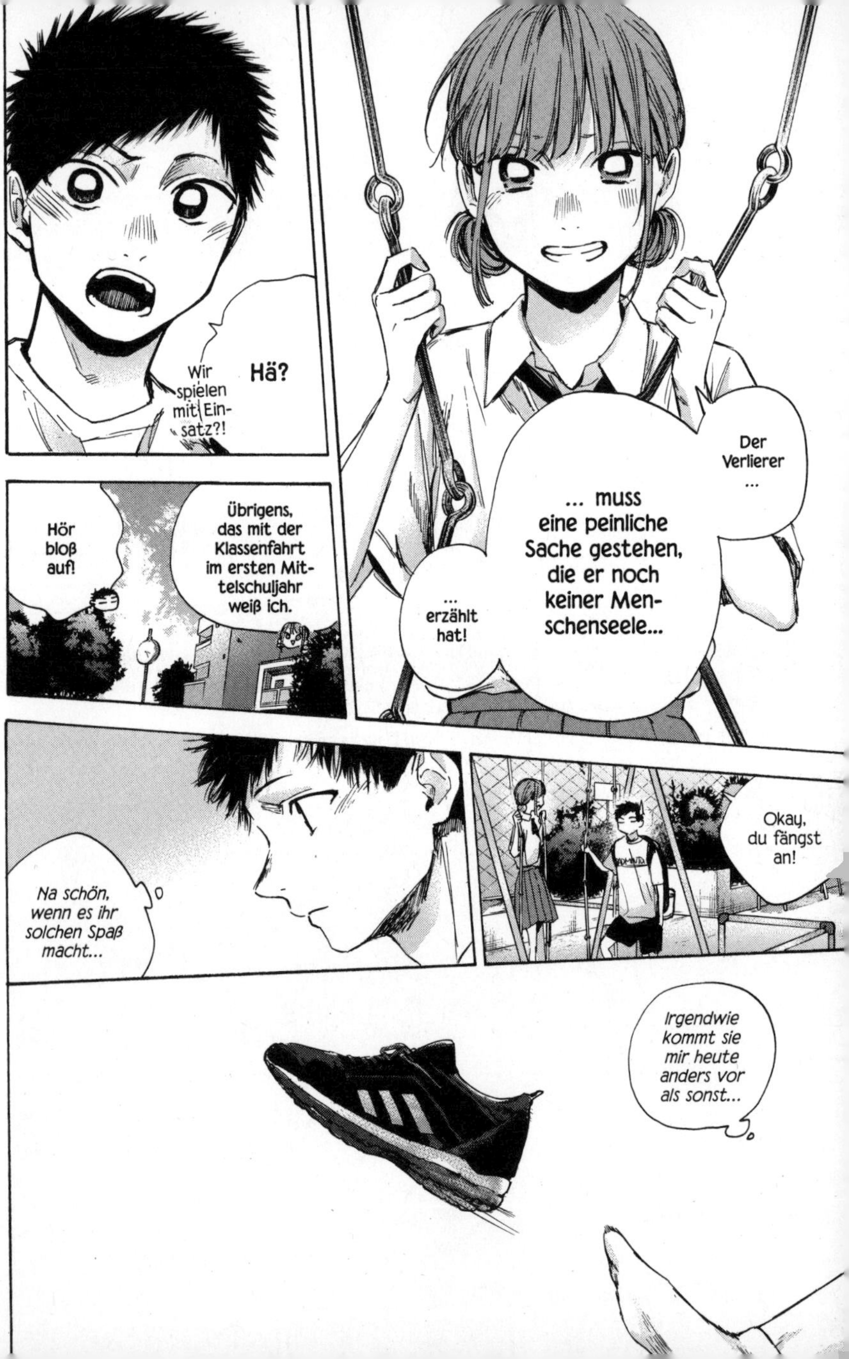
Der Verlierer ...
... muss eine peinliche Sache gestehen, die er noch keiner Menschenseele...
... erzählt hat!
Hä?
Wir spielen mit Einsatz?!
Übrigens, das mit der Klassenfahrt im ersten Mittelschuljahr weiß ich.
Hör bloß auf!
Okay, du fängst an!
Na schön, wenn es ihr solchen Spaß macht...
Irgendwie kommt sie mir heute anders vor als sonst...

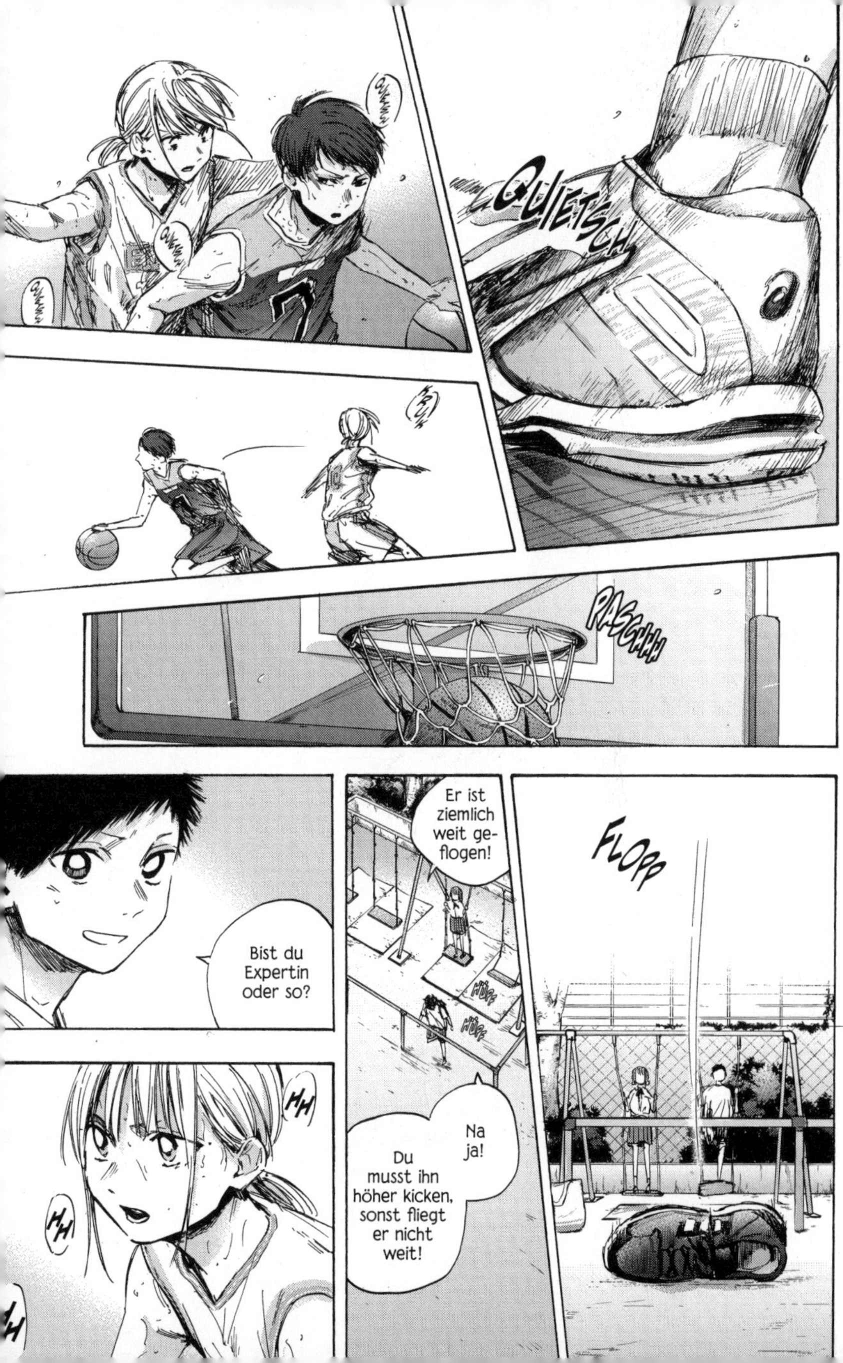
QUIETSCH
RASCHHH
FLOPP
Er ist ziemlich weit geflogen!
Bist du Expertin oder so?
Na ja!
Du musst ihn höher kicken, sonst fliegt er nicht weit!

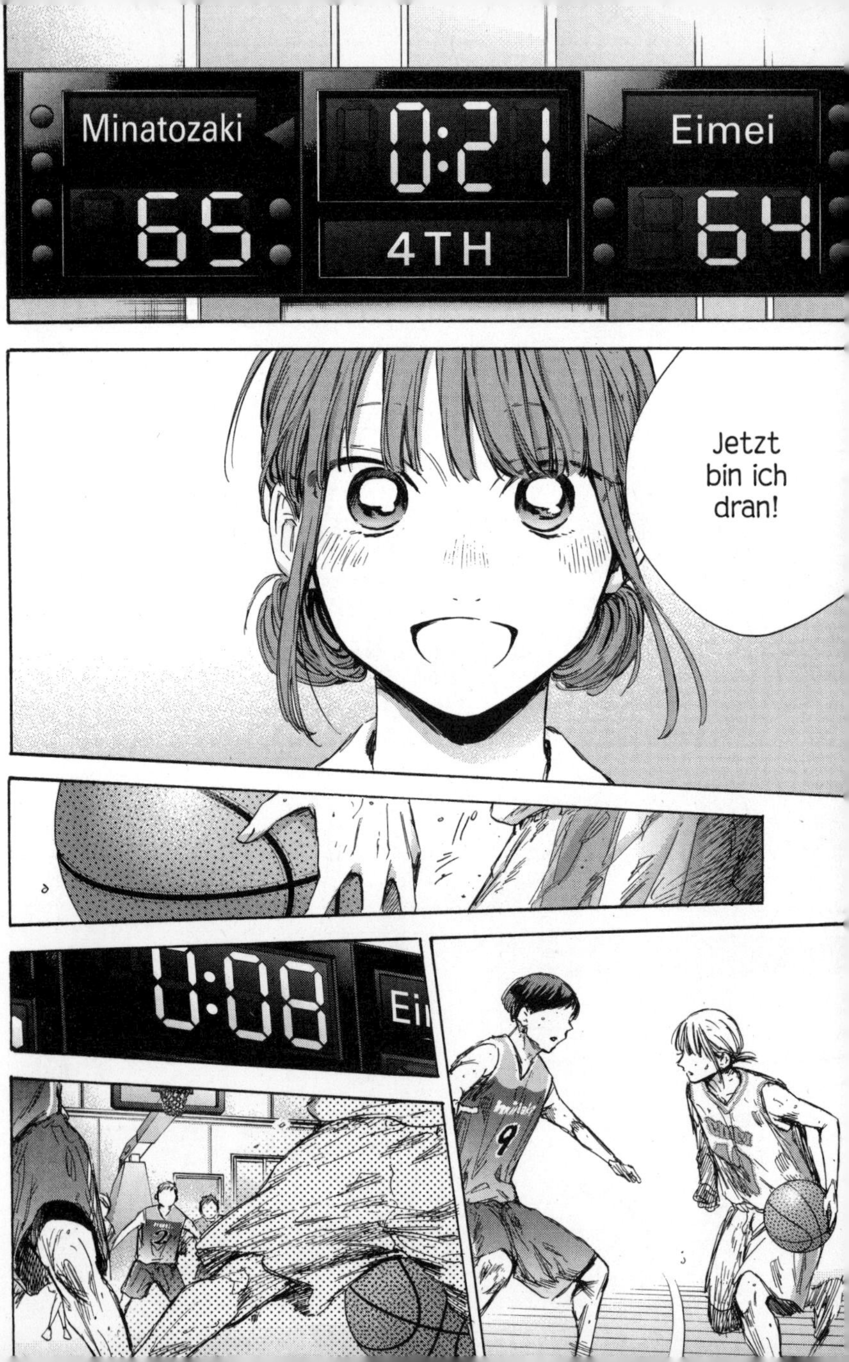
Minatozaki
0:21
Eimei
65
4TH
64
Jetzt bin ich dran!
0:08
Ei

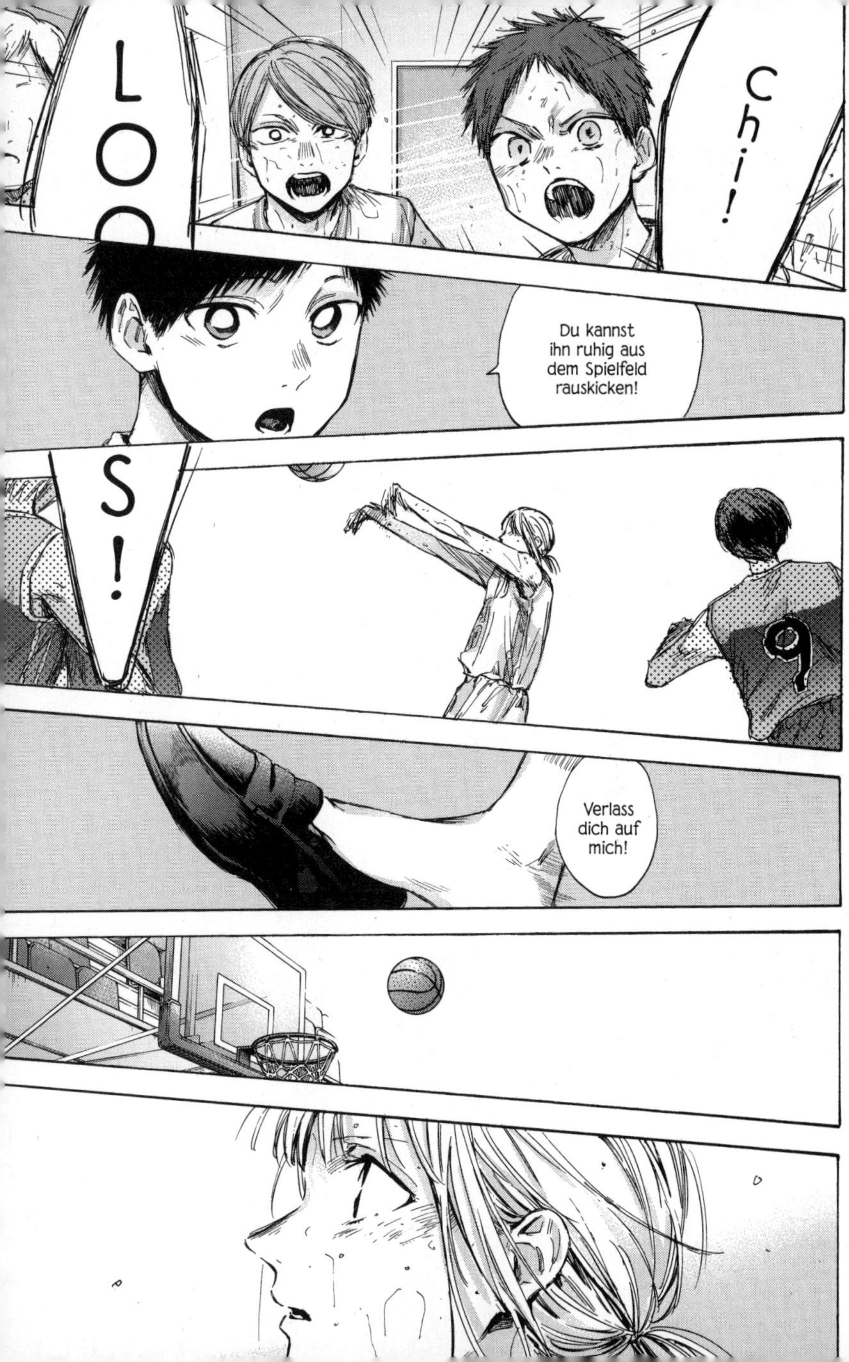
Chi!!
LOOS!
Du kannst ihn ruhig aus dem Spielfeld rauskicken!
Verlass dich auf mich!

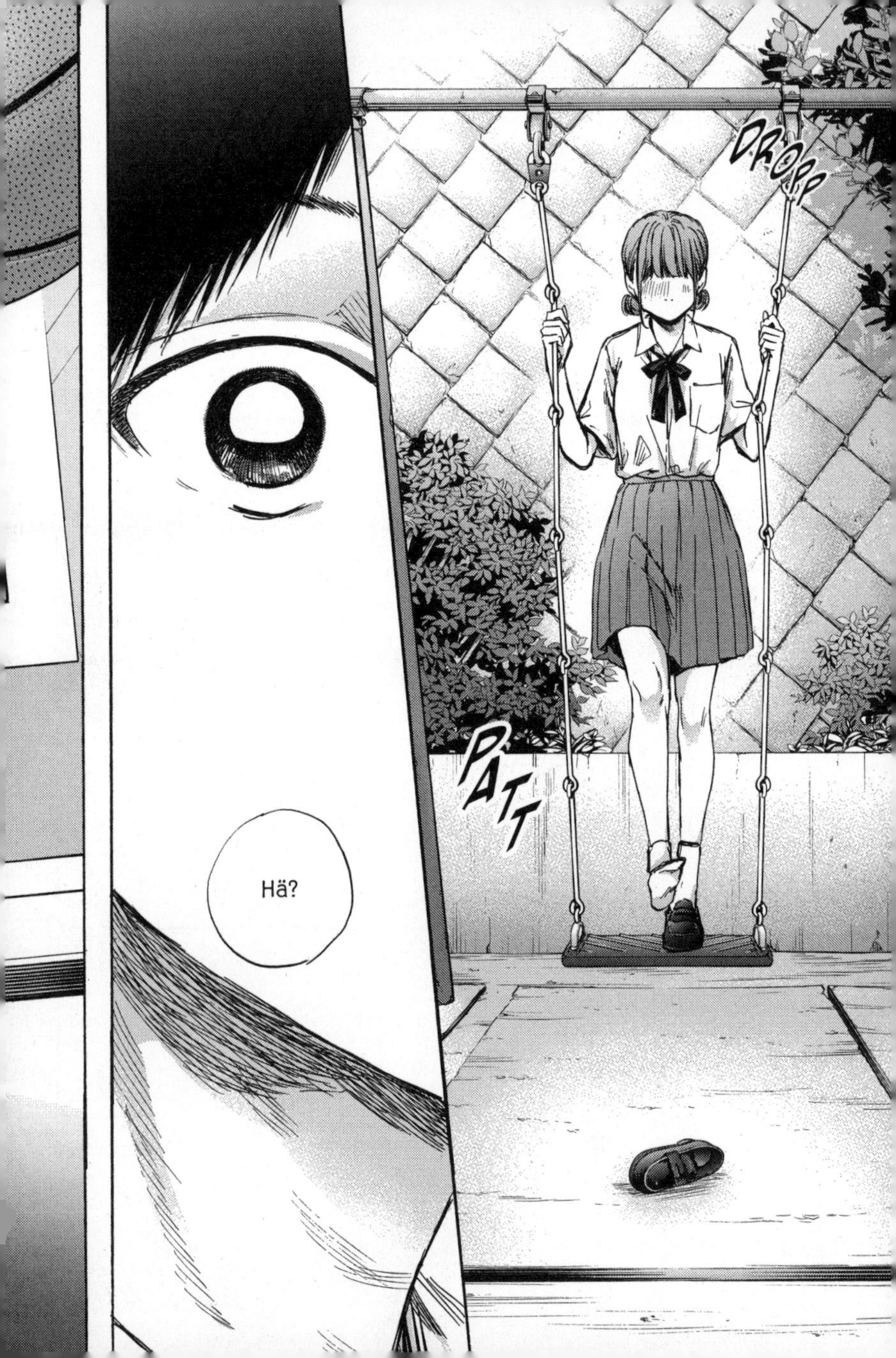
DROPP
PATT
Hä?

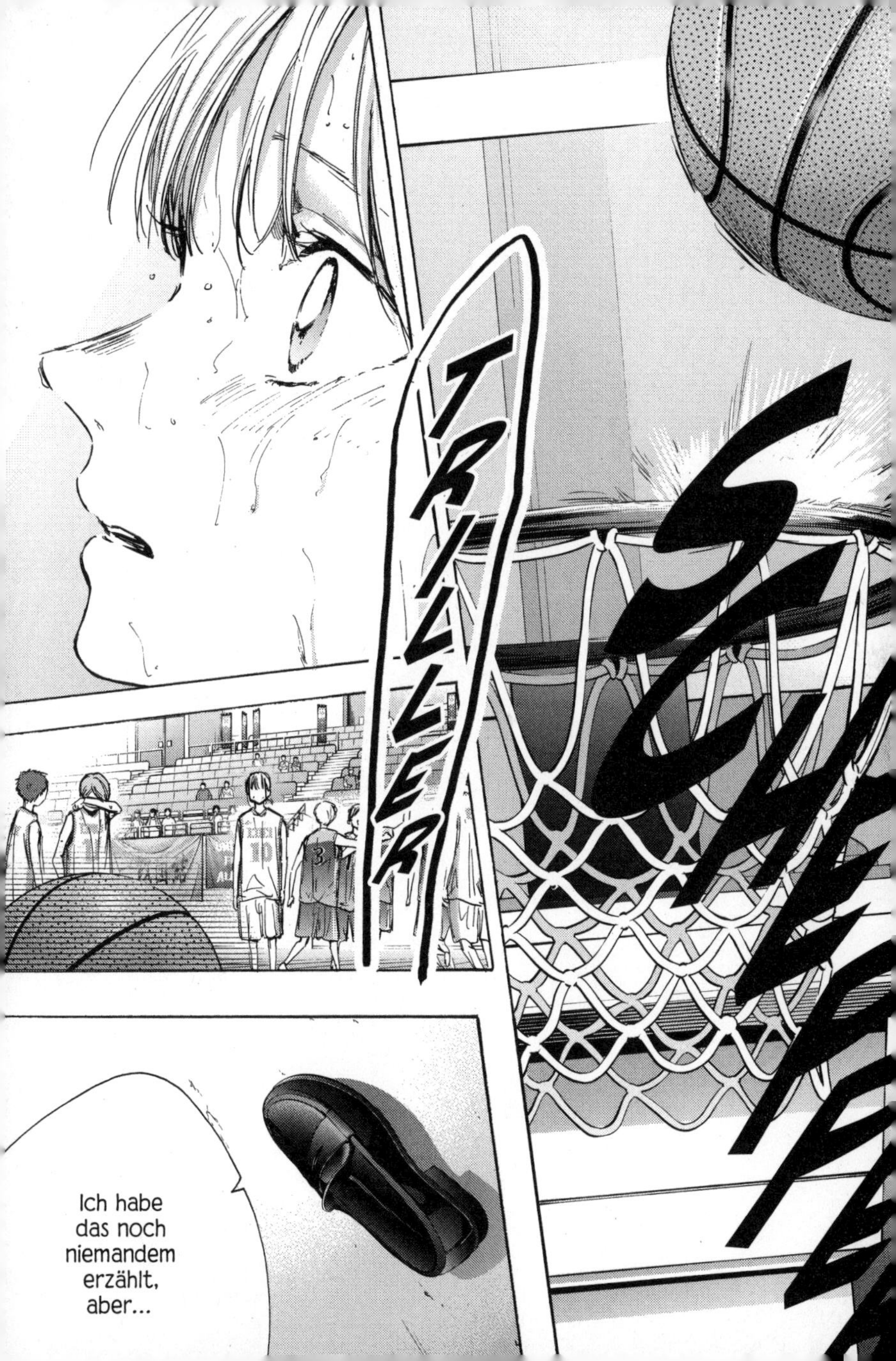
SCHWIMM
TRILLER
Ich habe das noch niemandem erzählt, aber...

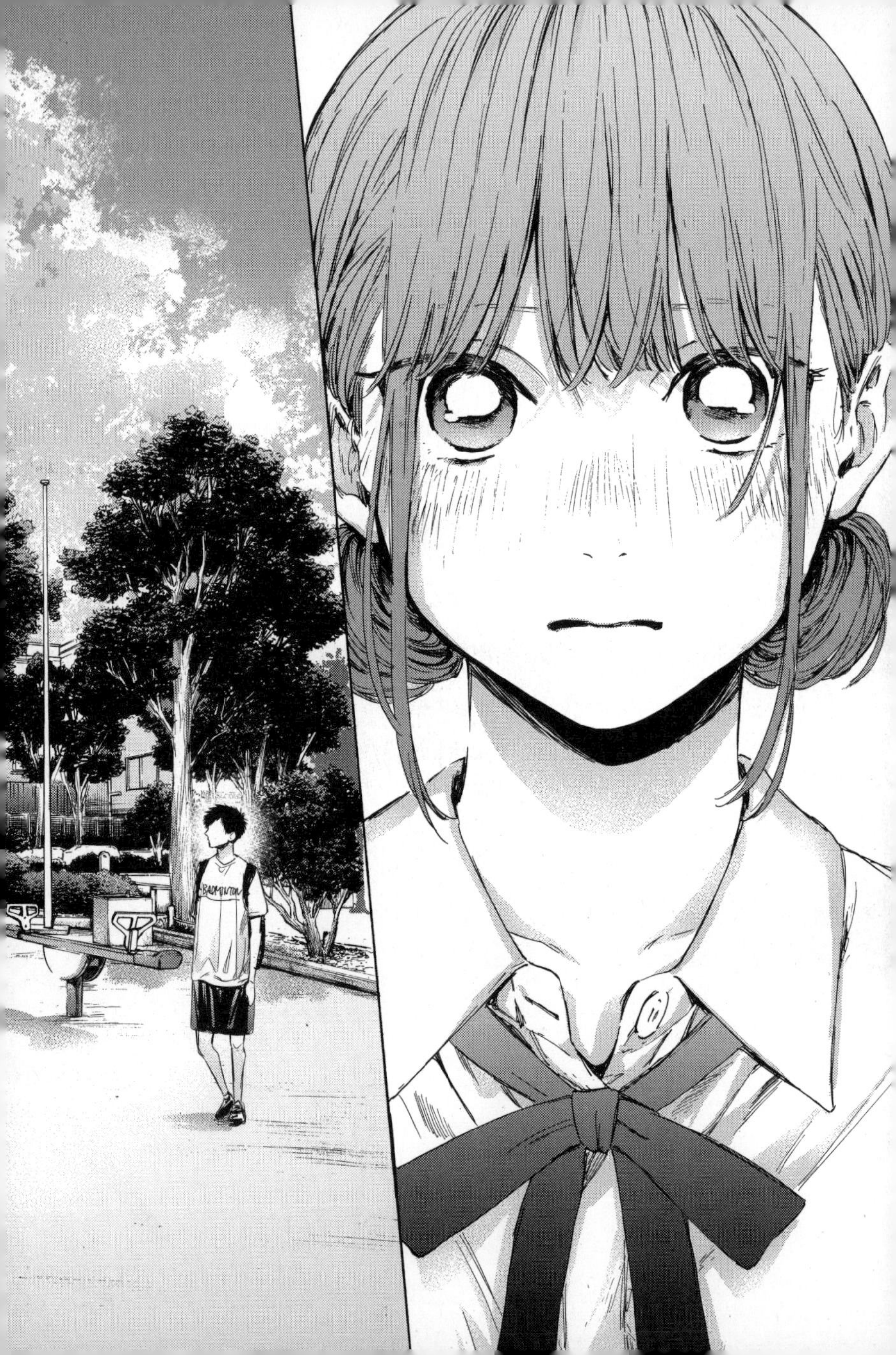
BADMINTON

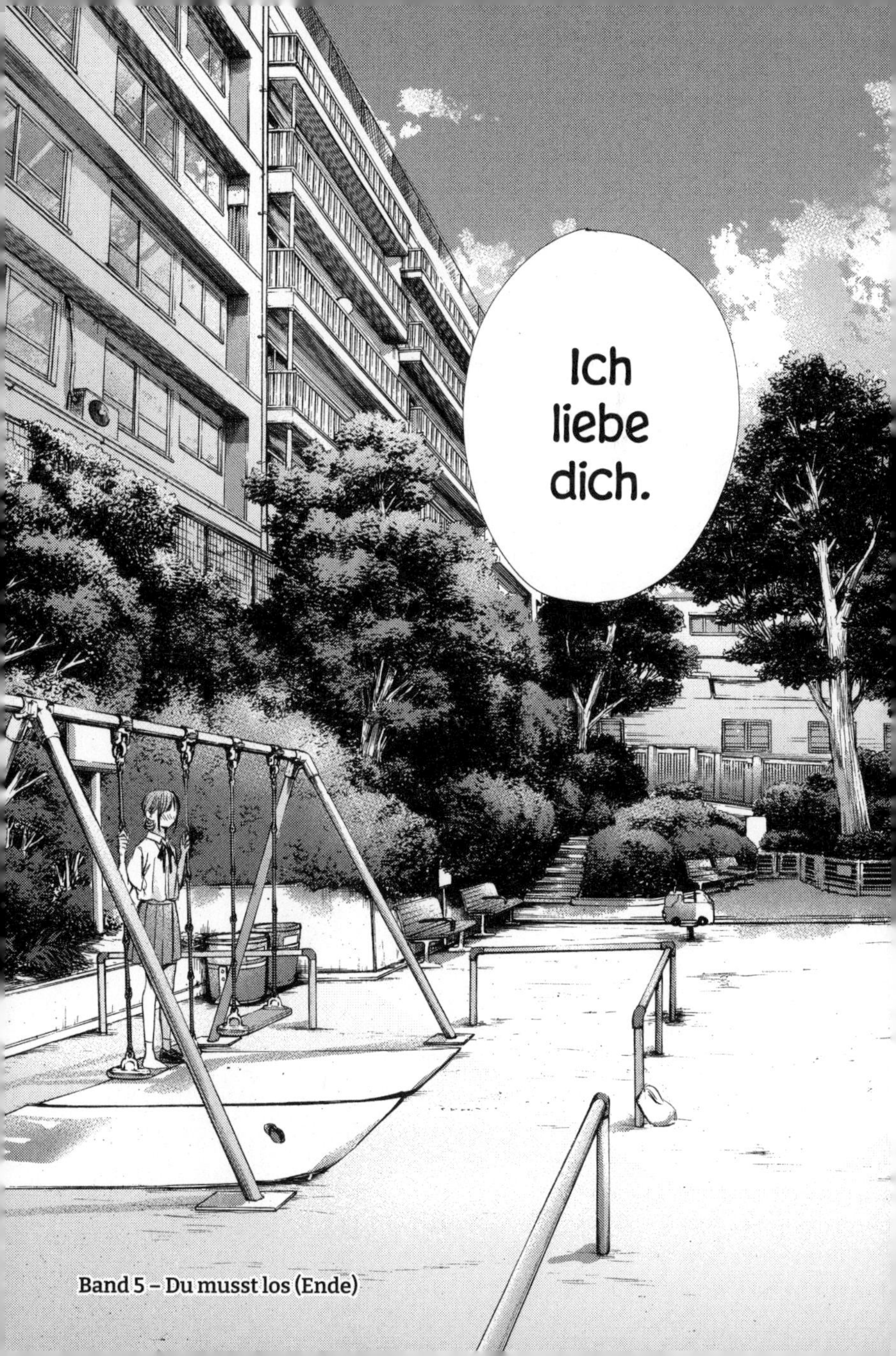

Band 5 – Du musst los (Ende)

Hier ist
Schluss?!

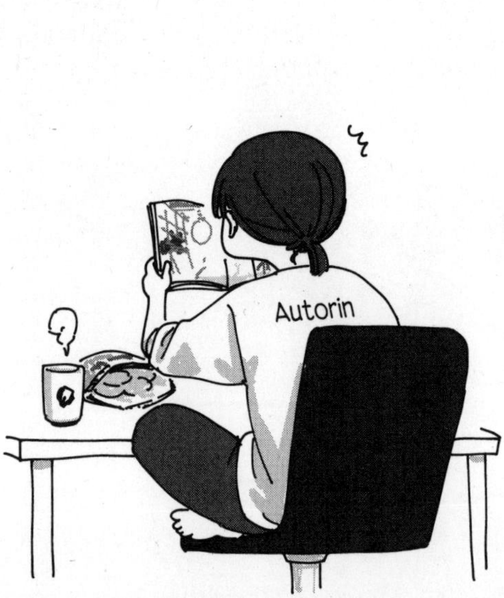

Aragaki-san

Okino-san

Ono-san

Takeuchi-san

Hinohara-san

Nakano-san
(Aushilfe)

Blue Box 5 Special Thanks

Murakoshi-san

■

Chiba-san

Tsuji-san

Auf Wiedersehen im nächsten Band!

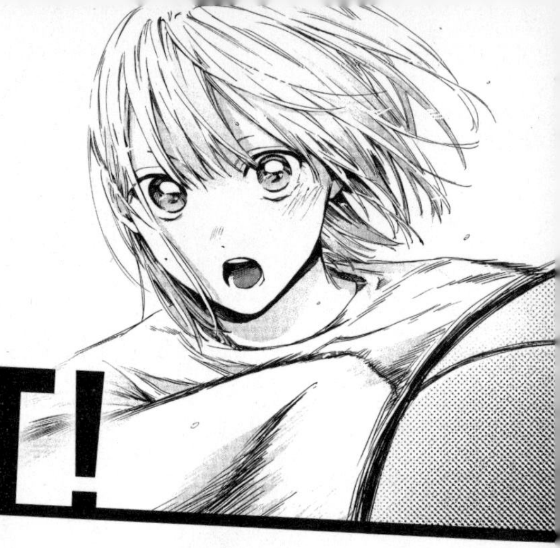

HALT!

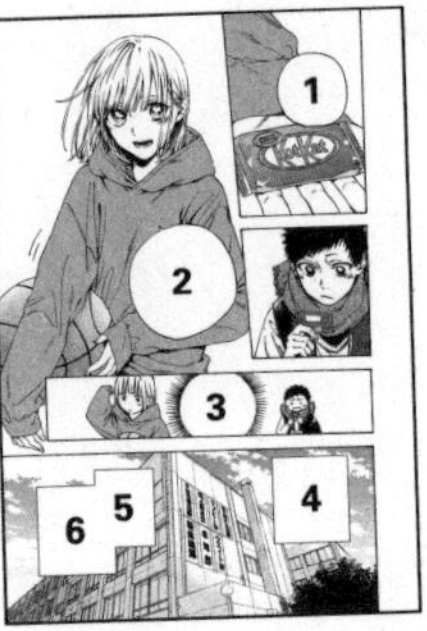

BLUE BOX ist ein japanischer Comic, und in Japan wird von »hinten« nach »vorn« und von rechts nach links gelesen. Man muss diesen Manga also »hinten« aufschlagen und Seite für Seite nach »vorn« weiterblättern. Auch die Bilder auf jeder Seite und die Sprechblasen innerhalb der Bilder werden von rechts oben nach links unten gelesen, so wie in der Grafik gezeigt.

Viel Spaß mit **BLUE BOX**!

Carlsen Manga! News – jeden Monat neu per E-Mail!
www.carlsenmanga.de
www.carlsen.de

CARLSEN MANGA
Deutsche Ausgabe/German Edition

Völckersstraße 14–20, 22765 Hamburg
Aus dem Japanischen von Antje Bockel

First published in Japan in 2021 by SHUEISHA Inc., Tokyo.
German translation rights in Germany, Austria, Luxembourg and German-speaking Switzerland arranged by SHUEISHA Inc. through VME PLB SAS, France.
Redaktion: Patricia Janzen

ISBN: 978-3-551-01558-7

Wir produzieren nachhaltig

- Klimaneutrales Produkt
- Papiere aus nachhaltigen und kontrollierten Quellen
- Hergestellt in Europa

FSC
www.fsc.org
MIX
Papier | Fördert gute Waldnutzung
FSC® C083411